大撒錢

政府花錢救市，如何餵食投機巨獸，吞蝕所有人的未來？

作者
巴瑞・里索茲
Barry Ritholtz
亞隆・塔斯克
Aaron Task
譯者
陳松筠

Bailout Nation

How Greed and Easy Money Corrupted Wall Street and Shook the World Economy: With New Post-Crisis Update

獻給溫蒂，總是在我身陷危機時伸出援手

目次

第三部 市場失靈

第四部 風暴來襲

推薦序

投機、崩盤與紓困

你是否曾經好奇：**我們怎麼來到了這個局面？**

美國究竟如何陷入了這樣的困境，在二〇〇八年短短一年內，金融體系幾近蒸發、股市崩盤、房地產大跌，而且大型企業紛紛獲得（或乞求）定期紓困。這個偉大國度，資本主義的堡壘，怎麼淪落成紓困之國，獲利私有化但虧損社會化？

巴瑞．里索茲這本精采著作解釋了整起悲慘事件的始末。讀完本書你將了解我們怎麼走到這一步，也才能知道如何展望未來。

我當初撰寫《葛林斯潘的泡沫》（*Greenspan's Bubbles: The Age of Ignorance at the Federal Reserve*）的初衷，是希望美國信用及房市泡沫無可避免地破滅後，大家能了解為什麼會發生如此巨大、看似沒來由的金融經濟危機。但這些危機並非憑空出現：聯準會長期以來的貨幣政策醞釀成災，尤其是利率政策還有聯準會堅決不承認錯誤的心態。

雖然自二〇〇八年二月拙作出版後，幾乎每一件我預想的事情都發生了，但眼見這麼多間大型金融機構在這麼短的時間內紛紛倒下，像是貝爾斯登（Bear Stearns）、全國金融公司（Countrywide Financial）、房利美、房地美，我依舊震驚不已。

但這就是高度槓桿公司主要資產突然間一文不值的下場。一九九八年，長期資本管理公司（Long Term Capital Management，LTCM）紓困案時期，聯準會主席葛林斯潘開始鼓吹的法規鬆綁態度，也要替美國金融體系幾近全面性的過度槓桿操作負起部分責任。

今天在美國（和英國）上演戲碼的舞台，來自於當年那一場謹慎派被迫替魯莽派收拾善後的華爾街紓困（並衍生出「葛林斯潘賣權」〔Greenspan put〕概念）。正如巴瑞所寫：「一九九八年LTCM毀滅的原因，和二〇〇八年華爾街必須跑到華盛頓去求神拜佛的理由之間，有許多相似之處。」

美國拋棄了固有的資本主義精神，變形成紓困之國。現在幾乎任何遇上麻煩的大型機構都覺得政府（其實是納稅人）應該提供財務援助。無獨有偶，不自量力的購屋人也覺得政府有義務替自己的錯誤善後。

巴瑞融會整理了聯準會利率目標政策造成的問題，和政府竭力阻撓資本主義「創造性破壞」的決心。我們面臨了危機，因為政府似乎只在自由市場給出良好表現時才擁抱它。一旦表現不佳就試圖改變結果，結果導致未來預料之外的後果，而後者通常比原先的問題嚴重許多。

巴瑞也點明了這場悲劇的肇事者，那些把事情搞砸的流氓政客和官員，娓娓道來那些人做了什麼，以至於問題更大條、更嚴重。他也清楚說明現代史上的每一件紓困案，如何影響了未來發展。比方說，為什麼汽車製造商克萊斯勒（Chrysler）早就該在一九八〇年自食苦果，以及此事對未來紓困案的影響。

這本書是關於美國如何從堅毅獨立的國度，慢慢演化成軟弱紓困之國的歷史。在這個國度裡，太少人質疑為什麼納稅人必須「放任企業自我約束，但又得花上幾兆美元來幫它們善後。」

無論我們多麼厭惡目前的處境，唯一的挽救辦法是人民了解事情發生的細節，具備相關的知識，然後要求政府做出改變。看完這本書，你將做好能這麼做的準備。

比爾・佛萊克斯坦

佛萊克斯坦資本管理公司總裁

增訂版序

重返金融危機現場

黑格爾說得對，人類的歷史教訓就是不曾從歷史學到任何教訓。

——蕭伯納，愛爾蘭劇作家

二〇〇八年三月，貝爾斯登的倒閉揭開了經濟大蕭條以來最嚴重的金融危機。一年後，我交出本書的最後版本時，全國正陷入恐懼。經濟週期衰退結合了商業信用解體，房地產崩盤則帶來巨大的經濟動亂。證券市場像自由落體，道瓊從二〇〇七年十月接近一萬四千兩百點的高峰，重摔超過七千六百點，在二〇〇九年三月以六千五百點觸底。各大指數紛紛腰斬。

這段時間內，我們目睹了有史以來最大的單次財富移轉。猶如驚弓之鳥的山姆大叔一口氣拿出納稅人好幾兆美元，交給顢頇無能的金融主管和倒楣的股東。這次政府慷慨解囊的最大收益人，是那些最早一手造成危機的破產公司，還有公司的債券持有人跟債權人。

在本書付梓時，我以為很快就會出現一系列的新預防政策。比如，銀行業法規重整、資本市場去槓桿化，還有華爾街的革新，這些事怎麼可能不馬上出現在新法案中呢？

一直到我寫這篇文章時，事情就像交易員用來形容未完成交易的話，「一場空」。銀行和券商日以繼夜地遊說，破壞了所有監管金融產業的企圖。

真是不可思議。這場危機的教訓如此不言自明：不能相信銀行會自我規範、企業高層總是在說謊（至少他們發現自己可以推卸責任的時候）、財務報告對投資人來說像廢紙、管制俘虜（regulatory capture，按：主管機關圖利特定利益團體）的情況隨處可見。而華爾街總是有辦法規避黑紙白字、清清楚楚的法律條文。

照著現狀走下去，未來絕對又是一場危機。歷史軌跡告訴我們，下一場危機會比二〇〇七年到二〇〇九年還要嚴重。

我們的金融產業千瘡百孔，修補第一步就是先了解，是什麼導致美國走到金融廢墟的邊緣。這本書的二十二個章節，是寫給那些想釐清「**這一切究竟如何發生？**」的國民和立法者的說明指引。

本書回答了上面的問題。因此在原文精裝版裡，我省略了如何解決問題的章節，自以為這部分再明顯不過，不需要贅述。

沒想到我真是太天真了。當然還是有些微希望之光。搖搖欲墜的國會機器正在步履蹣跚地走向改革之路。二〇一〇年四月時，各方法案正想辦法闖過參議院和眾議院。最早的改革法案對銀行家非常友善，條文像是毫無攻擊力的窗台飾品。所謂的改革者似乎彼此在較量，誰能提出對華爾街最沒有殺傷力的法案。

與其揣測改革法案最後會是什麼模樣，我打算提出兩項建議。第一項是描述大局議題，第二項則比較細微，探討我們必須面對的特定事件。

先從大處著手。要修復傷痕累累的金融產業，我們必須找出冥頑不靈的錯誤觀念。唯有解決掉金融體系中最蠢笨的想法，才能修復殘破的體系。

我能找出六項在金融危機之前被視為真理的原則：

一、市場不但理性而且有效率。

二、投資銀行和放款者會為了自身利益，避免從事高風險行為。

三、市場（和金融公司）能自我管理。

四、法規鬆綁永遠會更有生產力，也更適合。
五、消費者會做出理性且考慮周全的經濟決定。
六、薪酬在股東和管理階層之間，有合宜共識。

很多市場參與者，包括經濟學家、交易員、央行要員、基金經理人、學者、監管者，還有記者等等，都對上述幾點深信不疑。但連串事件證明，這些說法根本錯得離譜。我們必須用整合了人類實際行為觀察的聰明理論，來取代這些建築在經濟理論上的假話。

千萬別低估這些破觀念陰魂不散的程度。有一大票智庫和資深學者的世界都建立在這些破觀念上頭。即使事實已經顯示這些原則漏洞百出，一群有影響力的團體仍然堅持著失靈的學說。他們繼續如此教育著研究生，產出一堆立場錯誤的論文；他們靠著同陣營基金會的資助，給出賠錢建議。

或許我們可以說服比較有大愛精神的億萬富豪，出資成立務實講求實據，而非固守意識形態的智庫。畢竟，忽略事實根據的極端想法和錯誤觀念，必須接受批評指教。唯有如此，我們才（可）能成為更健康、更踏實的國家。

一旦找出所有的錯誤觀念，我們一定要扭轉幾十年以來特殊利益立法團體、政治攏絡，還有遊說活動所造成的影響。

我的願望清單上還有：駁回近期最高法院在「聯合公民訴聯邦選舉委員會案」（Citizens United v. Federal Election Commission）中，承認的「企業人格」所賦予企業和自然人等同的言論權。國會其實有駁回最高法院決定的權力。

如果我們無法解決選戰財務改革的問題，那一切改變只是暫時的。國會過去三十年來不斷回應著遊說團體的捐獻，賦予華爾街各式各樣特許權。如果髒錢繼續在政壇流竄，我們只會看到舊事重演。如果競選不是來自公共經費，我們將成為**金權政體**。

而避免辦法就是，提出公共競選經費《憲法》修正案。

到二〇一〇年下半，某種形式的金融改革法案應該會通過。不論法案內容為何，下面這份簡易清單可以用來檢查，法案是否處理了導致危機的關鍵因素：

・**衍生性金融商品**：二〇〇〇年的《商品期貨現代化法》（CFMA）免除了包括信用違約交換（credit default swap，CDS）和擔保債權憑證（collateralized debt obligation，CDO）等衍生性金融商品的法規監管。這些商品完全不需要滿足任何準備金要求，沒有最低資本限制或交易提報。

最理想的情況是新法案能廢除《商品期貨現代化法》。

衍生性金融商品應該像其他金融商品一樣受到規範。它們的交易應該和股票、債券、選擇權，還有期貨一樣在交易所進行，有資本要求，對手資訊全盤公開，並且提報所有未平倉合約。就算是客製化或特殊衍生性金融商品也一樣適用。

任何可能會有未來支出款項的衍生性金融商品都應視為保險商品，受州保險委員會的法規管理。最重要的是，務必要求衍生性金融商品承保人準備未來付款或損失的保證金，和保險商品一樣。

- **信用評等機構**：國家級統計評等組織（NRSRO），如穆迪、標準普爾、惠譽國際（Fitch Ratings），在垃圾商品上貼上它們的最高等級，因為投資銀行付錢讓它們這麼做。這種賄賂行為徹底濫用信評機構的獨特法治地位。

  新改革法案一定要處理這種寡頭壟斷的圖利營業模式，廢除「商品承銷商付費」的結構，開放信用評等產業競爭，包括共享資源。

- **槓桿操作**：在二〇〇四年之前，華爾街企業受到一九七五年淨資本規則（net capitalization rule）的限制，槓桿比例最高為十二比一。二〇〇四年，前五大銀行獲得豁免，槓桿比例被放寬到二十五、三十，甚至四十比一。

  國會一定要推翻證券交易委員會（SEC）的豁免，並且立法規定銀行恢復到之前的十二比一。SEC也不應該繼續主管此項目。

- **賣空**：賣空者揭發的證券弊案比所有主管機關、會計公司、內部人員加總起來都多。從安隆和世界通訊，到最近雷曼兄弟和 overstock.com 的會計鬧劇，發現違法行為的都不是主管機關，反而是賣空者。

賣空人這麼做是因為有錢可賺，而SEC應該鼓勵而不是懲罰他們。幾乎每次公司管理階層譴責賣空者，他們的說辭都只是計謀，目的是誤導大眾，把焦點從自己的罪行和公司不法行為轉移開來。我們絕對不能拿走空方在有利可圖的情況下，嗅出這些從事違法行為、會計弊案等劣行的公司，並且與之對賭的能力。

- **聯邦準備系統**：雖然聯邦準備系統要對危機的發生負上很大責任，但它似乎掌握了更多、而非更少的主管權。這絕對是個錯誤。

危機期間，聯準會在監督銀行和維持基本放款標準上的表現奇差無比。中央銀行應該要聚焦在主要職責，也就是制定貨幣政策。銀行管理應該隸屬另一個更適任的單位。

- **尋覓有利的管理者**：林林總總的銀行管理者（如儲蓄機構監理局〔OTS〕、聯邦存款保險公司〔FDIC〕、金融管理局〔OCC〕）應該要彙整起來，以單一主管機關代之。聯邦存款保險公司是整場危機中唯一表現出色的官方機構。要停止市場挑選管理者的行為，就讓聯邦存款保險公司全權負責所有銀行監管。
- **恢復《格拉斯—史蒂格勒法案》**（Glass-Steagall Act）：《格拉斯—史蒂格勒法案》的廢除並非危機出現的原因，但絕對擴大了危機的破壞程度。受到聯邦存款保險公司擔保的儲蓄銀行，一定要和承受更高風險的投資銀行分開。

在一九九八年廢除《格拉斯—史蒂格勒法案》之前，市場上的常態危機不曾擴散到整體實質經濟。無論是在一九六六年、一九七〇年、一九七四年，還有最知名的一九八七年皆然。華爾街偶爾的瘋狂暴走未曾凍結過實體經濟的信用。

是時候回歸到一分為二的銀行系統：投機的投資公司，還有有納稅人擔保，辦理承貸業務的商業儲蓄銀行。

• **大到不能倒**：尼克森時期的財政部長舒茲（George Shultz）有句諷刺名言：「如果大到不能倒，那就變小一點。」這句話不無道理。紓困其實削弱了公司競爭力，讓經濟力量集中到更少數的銀行手中。超過六五%的儲蓄資產掌握在前幾家大銀行手裡，而且這幾間銀行仍然搖搖欲墜。剩下的三五%則由將近七千家小型和地區銀行分食。

銀行產業應該重啟競爭，而且要限制銀行巨獸的規模不得超過全美存款的五%。如果我們必須拆散幾間最大的銀行，像是摩根大通、花旗集團、美國銀行，那就拆吧。

• **企業結構**：華爾街的大間合夥公司在這場危機都沒有受到太多傷害，這不是巧合，出問題的只有公開上市公司。這是因為前者的高階主管必須為公司表現負起個人責任，自然不會從事高風險行為。

我很懷疑政府能夠命令華爾街重新回到合夥制，但絕對可以強制類似機制：應該像合夥制度一樣，如果公司到了需要紓困的地步，高階主管要為損失擔負起個人責任。

- **非銀行放款人**：絕大部分次級房貸都不是由儲蓄銀行承辦，而是不受監管的非銀行放款人。放棄傳統放款標準的確能賺到大錢，至少短期內如此。但日子一久，一共有四百家非銀行放款人申請破產。這些公司都強力推銷浮動利率、只付利息，還有負攤還（negative amortization）等違約數量極高的貸款種類。

除非改革法案未來能夠將這些機構納入管轄範圍，不然美國很有可能會再出現新一波放款亂象。

- **薪酬**：銀行和投資公司失衡的薪酬制度，導致高階主管能靠著短期利潤獲得巨額獎金，不顧未來責任。這也鼓勵員工為了賺取所謂的虛假利潤，以身涉險。解決辦法是採取可收回式的薪酬獎勵。因此，一旦最後交易結果沒有利潤，先前付給交易員和基金經理人的紅利就要繳回。而且，為了嚇阻高階主管故意哄抬股票價格、然後拋售價值上百萬美元的選擇權，這部分紅利也要納入可收回範圍。
- **州政府權力**：二〇〇四年以前，很多州都有自己的反掠奪性放款法。而這些州的貸款違約率和查封率也比沒有類似條款的州要低。

二〇〇四年二月，金融管理局正式優先保護了全國性銀行的貸款信用業務不受州政府法律規範，包括反掠奪性放款的法律。此舉導致次級貸款開始出現在原本無法開辦的州境之內。接著，那些州的房屋查封率開始飆升。

然而，廢除聯邦法律優先適用原則，就能將規範掠奪性貸款的權力歸回到州政府身上。

・**消費者保護及教育**：有多少美國人真的了解自己申請的是什麼貸款？他們知道自己買了什麼，要花多少錢，還有什麼其他選擇嗎？大型融資買賣應該要提供簡潔明瞭的資訊。這種買賣包括房屋貸款、汽車，或任何需要融資超過五千美元的品項。我們一定要提供消費者更完整的金融教育，否則只會造就另一代因為錯誤財務決策、而負債累累的消費者。

・**SEC**：國會不只鬆綁華爾街的監察管理，同時也大砍SEC的預算。過去三十年間，金融界無論在規模、廣度、複雜性方面都有一日千里的成長。交易量大增，管理資產總值有爆炸性成長。在華爾街工作的人數，像是交易員、基金經理、業務，甚至數學博士也直線上升。

國會無心的忽視導致SEC跟不上金融業的腳步。業界無論在預算、人力、薪水上，都超越SEC多多。二〇〇二年，一份美國國會會計總署（General Accounting Office）的報告就直指了SEC的困窘。而自此之後情況更每況愈下。

在實力、人力和法律資源上，華爾街的首席監管機構已經被應受監管的產業遠遠超越。而解決辦法是讓SEC向投資銀行學習。每一間區域辦公室都應該要有一筆以罰款和執法懲處為發放標準的獎金預算。要抓出更多企業詐欺，SEC應該推出更積極的吹哨人計畫，發放固定比例的罰款金額給揪出不法行為的舉報者（類似國稅局做法）。

我誠心奉勸選民及政策制定相關人士，唯有真心想要阻止下一場金融危機，才考慮上述做法。不然的話，請一切照舊，然後耐心等候下一次災難性崩盤時，賣空全球市場的大好機會。

如果無所作為，這一刻會比我們以為的更快到來。

前言

定義金融世代的紓困

欠銀行一百美元是你的問題；欠銀行一億美元那就是銀行的問題。

——蓋提（J. P. Getty），蓋提石油創辦人

我們總是相信美國是由意志堅定、自食其力的個人所組成的國家。最經典的形象就是美國牛仔。你腦中能清楚浮現他在牧場上奔馳，小心守護牲口的畫面。他只需要自己的聰明機智、一匹馬，還有那把忠心的溫切斯特步槍。

但美國的理想願景正在快速崩壞，現代偷牛賊讓一切化成了泡影。新一代牛仔奔馳之處已經不再是牧場，而是金融世界。繩索裡套的早不是牛羊馬隻而是衍生性金融商品，放

牧的是金融工具，集攏的是紙上財富。現代牛仔／銀行家和從前大西部牛仔的不同之處很多，其中一項是錢。前者所獲得的金錢報酬遠遠超過了早先的拓荒者。

不過這兩者之間還有一個關鍵差異，「個人精神」。現代牛仔貌似堅強，其實一點也不獨立。他們早已經過度依賴另一支大軍：山姆大叔，及其麾下的所有納稅人。

我們究竟怎麼從一個推崇獨立牛仔精神的國家，變成現在這番光景？什麼原因使得美國成了高薪銀行家的保母之國？

由各個州組成的偉大美利堅合眾國怎麼變成了紓困之國？這是本書主題。

「紓困」一詞在美國金融術語中不是個好字眼的原因顯而易見。原因很多，但我打算集中討論最主要的三個。

首先，一小群人不勞而獲、然後其他人幫忙買單這件事，本來就不公不義。美國人永遠都樂於對時運不濟的人伸出援手，但當前的一堆紓困案並不是這麼一回事。儘管（而且因為）有群人極度輕率且無能，政府卻在金錢上提供援助。

當中的不公平對我們這些任職於金融體系的人來說，尤其傷人。華爾街一向奉行殘酷的菁英主義，因此成功仰賴的是個人的技能、才智，以及堅持不懈地尋找機會、同時管理風險的能力。每一位我認識的華爾街人，無論操作的是股票、債券、選擇權，或原物料，都是公平競爭的信徒。「自食其果」是典型華爾街面對風險與回報、盈利和虧損的教條。

然而，有些市場成員沒辦法靠實力打贏勝仗，卻期待別人對自己的愚蠢伸出援手。他們在自由市場的體系裡體現「大難來時各自飛」的精神，卻只適用於順風順水的時候。這是境界更高的道德懦夫，無怪乎遭到其他有原則的公平玩家唾棄。

自從二十一世紀以來，政商關係深厚的有錢團體在賺錢的時候，握牢所有的盈餘和紅利，卻把該承擔的風險和愚蠢決策的後果拋向廣大納稅人。「獲利私有化，虧損公有化」根本不是資本主義該出現的現象。

第二，有些團體得到政府的資助，有些卻任其自生自滅的過程本身就充滿疑點。俗語說「最好別看法律或香腸的製造過程」，這尤其適用在紓困案上。當中的政治運作，還有牽涉到的金額，特別可怕。為什麼？因為所有的現代紓困案全都是在緊急狀況下，匆忙行事，通常沒有任何辯論程序，過程也完全不透明。許多觀察家不僅是反對紓困這個概念，更是對這種強迫人民接受的蠻橫手法感到憤怒。幾乎每一件事都是倉促行事，不經思量，缺乏規畫。既然手上有好幾十億美元可以揮霍，誰還有空去管策略和長遠思考？

最後第三點，成本。如果說我們從過去數百年的紓困經驗學到了什麼，那就是每一次的救援行動都比上一次更花錢。貴的不僅僅是當下支出，更糟的是對金融體系的長期破壞。截至二〇〇九年二月，紓困金額已經超過十四兆美元。這是前所未見的金額，遠遠超過美國政府在歷史上的任何單項支出（見表I.1）。

除了實際掏出口袋的開銷，還有紓困企業的恐怖危機。政府資源之大，反而鼓勵了益發魯莽的投機行為。原本應該緊跟著金融投資和商業經營的責任和風險，似乎煙消雲散。正常資本主義報酬出現詭異的變形。當經濟體的某一區塊預期政府會伸出援手，就會喪失對財務失敗的恐懼，於是直接導致了過度莽撞投機的行為。這就是所謂的道德危機。

歷史上，過度貪婪、魯莽衝動、愚蠢投機最後都會遭到市場懲罰。投機者失去資本、聲望，還有影響力（以前摩天大樓窗戶還可以打開的年代，有人甚至丟了性命）。這些人的錢會流進那些更有能力掌握風險的投資人手中。這就是（或者，曾經是）資本主義的偉大真諦：錢會跑到最值得的人手

表 I.1　收拾爛攤子比較便宜？

重大預算支出	成本（美元）	通膨調整後成本（美元）
馬歇爾計畫	127億	1,153億
路易斯安納購地案	1,500萬	2,170億
登陸月球計畫	364億	2,370億
儲貸危機	1,530億	2,560億
韓戰	540億	4,540億
羅斯福新政	320億（據估）	5,000億（據估）
二次波灣戰爭／入侵伊拉克	5,510億	5,970億
越戰	1,110億	6,980億
太空總署	4,167億	8,512億
總金額		**3.92兆**

資料來源：必安科研究機構（Bianco Research）。

上。資本會逐漸流向那些能平衡風險與獲利，還有能維持投資正報酬、不會搞到破產的人。大型創投公司、大型避險基金，和老字號的私募信託基金都深諳風險管理之道，這絕非偶然。這些人絕對不會像近來某些人，把所有資本押在俄羅斯輪盤的一個號碼上，然後滿心期待。

現在的體系已經失去自動矯正機制。正如經濟學家梅爾策（Allan Meltzer）所言，「不失敗的資本主義就像沒有原罪的宗教，行不通的。」雖然「逐利動機」（profit motive）仍然運作良好，對有些人來說報酬甚至高達數十億美元，可是缺乏和龐大損失相對應的風險。基本上，允許少許特權分子保留報酬，卻把損失加諸於大眾的體系，既不是資本主義也不是社會主義，而是兩者弊端的集合。

政府干預破壞了資本的正常流動。相較於市場的無情效率（我稱之為亞當．斯密的看不見的「手背」），我們反而以政治上的權宜操作來閃避這個過程。到最後出現的是資本錯誤配置，以及導致極端莽撞行事的短視近利和冒險心態。因此，那些捏造貸款申請書的房貸掮客、放水通過貸款的銀行，還有買下這些劣等債權的基金經理人，他們的目標並不是永續長期回報，而是賺一波快錢。接下來我們會談到，這對總體經濟的影響有多麼可怕。

紓困，定義了當前的金融世代。**系統風險**也成為見機使用的場面話。歷史告訴我們，這種拯救體系的干預手段，出現次數早已遠遠超過該詞彙真實定義下應有的程度。是的，系統風險早就變成那些面帶愧色在華盛頓國會山莊徘徊，期待政府救濟的人哭嚎的口號。我們也多次從事實中發現，所謂的系統風險常常不過是政商關係和政治操作而已。比較精確的說法應該是，「**經濟權衡**」。

過去一代越來越仰賴政府對金融事務的干預。舉凡實業公司、銀行、市場，一直到現在的金融機構，全都更加仰賴山姆大叔，獨立性銳減。這已經不是哲學上的是非爭論，而是一群政商關係良好的企業，還有口袋滿滿的政客，三不五時就把失敗後果丟給社會大眾承擔的問題。所有關於自由市場、競爭、成功的理論和意識型態似乎從此喪失光環，不再適用。別擔心，一切有納稅人在。

有些人似乎認為，像聯邦準備系統或國會等政府機關，只應該在全金融體系面臨風險時再出手干預。其中最有名的當屬時任聯準會主席柏南克和前主席葛林斯潘。但是自二〇〇七年八月以降的連串事件證明了，這是極其昂貴的做法。或許政府應該做的是預防系統風險惡化，以免威脅到世界經濟穩定，而不僅僅是在事後紓困善後。花在防治法規的一塊錢，或許能省下善後手段的數兆美元。

美國現在正處於規模史無前例的有毒金融垃圾處理過程中。本書撰寫的同時，不同政府機構為了因應信用緊縮、房市崩盤、經濟衰退而提出的各種因應方案加起來，已經造成納稅人超過十四兆美元的負擔，而紓困對象包括：房地美和房利美、通用汽車和克萊斯勒（兩次，很快會有第三次）、美國國際產險（AIG，四次）、美國銀行（三次），和花旗集團（三次）。大量資金被挹注到其他大型銀行，還有政府主導的幾樁併購案，當中牽涉到顯赫一時的貝爾斯登、高盛、摩根士丹利、美林證券，還有華盛頓互惠銀行（Washington Mutual）（見頁25的表I.1）。金融危機導致華盛頓互惠銀行進入美國聯邦存款保險公司接管狀態並國有化，最後出售（目前在摩根大通手中）；還有美聯銀行（Wachovia），在短短一個週末之內就轉投富國銀行（Wells Fargo）的懷抱。

沒錯，一共是十四兆美元（至少），相當於美國二〇〇七年的GDP。到了二〇〇八年底，更多產業開始打起這筆輕鬆財的主意：車廠、建商、保險業者，甚至連州政府和地方機關都想分到紓困的一杯羹。

這背後的象徵意義重大。目前一連串的紓困，無論是對銀行和券商、航空公司和車廠、房地產業裡的借方和貸方，都將帶來明顯長期的後果。

截至目前，美國已經變成了紓困之國。而一切才正揭開序幕而已。

第一部

紓困簡史

無論是哪一個產業、紓困金額高低，
甚至是紓困案發生的年代，
這些紓困之間的一致性高得出奇。
毫無例外地，
紓困一步步對體系造成意料之外的影響，
而後果將在數年，甚至數十年之後才浮現。
它們將非常嚴峻、龐大，而且非常非常地昂貴。

第1章
大撒錢之路

不斷逃避直視愚蠢代價的最後結果，就是養出一世界的傻瓜。

——史賓塞（Herbert Spencer），社會達爾文主義之父

美國和紓困之間始終是一段複雜微妙的關係，隨著時間演化，緩緩進入不同階段。美國史上有好幾段明顯的紓困期，而每一段都能看見社會大眾對政府援助的態度逐漸轉變。從哲學上來看，這個國家從對政府干預企業痛恨至極，到如今不得不接受政府干預是少見的必要之惡。自從一九九〇年代晚期，整個世界開始接納紓困是正當責任，政府該拯救金融機構脫離自己捅出的爛攤子。近幾年來，社會對這些鼓勵愚笨和卸責行為的紓困方案，

開始出現反對聲浪。

旁觀競爭的山姆大叔

我們先看看美國從十九世紀到經濟大蕭條之間的歷史。當時大家對政府和企業的主流態度完全不同。政府的角色渺小許多，也不是銀行或產業的最後靠山。人民對大型企業普遍抱持懷疑的態度，而且政府和大企業彼此所著眼的利益可以說是背道而馳。

聯邦政府在十九世紀對企業的介入比較像個培育者，而非救世主。當時沒有太多創投資金流動，於是少數新創企業尋求政府協助並獲得少量資金。鐵路及電報公司拿到了地役權及通行權，促進政府的西部開發計畫。之後，電話公司也享有政府給的禮遇。礦業、畜牧業、鐵路，和電話等不同公司也會利用政府賦予的徵用權，來收購有利業務的房地產。在這些早期例子裡，政府只給出少量的現金，而且出手的目的是為了更廣泛的公共利益。

與其押寶在單一公司，政府採取更有利的做法，先快速扶植一個產業，然後允許適者生存的殘酷競爭。最後，一個產業裡只會剩下幾個屹立不搖的倖存者，其他人則被淘汰出局。舉凡汽車、電腦、電子用品，歷史上多的是美國政府袖手旁觀產業競爭的例子。透過自由市場機制，政府任由公司獨立走完自然的生命週期。在《大泡沫》（*Pop! Why*

Bubbles Are Great for the Economy）一書中，格羅斯（Dan Gross）詳細列出幾千家曾經榮景一時，但最後崩盤的鐵路商、電報公司、車商，和網路公司。[1]大部分產業裡，泡沫崩盤的過程會留下無價的基礎建設，成為下一批公司的發展基礎。這就是熊彼得的「創造性破壞」。

首開紓困先河

當代紓困的藍圖出現在二十世紀早期，一九一三年聯邦準備系統創立的時候。之後的章節會提到，這件事在一世紀後造成重大影響。根據最初規畫，聯準會只有基本的貨幣和財政權。到最後，這些權力劇烈地膨脹。

下一階段是一九三〇和四〇年代，介於大蕭條和二次世界大戰中間的時期。大範圍的經濟問題和政治失序迫使政府採行一連串經濟刺激政策，目的是創造就業機會、收入，和經濟活動。雖然有些政治史學家認為這是一種紓困行為，但政府並沒有獨惠某一間企業或產業區塊。大蕭條時期公共計畫是設計來促進整體經濟，刺激成長，還有降低當時高達二五%的失業率。

第二階段的最後幾年已經是二次大戰的前夕。美國的鋼鐵業曾經在一九二〇年代出現十年的榮景，但也在大蕭條時期崩潰。當時美國評估了參與二次世界大戰的可能性，嚴肅看待擁有完整工業製造產業的重要性。沒有健康的鋼鐵業，美國無法自由地生產軍艦、坦克、飛機，和其他軍事用品。於是，不只軍工業獲得了山姆大叔很多幫助，金屬業和橡膠業亦然。在籌備加入二戰的期間，我們看到政府投注大量資源到戰爭相關的企業。

這些舉動算是真正的紓困嗎？任何一個國家的全國軍事防衛建設，都難以視為真正的紓困。

二次大戰後，美國進入了漫長的經濟擴張期。郊區建設、汽車產業的瘋狂成長、大都會擴張，還有戰後嬰兒潮，一起造就了美國企業的欣欣向榮。直到一九七一年拯救洛克希德飛機集團（Lockheed Aircraft Corporation）為止，美國政府並未再介入任何產業發展。

洛克希德紓困案的重要性在於，這是政府首次對大企業公開紓困，而且只有一間企業。接下來半世紀內，洛克希德紓困模式成了其他大多數紓困案的藍圖。

一九七一年的洛克希德紓困案（兩億五千萬美元）帶來了一九七四年的賓州中央鐵路案（六億七千六百三十萬美元的貸款擔保），後者又替一九八〇年十五億美元的克萊斯勒拯救案開路，再來是一九八四年的伊利諾大陸銀行（Continental Illinois）案（十八億美元的虧損）。這一連串紓困最後迎來了所有政府擔保賠償的起源：一九九〇年代早期的美國儲貸危機（savings and loan crisis）（納稅人成本總額：一千七百八十五億六千萬美元），儲貸危機導致了二〇〇〇年的股市拯救計畫，以此類推，族繁不及備載。每一次紓困都帶來負面影響，之後的惡果通常導致下一波紓困。而每一次的負面影響似乎也誘人沉淪，讓大家越來越習慣下一樁紓困案的出現。畢竟，接納度越高，發生可能就越大。

聯準會在二〇〇七年八月試圖拯救信貸市場的舉動，無可避免地出現對單一公司高達兩百九十億美元的紓困案，也就是二〇〇八年三月的貝爾斯登投資銀行案。聯準會不僅在挽救貝爾斯登，也間接幫了貝爾斯登最大的衍生性金融商品交易對手——摩根大通集團。更重要的是，聯準會也在維護拯救信貸市場的初衷。二〇〇八年七月的房市紓困方案，合理化了二〇〇〇年代初期的利率政策，更間接導致房利美和房地美的國有化。後者不僅花費了兩千億美元，還在美國政府的會計帳目上掛了超過五．五兆美元的債務。接著是AIG接管案（一千七百三十億美元，持續增加中），還有規模七千億美元的問題資產紓困計畫（Troubled Assets Relief Program，TARP），計畫內容包括強迫挹注兩千五百億美元到全美前幾大銀行。二〇〇八年十一月，政府另外挹注了兩百億美元給花旗集團（一共給了四百五十億美元），並且擔保了花旗名下共兩千五百億美元的有毒資產。美國銀行也拿到了四百五十億美元的資金，還有政府對三千零六十億美元有毒資產的擔保。汽車業者拿到了三百億美元。二〇〇九年則有針對房產持有人的七百五十億美元援助，以及高達七千七百億美元的經濟刺激計畫。

或許不應該再以「天文」數字來稱呼這些金額，比較恰當的說法是「經濟數據」。金額如此龐大，連時間和空間都相對渺小了。當這種數目頻繁出現，多來個八千億美元的不動產抵押證券（mortgage-backed security，MBS）和信用相關資產計畫又算什麼？只要我們還能繼續開支票，不如就由政府來主導摩根大通接管華盛頓互惠銀行吧。政府也試圖安排花旗以同樣手法接管美聯銀行，但半路殺出開價更高的富國銀行，可見即使在紓困之國，私人資金仍然有它的地位。

過去美國絕對不拯救任何對象，現在似乎莫名地擁有用之不竭的紓困額度。我等不及要看下個月到底會發生什麼事。

第2章
全球最具權勢央行的誕生

我是最不快樂的人。我在不經意間破壞了我的國家。一個偉大的工業之國如今受到信用體系的控制。我們的信用系統集中在少數人手中，因此，整個國家的成長和所有活動也掌握在少數人手中。美國已經成了最糟糕的國家之一，是文明世界裡受到最嚴重挾持和支配的政府之一。

——威爾遜（Woodrow Wilson），美國前總統[1]

雖然我努力想避開談論中央銀行的歷史，但發現毫無可能。如果略過聯邦準備系統的角色，就無法完整檢視美國的紓困問題。不過我會盡量保持內容簡短並且淺顯易懂。

如果要了解紓困之國的現況，那麼熟悉聯準會的角色，和它過去如何急遽擴張就非常關鍵。自從二〇〇八年三月，大量不同的金融紓困案是由聯準會直接出資，包括投資銀行、政府贊助企業（government-sponsored enterprise，GSE）、券商，甚至整個股票市場。所以避談聯準會就無法精確地討論紓困。聯準會是這團混亂的核心。

緊急救援者這個角色並不包括在聯準會最初的任務宗旨內。十八世紀末，在中央銀行出現以前，美國境內最多有高達五十個國家的貨幣在流動。當時非常需要一套由強大政權發行的單一貨幣，來維持表面秩序。對任何一個年輕、成長中的國家，這都是必要的。

正如最初規畫，中央銀行任務很單純。它的出現是為了非常合理正當的目的：建立金融秩序，創造國家所需要的信用市場，並且解決法定貨幣（貨幣價值來自政府宣布制定）的問題。

自最初相對簡單的貨幣和財政權力以來，現在的聯準會已經演化成創辦人都認不得的模樣。在經濟考量的口號大旗下，聯準會抓住權力，急遽擴張職責範圍。自從一九九〇年代起，以私人企業身分在德拉瓦州註冊成立的聯邦準備系統，似乎認為自己主導一切經濟相關事務：修正商業循環的震盪、維持利率水準、維護貶值資產的價值，甚至干預股票市場。

然而，美國在這段經濟崩盤和信用危機時期，缺乏明確的金融領導團隊。小布希總統的支持度掉到歷史新低，白宮也沒有表態要面對這場風暴。在多場危機蓄勢待發的二〇〇七年，美國出現明顯的領導真空狀態。這就是聯準會登場的空間，它開始有了越來越多權力。不過當時比較像是硬著頭皮填補空缺，而不是權力擴張。替《彭博》新聞撰稿的馬修（Steve Matthew）觀察到：「最早的次級房貸市場崩盤，逐漸轉變成一場世界性的信用和經濟危機。時任聯準會主席的柏南克，則以聯準會成立九十五年以來，最積極的權力擴張來回應。」[2]

備受敬重的前聯準會主席伏克爾（Paul Volcker），對於中央銀行宣稱自己擁有的權力範圍非常訝異。貝爾斯登和摩根大通在聯準會主導之下強迫結合之後，伏克爾告訴紐約經濟俱樂部（The Economic Club of New York）：「聯準會判斷它必須採取某些觸碰到法定權力和暗示權力（implied power，按：指由《憲法》條文所引申出來的權力）邊緣的行為，過程中絕對跨過了中央銀行長期秉持的原則和實踐界線。」[3]

聯準會貫徹貨幣政策的主要工具，也就是聯邦公開市場委員會（Federal Open Market Committee，FOMC），甚至很過分地宣稱自己的職權包括預防市場「恐慌」，這已經遠遠超出它的兩項正式責任：價格穩定及充分就業。

這些責任從來不是聯準會章程的一部分。

央行創立之爭

無四不成禮：現在我們熟知的美國聯邦準備系統，其實是美國第四次創立的中央銀行體系。

要確實了解一個備受限制的銀行協調機構，如何演變為世界上權力最大的中央銀行，我們要先看看它的歷史。美國之前三次創立中央銀行的計畫，都面臨相當程度的顧慮和爭論。《獨立宣言》主要作者傑佛遜（Thomas Jefferson）認為，既然《憲法》並未明確賦予國會創立中央銀行的權力，這麼做就是違憲。「成立銀行遠比常備軍還危險」是傑佛遜的名言，他接下來說道：

> 中央銀行機制是對我們《憲法》原則與形式，最致命的挑戰。我敵視所有除了硬幣之外、貶值一切貨幣的銀行。如果美國人民允許私人銀行掌握貨幣發行，先會出現通貨膨脹，然後是通貨緊縮，銀行與企業會藉此壯大並掠奪人民的財產，直到下一代子孫在這片祖先搏命打下的大陸上，落入無家可歸的境地。[4]

從傑佛遜的觀點到現代大眾對聯邦準備系統的看法，中間轉變堪稱令人驚奇。

就像傑佛遜和威爾遜總統，當時美國人民打從心裡害怕賦予一群非經選舉、也不用負責任的私人銀行家過多的權力。而現在聯準會大肆擴張權限，還拉高數以兆計的信用額度，大家幾乎無動於衷的反應實在出人意料。對照歷史上中央銀行曾經造成的反感及憂慮，當時聯準會的柏南克主席，還有財政部長鮑爾森（Henry Paulson）及蓋特納（Timothy Geithner）手裡所掌握的權力，顯得異常不凡。除了始終擁護黃金的多頭者「金蟲」（gold bugs）和奧地利學派經濟學家以外，群眾反應始終不慍不火。

早期中央銀行實驗

中央銀行的第一次創建發生在一七九一年。這個新興國度在徵收所有賦稅後，需要一個保管者，而且為了暫時填補財政缺口，政府也需要申請短期貸款的管道。當時成立了一個簡單的財政機構，名為美國第一銀行（First Bank of the United States）。但為了安全起見，銀行只有二十年的特許權，在一八一一年失效。

在缺乏中央借貸主管機關的情況下，一八一二年戰爭留給這個資金不足的國家一筆「巨大債務」。[5]私人銀行毫無節制地發行鈔票，造成嚴重貨幣通膨。對某種形式中央銀行的需求很快浮上檯面。因此，就在第一銀行結束五年之後，一八一六年特許成立了美國第二銀行（Second Bank of the United States）。比起前身，第二銀行擁有更多資金和更大的影響力。雖然兩家銀行在當時都備受爭議，但第二銀行被認為特別具威脅性。它的權力大到「許多公民、政治人物，和企業家視為對自己的威脅，也是對美國民主的恫嚇。」[6]

第二銀行的特許權在一八三六年失效時，幾乎沒有人對設立第三銀行有興趣。但隨著年輕的美國不斷成長，金融和銀行體系也開始亂象叢生。由於缺乏中央協調主管機構，美國前一百年的金融發展成了私人銀行、鈔票，還有各種貨幣七拼八湊起來的大雜燴。許多州各自發行自己的法償貨幣，私人銀行則擁有委託雕版師設計銀行紙幣的權力。保險公司、鐵路公司、進出口貿易公司，和其他企業都有類似的能力。比起後來的無政府混亂狀態，早期美利堅合眾國數十種外國貨幣流通的情況，簡直稱得上井井有條。在《偽造者的國度》（*A Nation of Counterfeiters*）裡，米姆（Stephen Mihm）寫道：

到了一八五〇年代，由於為數龐大的機構委託發行自己設計的鈔票（無論面額、大小，還是顏色都隨設計者選擇），貨幣市場供給了總共超過一萬種不同的紙幣。這些鈔票不斷被轉手，造成民眾的困難，而且價值隨著市場風向上下震盪。幾千種由外國政府和國內商人發行的金幣、銀幣和銅幣，讓情況變得更複雜。這樣千瘡百孔的貨幣系統，絕對不是《憲法》起草者心中所期許的。[7]

而上述這些還只是合法貨幣、鈔票，和硬幣。偽幣其實隨處可見，據估計當時流通的貨幣中，大約一〇％是假的。[8]

除了偽造問題，銀行擠兌時有所見，銀行倒閉的發生頻率也越來越高。很明顯，這套一切順其自然的金融體系完全無法發揮功能。其中景況根本像是西部蠻荒大作戰，毫不誇張。

美國的第三次中央銀行嘗試是在一八六三年《國家貨幣法》（National Currency Act）頒布的時候，該法案之後修改為《國家銀行法》（National Banking Act，於一八六四年和一八六五年修訂）。這次立法提供了設置國家特許銀行的基礎。對銀行的要求則包括了嚴格的資本適足率、放款限制，還有來自金融管理局的定期審查。類似當代的銀行法規和監管制度從此誕生。

雖然這些國家銀行法案比起過去的監管體制有長足的進步，但事實證明到最後依然不足。貨幣成長不是和整體經濟相關，而是與債券市場有關。這對一個快速發展的年輕國家來說，並不足夠。缺乏彈性的貨幣系統和缺席的國家準備系統，導致經濟瘋狂擺動，在泡沫和崩盤間來來回回。經濟蕭條出乎意料地成了常見的週期現象。

這些被波士頓聯邦準備銀行（Federal Reserve Bank of Boston）稱為「早期中央銀行實驗」的二十世紀前嘗試，和現在的制度相比，簡直是小巫見大巫。波士頓聯邦準備銀行的解釋是：

隨著美國經濟日益龐大，越來越都會化也越來越複雜，缺乏彈性的貨幣和不靈活的準備系統，反而造成泡沫和崩盤的週期循環。這些瘋狂的擺動越來越難以負荷，金融恐慌週期性發生，而且經常引發經濟衰退。一八九三年，一次巨大衰退以前所未見的程度撼動了美國經濟。即使美國後來在十年內回復榮景，而且當中很大的原因並非美國所控制，這場一八九三年的衰退已經留下了經濟不穩定的影響。[9]

催生央行的大恐慌

如果美國一開始是如此反對，為什麼最後出現了這麼強大的中央銀行？在前三次的嘗試失敗後，讓我們快轉來到一九〇七年的大恐慌。在該次恐慌的餘波中，我們找到了如今聯邦準備銀行的起源。

一如往常地，一段長期循環成長帶來了榮景、崩盤、恐慌，以及復甦。一八九三年衰退的振興關鍵，是快速的工業成長。很快地，二十世紀的美國一片欣欣向榮。從一八九〇年代中期到一九〇六年，美國的年成長率高達七．三％。[10]

為什麼繁榮會演變成恐慌？箇中原因需要一本書才能解釋清楚（我推薦布魯納〔Robert Bruner〕和卡爾〔Sean Carr〕的著作《一九〇七年大恐慌》〔*The Panic of 1907*〕）。簡單地說，舊金山地震震出了美國金融美好表面下的困境。這場大規模天災影響了全世界的金融活動。將近五億美元的救難金，花在補救地震和之後火災所造成的損害。倫敦、德國、法國、紐約市，還有其他金融中心，都有大規模資金移往美國西部。

但是在倫敦這個大英帝國的首都和世界金融中心，金融問題開始醞釀而生。保險公司為了支付賠償金，於是運送了大量黃金到舊金山。結果，英國的貨幣供給變得極度緊縮。由於資金短缺，英國銀行家決定採取行動。在一九〇六年，增印鈔票和直升機撒錢（helicopter money，按：為貨幣與財政政策，包括：央行擴大購買公債、央行直接撥款給政府、減記央行持有的政府債務、直接發送現金給民眾等），都還沒成為常備解決方案。於是，英格蘭銀行（Bank of England）將利率從三．五％提升到六％，以吸引資本。不久，其他歐洲銀行也紛紛跟進。當然，錢永遠流向最划算的地方。利率調升後，許多資金又流回了英國。

這根本是「越是想改變，越是不會變」的現代示範。二〇〇八年十月，在銀行體系遭受信用緊縮和投資失利的打擊之後，冰島中央銀行把利率調高到一八％，原因和一百年前的英格蘭銀行一樣：吸引資金。

對於長期支持解散聯邦準備系統的人來說，上述例子或許頗富教育意義。除非所有國家同意同時解散中央銀行，否則解散單一中央銀行對經濟的影響，就像是國家單方面解除武裝一樣。

一九〇七年的美國，還沒有能夠和英格蘭銀行相提並論的機制。雖然發財夢在經濟繁榮時吸引了大量資金，但由盛轉衰時流動資產也跟著四處逃竄。一八九三年衰退所遺留下來的經濟不穩定性，再加上美國當時對吸引資本的急迫需求，為接下來的發展準備好登場舞台。

一九〇八年，國會迫切地尋找能解決眼前金融危機的答案，為此成立了國家貨幣委員會（National Monetary Commission），一個研究美國貨幣問題解決方案的討論小組。委員會花了五年時間進行政治操作、公開辯論，還有法條提案，來決定美國是否應該設置中央銀行以及銀行的面貌。要清楚說明一九一三年聯邦準備系統的成立又需要另外一本書了。（而格里芬〔G. Edward Griffin〕的《美聯儲傳》〔*The Creature from Jekyll Island*〕[11]是聯準會憎恨者的標準讀物。）

要了解美國如何變成紓困之國，我們只需要記住聯邦準備系統確實成立，被賦予驚人的權力，然後猶如猛虎出閘般暢行無阻。接下來我們會發現，這個舉動將帶來遠在一九一三年時，完全無法預料到的後果。

第3章

是救援，不是撒錢

資本主義並不是形容這套安排的最佳字眼（該詞出現於十九世紀，用來形容與共產主義相反的意識形態）。幾十年後，開始有人用了一個比較好的說法，「美國體系」，意指政府涉入經濟發展的主要目的，是建設我們現在所稱的基礎建設，如高速公路、運河、鐵路，但除此之外則尊重經濟自由。不過，我私心偏愛稱呼這種驚人成功的做法為「財政民主」：在充分自由的體系中，美國政府的角色是運用財政彈藥庫裡所有的經濟武器，來協助人民發揮最佳潛能。

——席勒（Robert J. Shiller），諾貝爾經濟學獎得主[1]

美國變成紓困之國是晚近現象。在早期和中期美國史裡，政府並不負責挽救企業營運，深陷泥沼的投機者請自負後果。

政府援助通常會出現在新產業誕生的時候，而不是單一公司垂死掙扎之時。十九世紀時還沒有創投公司。這個國家年輕時並沒有類似矽谷創投大街「沙丘路」（Sand Hill Road）的地方。不過，有時候國會會被授命資助新創公司和新科技。最典型的例子就是鐵路公司的西部拓荒，還有電報公司的發展。這兩個產業都在華盛頓特區找到了支持者，然後獲得了納稅人的贊助。第一條電報線路的商業化就是靠國會挹資，鐵路公司獲得政府贈地（land grant）和其他形式的協助，才得以向西擴展。

政府偏好資助那些會推動全國物質提升、促進基礎建設開發，並且能幫助經濟成長的產業。不過，一旦產業興起並運作無阻，公司是非成敗就完全靠自己了。（多麼迷人！多麼有趣！多麼新鮮的主張！）

發明家與企業家是整個過程中的關鍵人物。電報產業是在一八四四年，摩斯電碼發明人山謬・摩斯（Samuel F.B. Morse）想辦法從國會拿到三萬美元納稅人的錢時展開。第一條華盛頓特區到巴爾的摩的電報線，就是他的功勞。[2]

鐵路業的開端也一樣。一八五〇年政府贈地，提供伊利諾中央鐵路公司（Illinois Central Railroad）位於伊利諾州、密西西比州，和阿拉巴馬州的土地，受惠的還有墨比爾和俄亥俄鐵路公司（Mobile and Ohio Railroad）。伊利諾中央鐵路公司獲得這些贊助，是一名年輕律師努力的成果，他的名字是林肯。作為回報，伊利諾中央鐵路公司在一八六〇年幫助林肯選上總統。或許也不算是單純回報。就職以後，林肯總共簽署了超過一千八百億坪的公有地贈地案給鐵路產業。當時五條橫跨美洲大陸的鐵路，有四條是因為這些協助才得以開通。

所有新興產業的生命週期都一樣，新技術會經歷一段快速成長期。豐富的機會引來競爭者，新產業於是迅速壯大，而且很快地賺大錢，這又進一步吸引更多競爭：越來越多的企業，人人都想在產業裡謀職，更多資本和更大的投資湧入。新競爭促使產業發展並成熟。最後，成長碰到瓶頸，過度投資和產能過剩的問題浮現，導致殘酷的價格競爭和利潤萎縮。最後強者存活，大部分弱者被市場淘汰。

除了電報和鐵路，這種盛極而衰的循環也不斷在所有產業上演。同樣模式發生在所有新產業，包含：無線電、鋼鐵、汽車、電視、航太、電子產品、電腦，還有最近的網路公司。而次級房貸發起者、房貸掮客，甚至房屋仲介身上發生的由盛轉衰循環，和其他產業的循環也別無二致。此外，我們也可以預期，同樣的情節會在接下來幾十年內，出現在太陽能、基因治療研究、電動車製造（再一次）、奈米科技、幹細胞醫療，和所有新興能源產業上。

信不信由你，但我們偉大的國家曾經一度真心相信，要放手讓市場消費者來挑選產業的贏家跟輸家。歷史不斷證明，這種分配資本的辦法，遠比透過代議政府或中央計畫控制還有效益。可惜，這個教訓總是被輕易遺忘。

紓困年代vs大蕭條時期

很多人忍不住要拿今天的紓困之國（充滿大政府紓困案和大型企業拯救計畫的年代），和經濟大蕭條時期的羅斯福新政（New Deal）做比較。但這兩個時期有許多明顯相異之處。一九三〇年代，美國是工業強國。最主要的產業是鋼鐵、工業、鐵路，還有煤炭。持有股票的人數不多，所以股市崩盤一開始似乎只衝擊到有錢人。現在則完全不是這麼一回事。

不過，政府對眼前危機的回應和羅斯福新政確實有相似之處，尤其兩者都推出一連串似乎永無止盡、以字首作為簡寫的新方案，像是TARP和TAFFY。但回應危機的大型政府方案只是結論。兩者之間真正的差異在於危機的成因、誰獲得援助，還有為什麼。

一九二九年股市大崩盤，最後導致了世界性經濟衰退。美國情況尤為嚴峻，失業率飆升到二五%，幾乎每五名屋主就有一名，面臨被銀行強迫收回房產所有權的情況。雖然沒有做錯事情，卻有數量龐大的美國人陷入經濟困難。這些受到政府援助的民眾並不是因為自己魯莽、投機或純粹愚蠢的行為而落入困境。相反地，他們是大規模經濟崩盤的受害者，不是創造者。《大亨小傳》年代的確奢華浮誇。然而，一般民眾並非如此，正如花旗集團前執行長普林斯（Chuck Prince）所言，「只是隨著音樂被迫起舞」。

由此看來，很難說現在這些大企業紓困案和大蕭條回應方案有類似之處。兩者的成因和罪魁禍首完全無法相提並論。

雖然，一九二九年崩盤之後的確出現了林林總總的政府方案。人民要求政府提出辦法來對抗蔓延的經濟危機。人民要的是政府介入整體經濟，最後得到的也是政府介入整體經濟。

再來看看二〇〇八年民眾對紓困的反應。當時，並沒有太多人支持時任財政部長鮑爾森提出，用七千五百億美元收購銀行和券商手中問題資產的原始計畫。正如最初預期，問題資產紓困計畫很快招致全國反感（而且隨著計畫發展，大家也不曾真心接納）。國會議員接到的民眾意見裡，反對這項鉅額開支計畫的人數，是贊成者的十倍。或許這就是該計畫第一次在眾議院提案便遭到否決的原因。美國公民反對賭場資本主義（casino capitalism），在這個體系中，私有財富集中在少數占盡好處的資本家手裡，風險卻由大眾承擔。人們對於出手挽救造成這場經濟浩劫的少數罪魁禍首感到憤怒。

在一九三〇年代，人民對政府方案幾乎毫無反對。事實上，羅斯福總統一九三三年的首次就職演說中，獲得最多掌聲的句子並非「我們唯一該恐懼的是恐懼本身」，而是「國家必須採取行動，現在就採取行動。」[3]

現在角色完全顛倒。一九三〇年代的企業家強力反對政府監督、控管，還有隨之而來的納稅人大禮。至於現在，反對的是納稅人，企業領導則搭乘私人飛機到國會山莊去屈膝要求紓困金。

我們用長久以來象徵美國力量的鋼鐵業，來作為經濟困難導致政府大力介入的例子。自從一九二九年達到產業巔峰後，鋼鐵業在僅僅三年之內就落入混亂。產線全面崩潰，工業熟鐵從一九二九年產出超過六千三百萬噸，掉到一九三二年的一千五百萬噸產量。下滑了超過七五%的製造產量，導致生產量退步到將近三分之一個世紀以前、一九〇一年後的最低點。伯利恆鋼鐵（Bethlehem Steel）在崩盤前始終維持在九〇%的產能運作，到了一九三二年只剩一三%。

鋼鐵業也代表了美國經濟其他部分：崩盤之後就停滯谷底。極端的經濟條件帶來激進的回應方案。政府的重心並非營救單一企業或產業，而是要復甦曾經輝煌一度的整體經濟。因為如此，我們很難說這些舉動是紓困，至少不是現在舉目所見的企業紓困。看完細節就能明白為何這麼說了。

大蕭條的新政「救援」

從一九二九年高點到一九三二年最低點，道瓊工業平均指數下跌了八九％。換言之，一九二九年大崩盤的規模，遠勝於二〇〇〇年的科技泡沫。一九二九年各大指數市值蒸發了超過四分之三。二〇〇〇年到二〇〇二年崩盤的大部分損失，則集中在科技通信和新網際網路股。指標性的標準普爾五百指數只損失五〇％，道瓊工業則下滑僅僅三八％。

本書寫作之時的衰退則創下新紀錄（至少在速度上）：從二〇〇七年十月的最高點，道瓊和標準普爾五百指數在僅僅一年之後就腰斬一半。這是股市有史以來最快、也最劇烈的暴跌之一。我們在這次崩盤看見大量財富消逝，但是對整體經濟的破壞還是比不上經濟大蕭條。或許是因為現在有各式安全網，也或許一九七〇年代的經驗讓我們提前做了準備，更有可能只是還沒有來到真正的谷底而已。

無論如何，一九二九年市場崩盤的影響，仍然遠遠勝過之後所發生的任何事情。隨之而來的市場緊縮是當代史上最具毀滅性的事件。大蕭條期間，美國經濟陷入解體狀態。借方面臨巨大投資損失，地方政府收取不到地產稅，營造業全面凍結。失業率超過二五％，工業產量暴跌。各級地方政府迫切需要資金。汽車業則全面停產。在大蕭條最嚴峻的時期，每五間房子就有一間面臨被銀行收回的命運。

就算是二〇〇八年至二〇〇九年信用緊縮與房市衰退中最糟糕的複雜難題，比起大蕭條的金融風暴仍像是小菜一碟。銀行破產，但是美國聯邦存款保險公司的擔保阻止了恐慌擴散。失業率上升，卻仍低於一九三〇年代的最高峰。而近年來兩百多萬處房產被取消屋主贖回權，就比例上來說，還是遠低於一九三〇年代接近二〇%的取消贖回權。簡單講，雖然二〇〇九年初的各項數據都不好看，整體經濟還是比經濟大蕭條時期健康。

羅斯福總統對經濟危機的回應被稱為「新政」。其中包括了支出計畫、產業補助、創造就業機會、公共工程計畫，還有屋主的借款協助。國會出現很多新法案，試著恢復大眾對美國銀行體系、信用市場、證券市場，還有美國經濟的信心。這是美國歷史上最全面也最廣泛的一次立法運動。

房屋市場是遭到大蕭條打擊的主要部位。了解當時房屋持有人是如何獲得政府巧妙的贊助借款，或許能讓我們得到一些啟發。

判斷當時做法是否算紓困，我們必須納入這項大計畫的前因後果。一九二〇和三〇年代的房貸市場和今天截然不同。當時沒有三十年固定利率這類貸款。典型的貸款為期三到五年，期間僅支付利息。這種本金不分期償還的貸款，要求借款人在到期時大額還款。大部分貸款都會順利續約，只要貸款人有工作而且付款紀錄正常。

隨著一九三〇年代經濟越來越惡化，這種輕鬆的貸款方式也出了問題。房屋價格急速下跌。一大群失業而手頭上沒有現金的人開始無力支付貸款。在《房主貸款公司的歷史及政治操作》（*History and Politics of the Home Owner's Loan Corporation*）一書中，哈里斯（C. L. Harris）寫道：「好幾股交互作用的力量，導致一九二九年後嚴重衰退，並且重創了房屋融資市場的結構後，過去所有相關單位都認為合理完整的制度顯得非常脆弱。」[4]最慘的時候，每天有上千件貸款違約。[5]而且，由於存戶提領現金的需求增加，許多放款機構自己都出現了周轉不靈的問題。有些缺乏延展貸款的資金，有些則發現自己的信用額度消失。隨著多家銀行破產並且資產被債權人扣押，大量房地產遭廉價出售。

總之，房屋融資市場徹底崩潰。

一九三三年《房主信貸法》（Home Owners' Loan Act，HOLA）是羅斯福總統對貸款違約潮的回應。該法案指示聯邦住宅貸款銀行委員會（Federal Home Loan Bank Board）以國庫提供的兩億美元成立房主貸款公司（Home Owners' Loan Corporation，HOLC），並且授權房主貸款公司發行不超過二十億美元的債券，來購買房貸債務。到最後，這個金額超過兩倍，來到四十七．五億美元。貸款只限給屋中有一到四名住戶的違約屋主。只要在《房主信貸法》頒布之前（一九三三年六月十三日）有銀行貸款紀錄，兩萬美元以下的房產都能申請。

不管從哪一項指標來看，房主貸款公司都是空前地成功。一九五一年三月三十一日，房主貸款公司解散清算時，帳面上甚至有一些獲利，讓國庫多了一筆一千四百萬美元的進帳。[6]其他成果一樣令人驚豔：

- 從一九三三年六月到一九三五年六月，房主貸款公司收到一百八十八萬六千四百九十一件房貸申請案，貸款總額高達六十一億美元，平均每件申請金額為三千兩百七十二美元。[7]
- 超過七五%的貸款少於四千美元，這些案件加總起來大概是房主貸款公司手中房產估價的六九%。[8]
- 房主貸款公司承辦超過一百萬件貸款，借款金額超過三十五億美元，而且替全國二〇%的貸款屋產提供資金。
- 曾經一度，美國每五件房貸案中，就有一件是由房主貸款公司貸出。
- 總借款金額高達GDP的五%。[9]

作為整體經濟復甦計畫的一部分，房主貸款公司成功拯救了美國房市，而且幾乎沒有轉嫁成本到納稅人身上。這項計畫很難視為紓困，尤其和現在的紓困案相比。這些身陷困境的屋主並沒有做錯事，他們沒有購買超出能力範圍的房子。當時的購屋者並沒有簽有毒房貸，而是以傳統的借貸方式來籌措資金；他們也沒有要翻修轉賣、炒作，亦無從事任何投機行為。以前沒有無須收入證明的騙子貸款（liar loan）。一九三〇年代被房主貸款公司拯救的屋主，完全沒有參與經濟災難的形成。因為這些原因，紓困一詞並不適用於這項行動，「救援」是更合適的字眼。

房主貸款公司成功的祕密

房主貸款公司成功的祕密藏在細節裡。房主貸款公司貸款額度雖然可以高達房產價值的百分之八十，但無論如何都不能超過一萬四千美元。房主貸款公司以國庫債券（利率四%）來交換房屋貸款。畢竟，國庫債券是三重免稅（免徵地方、州，和聯邦的所得稅）。屋主則拿到利率五%的十五年期貸款。當時普遍的貸款利率是六%，所以房主貸款公司的成本相較於其他資金便宜許多。有些貸款案甚至是前三年只付利息，然後再開始十五年的分期攤還。

承辦貸款的銀行必須吸收再融資金額和違約貸款預期利潤之間的差額。在房地產和信貸市場這麼慘淡的時期，這結果還是比違約造成的損失要好。品質有保證的房主貸款公司債券再加上免稅優惠，使承辦房貸的銀行紛紛接受了房主貸款公司的債券交換。就算是正在接受破產管理的銀行，也可以用貸款交換房主貸款公司債券。

但房主貸款公司並不是免費大放送計畫。該方案扣押了超過二十萬間違約房屋。[10]有些州的房主貸款公司貸款案的違約並扣押的比例也不低。在紐約州和麻州，有超過四〇％的政府貸款最後違約。

恐慌、崩盤與危機方案

一九三二年，胡佛總統在國情咨文演說裡，要求成立復興金融公司（Reconstruction Finance Corporation，RFC）。成立第一年，復興金融公司的主要業務，是貸款給銀行和金融機構。之後，業務快速擴張到貸款給鐵路、農業，和鋼鐵產業。復興金融公司最早用來自國庫的五億美元成立（最後復興金融公司獲准向國庫多借了十五億美元）。在成立期間，復興金融公司一共向國庫借了五百一十三億美元，向民眾借了三十一億美元。[11]

到了羅斯福總統，政府的回應大幅擴張。新政是由多件法案和政府補助所組成，包括《全國工業復興法》（National Industrial Recovery Act，NIRA）、《房主信貸法》，還有國防設備公司（Defense Plant Corporation，DPC）（詳見下頁的表3.1）。《全國工業復興

表3.1　新政項目

法案或計畫	縮寫	生效年分	重大成果
《農業調整法》	AAA	1933	提供農民作物補助來降低產量，避免農民因作物價格下跌受害；提供預防土壤侵蝕教育課程。
土木工程管理局	CWA	1933	於1934年提供400萬勞工週薪15美元的公共工程工作機會。
公民保育團	CCC	1933	派遣25萬名年輕男性到各地進行造林及保育工作。消化都市過剩就業人口，鍛鍊青年體魄，並且提供家庭經濟收入。
《聯邦緊急救濟法案》	FERA	1933	發放數百萬美元失業員工救濟金。
《格拉斯—史蒂格勒法案》／聯邦存款保險公司	FDIC	1933	為防止銀行破產，開辦聯邦擔保銀行存款（最早是每位存款人2,500美元）。
《全國工業復興法案》	NIRA	1933	成立國家復興總署（National Recovery Administration），實施公平競爭和基本薪資等規範，並允許工人進行集體協商。
全國青年總署	NYA	1935	提供200多萬名大學及中學生兼職工作機會。
公共工程管理局	PWA	1933	從國會收到33億美元的公共工程經費。
農村電氣化管理局	REA	1935	鼓勵農民加入合作社，導入電力到農地。儘管如此，截至1940年，全美約僅有40%農地有用電。
《證券交易法》／證券交易委員會	SEC	1934	規範股票市場並限制融資操作。

續表3.1　新政項目

《社會安全法案》		1935	為回應當時來自唐森（Francis Townsend）和休伊．朗（Huey Long）的抨擊。法案包括退休金、失業保險，還有對盲、聾、殘障、年幼兒童的補助。
田納西河流域管理局	TVA	1933	聯邦政府修築多個水壩來防治洪水並販售電力。政府單位和民間電力公司首度競爭。
《華格納法》／國家勞動關係委員會	NLRB	1935	允許勞工加入工會，並明令禁止公司高層打壓工會的行為。
公共事業振興署	WPA	1935	聘僱850萬名勞工參與工程建設及其他工作項目。重要的是，提供藝術、劇場，以及文學相關的專案工作機會。

資料來源：費德梅斯（Greg D. Feldmeth），www.polytechnic.org/faculty/UShistory。

法》「提供了一套法律制度，讓政府和民間企業能在免受反托拉斯懲處的風險之下，合作提高價格。」[12]

一九三三年美國聯邦存款保險公司成立，還有二〇〇八年聯邦存款保險公司的擴張，其實是為了類似的目的。當時的金融體系和現在一樣，容易出現恐慌和銀行擠兌。藉著設置所有銀行的存款保險制度，政府希望能消除民眾對銀行破產風險的恐懼。恐慌太常出現了，銀行擠兌變成自我實現的預言，最後帶來金融機構破產。當時很多銀行持有鐵路公司債券，當鐵路業因為經濟緊縮而蕭條，銀行也深受其害。

經濟大蕭條和眼前的金融危機不

同，前者並沒有發生在特定產業，而是吞噬所有的經濟活動。政府企圖復甦整體經濟，並且重新挹注金融區塊的資本。政府提供的資本和制度使得屋主能重新負擔起貸款。多項政府計畫的重點在於支持金融機構。比方說，針對存款保險和銀行的信用可貸性（credit availability），只有政府的擔保到位，一般民眾才會對這些機構有信心。

不過，金融危機和一九三〇年還是有相似之處。這兩個危機都是華爾街玩家囂張的投機行徑，導致最初的市場崩盤。兩次崩盤裡，主要的槓桿工具是不受管理的信用或者衍生性金融商品。槓桿操作在市場上揚時火上加油，下跌時玩火自焚。一旦資產流動性開始枯竭，槓桿造成的連動問題波及到整體經濟，成長迅速萎縮。政府一開始的反應溫吞，重要機構官員都不願承認經濟破壞的程度。隨著災難越來越無法忽視，大型企業也紛紛破產倒閉，政府才做出比較全面的回應。接著，總統大選登場，新政權承諾將做出重大改變。

政府針對一九三〇年代危機的早期回應之一，是提供貸款給鐵路公司。目的是維持住鐵路債券的價值，才能間接改善銀行的資產負債表。到了近代，聯邦準備系統的初期手段之一，也是提供貸款給銀行和券商。一開始是為了保持流動性，最後則是維持償還能力。

有個好玩的小把戲：上網找任何一份大蕭條時期的鐵路公司借款法案，貼成文件檔。然後用「尋找及取代」功能，把所有的「鐵路債券」（railroad bonds）替換成「房屋貸款」（home mortgage）。你會發現內容非常接近二〇〇八年十月三日緊急通過的《緊急經濟穩定法案》（Emergency Economic Stabilization Act），也就是大家所知的問題資產紓困計畫。

時任聯準會主席柏南克是經濟大蕭條的著名學者，或許用字遣詞如此相似的法案是他的致敬方式。但柏南克可能忘記了（或者至少誤解了），為什麼需要大型政府介入、以及何時介入的最大教訓，我們將在下面章節中一一說明。

第4章

巨變的工業紓困年代

當事情一切順利，所有企業行號便大力提倡自由企業精神，不需要政府規範。但是一旦情況不對，企業突然成了政府的親密夥伴，想要政府伸出援手。企業只要威脅垮台，政府就送上更多錢。

——費茲傑羅（A. Ernest Fitzgerald），政府成本分析師及美國空軍財務管理助理部長辦公室，管理系統代表

上一個年代的政府干預，主要集中在緊急狀態下的經濟和軍事補助，像是房市、就業、金融、工業生產和軍事準備，都獲得大量的補助。

接下來這個階段，政府走上完全不同的新路：單一企業紓困。這對美國過去一貫的態度、政府行動和稅金的使用來說，都是巨大的分裂。

吃下紓困靈藥

一九七一年是美國紓困史發生巨變的一年。這是美國有史以來，第一次紓困單獨一間因為自身財務管理不善，而面臨關門命運的產業公司。這間公司是洛克希德飛機集團，獲得的紓困是兩億五千萬美元的貸款擔保。

在洛克希德紓困案之前，美國從未手把手地照顧任何一間企業。過去的行動是為了幫助國家度過難關。在經濟大蕭條時期，四名工人中就有一名失業，國家經濟每年萎縮一五％。為了避免經濟進一步惡化和人民騷動，政府不得不出手。在美國正式加入二次世界大戰以前，政府提供補助給鋼鐵、軍火，和橡膠公司。和其他的政府介入一樣，這些補助很難被稱為紓困。它們是國家為了自我防衛而提升整體軍事產業的動作，並非針對個別民間企業。

洛克希德案不僅史無前例，對很多人來說也是令人擔憂的新發展。在此之前政府從不曾執行單一企業的救援行動。

當時洛克希德已經深陷財務危機數年，一九六九年（一千九百五十萬美元）和一九七〇年（八千六百三十萬美元）都認列虧損。管理階層接二連三在重大專案上做出嚴重誤判：該公司在一九六五年以十九億美元贏得了 C-5A 軍用運輸機國防合約，比波音的投標價低了三億美元。[1]洛克希德的樂觀預估導致開發成本嚴重超過預算。另一方面，公司的 L-1011 三星客機開發計畫，也問題重重。此外，洛克希德還有其他三項大型軍方專案預算超支。

總而言之，這家公司因為自己的決策失誤和管理不善，而身陷財務泥沼。[2]

雖然做了一連串錯誤決策，管理階層的愚蠢並沒有阻礙洛克希德成為美國最大的國防供應商。這些公司高層或許不擅長管理大型軍事專案，但他們真正的強項是採購流程。到了一九七一年，洛克希德學會如何巧妙地避開美國海軍的繁文縟節。而且既然洛克希德大部分的營收本來就來自納稅人，那麼遇到財務困難時，似乎也就順理成章地找上聯邦政府幫忙。

在四件大型美國軍方標案預算超支，和三星客機的開發嚴重耽擱的情況下，洛克希德似乎沒有第二條路可走。一九七〇年三月二日，洛克希德董事長豪頓（Daniel Haughton）在寫給國防部副部長帕卡德（David Packard）的信中，請願政府協助。洛克希德請政府援助的金額高達六億美元，這等於是二〇〇七年的三十二億美元。

洛克希德的緊急貸款方案在國會引起軒然大波。威斯康辛州參議員普羅米爾（William Proxmire）創造出「**企業福利**」（corporate welfare）一詞，來形容這件紓困案。一九七一年，眾議院以一百九十二票對一百八十九票這個非常驚險的票數，通過《緊急貸款擔保法案》（Emergency Loan Guarantee Act）。該法案差點在參議院被封殺，最後副總統安格紐（Spiro Agnew）投下關鍵一票，以四十九票對四十八票通過。

「對啦對啦，這只是暫時的……在沒有政府干預的情況下，自由市場才能有最好的發展……老兄，乖乖排隊！」

資料來源：©2008, R. J. Matson, St. Louis Post Dispatch, politicalcartoons.com. 經授權轉載。

紓困催化劑與潘朵拉之盒

一九七一年還發生了另一件事，很多人認為那是導致美國成為紓困之國的催化劑：尼克森解除了美國的金本位制度。

隨著二次世界大戰進入血淋淋的尾聲，布列頓森林協定（Bretton Woods agreement）讓美元成了世界性準備貨幣，並且在美元和每盎司黃金之間，設定了固定的兌換率（每一千美元可換三．五盎司黃金）。一九七一年八月十五日，洛克希德紓困案在國會通過僅僅數週之後，尼克森打破了美元與黃金的掛鉤。

我們很難清楚指出尼克森的行為，如何直接造成當代的大量紓困案。但毫無疑問地，一九七一年之後，美國聯邦政府的債務和貨幣供給量開始一飛衝天，美元價值則穩定下滑：

- 一九七一年，美國聯邦政府債總額為四千三百六十億美元。今年，這個數字已經超過十兆美元。
- 廣義貨幣（M3）供給，從一九七一年的八千億美元不斷增加，到了二〇〇六年葛林斯潘離開聯準會主席一職時，已經膨脹到驚人的十．二兆美元。
- 二〇〇六年第一季後，聯準會不再公布M3貨幣供給量資料，這又可以寫一整本書的故事了。[3]

只要外國有持續購買美國國庫券的意願，國庫可以不斷舉債拿錢，政客和官員要不斷核准紓困案就簡單得多。尼克森廢除金本位制將近四十年後，美國人已經能心平氣和地看著國會提高美國舉債上限，以便支付林林總總、雜七雜八的開銷。單單二〇〇八年夏天的房市法案，跟鮑爾森的問題資產紓困計畫，就要一．五兆美元。

美元真的在貶值，但這幾乎是馬後炮。

政客和官員花了好一段時間才意識到，一九七一年企業福利剛剛出現時，信用額度能買下多少的重要性。但洛克希德已經是被打開的潘朵拉之盒，釋放出美國資本主義的邪惡世代。

雖然國會試圖阻止洛克希德援助案，但有些成員其實已經在盤算一樁更大的紓困案：賓州中央鐵路。在巨額虧損並且無力（或者不願）還錢給債主的情況下，賓州央鐵在一九七〇年宣告破產。「在他給法院的請願書中，董事長高曼（Paul Gorman）說公司是『真的一點現金也沒有，無法償還債務，（而且）也沒有任何借款的管道』。」[4]

當時，賓州央鐵是全國最大的鐵路公司，於是尼克森政權提議讓國防部對這間快要滅頂的公司做出兩億美元的貸款擔保。但是國會出手阻攔。「這當中潛藏的政治危害確實令人害怕。」一名觀察家對《時代雜誌》說了在當時十分嚴肅，但現在看來很有趣的發言。《時代雜誌》如此報導：

> 為了挽回江河日下的州際客運鐵路服務業務，國會於一九七一年頒布了《鐵路客運服務法》（Rail Passenger Service Act，RPSA）。該法核准成立全國鐵路客運公司（National Railroad Passenger Corporation），這間由聯邦政府出資成立的公司又稱為Amtrak（結果非常成功）。
>
> 當國會發現已經不可能僅僅透過破產管理，來重整一個可用的鐵路系統，便決定利用自身的破產權力和「商業條款」（Commerce Clause）所允許的徵收權，制定一九七三年《地方鐵路重整法》（Regional Rail Reorganization Act），以確保東北地區有一套可用的鐵路系統。[5]

到最後，國會向賓州央鐵的債主們做出了一億兩千五百萬美元的貸款擔保，並且撥了七十億美元聯邦補助金給聯合鐵路公司（Conrail），後者是國會於一九七六年接收賓州央鐵和其他五間營運困難的東岸鐵路商手中殘存的路線後，所成立的公司。

如果洛克希德是政府第一次品嘗到紓困靈藥的滋味，那麼賓州央鐵就是開始埋首大吃一道接著一道紓困佳餚的起點。

「企業福利」在一九七一年還只是牙牙學語的嬰兒，到了一九八〇年已經不再是個寶寶。

拯救搖搖欲墜的汽車大廠

這樣的幫助很明顯在鼓勵失敗和懲罰成功，阻礙企業競爭，對問題公司的競爭對手及其股東非常不公平，政府也勢必越來越涉入私人商業領域。批評者說，明明每年都有幾千家中小型企業破產，為什麼大型的公司就應該獲得紓困？政府的原則在哪裡？通用汽車董事長墨菲（Thomas A. Murphy）批評聯邦政府對克萊斯勒的協助是，「對美國哲學的根本挑戰」。

——《時代雜誌》，一九七九年[6]

綜覽一九七〇年代，所有美國車廠都面臨了前所未見的挑戰。大家看膩了一直以來的大型豪華轎車，車廠始終沒有改善油耗效率或推出更吸引人的設計。這些車廠似乎缺乏能力、沒有一套能製造可靠汽車的生產系統。公司本身也變成過度膨脹的官僚系統，疊床架屋的管理制度更扼殺了重大改變的可能。

更何況，改變從來不是它們的強項。

接著一九七三年第一次石油危機爆發，所有能源價格頓時一飛衝天。隨著油價暴漲，受到最大衝擊便是底特律這個美國最大、最耗油客車和卡車的生產地。

一九五〇年代，《霸榮周刊》（*Barron's*）曾描述底特律有兩家半汽車大廠，那半家指的是業績經年累月落後其他兩家的克萊斯勒。石油危機來襲時，克萊斯勒在三家車廠裡情況最慘。

到了一九七〇年代中期，該公司不斷流失現金。一九七四年的虧損是五千兩百萬美元，一九七五年的虧損則是破紀錄的兩億五千九百五十萬美元。隨著來自日本和歐洲的小巧、便宜、省油汽車在一九七〇年代持續攻占美國車市，克萊斯勒發現自己的財務破洞越來越大，看來勢必要宣告破產。

但美國是個廣大的國度，充滿了熱愛自家龐大舒適車款的大塊頭。能源危機一解除，車商生意馬上恢復正常。一九七六年汽車城大地回春，克萊斯勒也荷包滿滿，公司的淨收入為四億兩千兩百六十萬美元。

生產小型省油車款？真是可笑的主意。大家都認為石油危機只是一場意外，一旦油價回穩，就馬上回去生產笨重大車。不過，即使油價下跌，本田和豐田在這十年間的市占率仍然持續成長，之後也是。

雖然克萊斯勒已經和最大的幾位債權人重新協商，但也只是讓這間公司多苟延殘喘幾年，從一個危機存活到下個危機。一九七七年雖然也賺錢，但不多，淨收入只有一億六千三百二十萬美元。克萊斯勒的車型越來越過時，重新開發模具又是個昂貴的過程。到了一九七八年晚期，隨著伊朗爆發革命和新石油危機讓油價衝上雲霄，公司再度陷入赤字，虧損兩億零四百六十萬美元。到了一九七九年，克萊斯勒的年度虧損首次突破十億美元。

這個時間點，管理階層已經知道公司沒錢了，無法靠一己之力解決財務困境。高層決定該是拜訪山姆大叔的時候。

克萊斯勒紓困案根本是九年前洛克希德紓困案的翻版，甚至青出於藍。紓困規模更大，成本更高。洛克希德獲得價值兩億五千萬美元的貸款保證，但克萊斯勒獲得的金額高達六倍。當初拯救洛克希德的理由是為了國防安全，因為這是全國最大的國防企業。而克萊斯勒的理由則是為了美國經濟，還有保住二十萬個工作機會。

但這兩者的巨大差異在於，克萊斯勒紓困案遠比洛克希德複雜許多。克萊斯勒貸款擔保的條款裡要求額外二十億美元，來自「公司持有人、股東、管理人、員工、經銷商、供應商、國內外金融機構，以及州際和地方政府」[7]的承諾跟許可。

一九八〇年的克萊斯勒紓困案，並不真的是一樁重新包裝的破產重整。克萊斯勒繼續沿用相同的管理團隊、相同的工會合約、相同的退休金義務，和相同的健康保險給付。紓困案唯一的功能就是多給了克萊斯勒幾年的時間。真的，紓困前的產業面貌和紓困後幾乎一模一樣。包括克萊斯勒在內的所有底特律車廠，沒有一家從紓困案中得到長期效益。

國會只不過推遲了無可避免的末路到來。

平行宇宙中的企業浴火重生

在電視影集《星艦迷航記》（*Star Trek*）中，寇克艦長被意外傳送到另一個宇宙中的企業號星艦（單集〈鏡子鏡子〉的劇情）。寇克很快發現自己處於不一樣的平行宇宙，因為整個社會結構都截然不同。不只如此，他的科技官史巴克竟然留了滿臉鬍子。這些改變到底是什麼原因造成的？原來這個新宇宙的早期歷史中有一件事變了，導致後來所有事情都大不相同。

如果我們能夠進入那個有鬍子史巴克的宇宙就好了。

這是對紓困進行任何哲學研究時，都會面臨到的調查性挑戰：沒有控制組。我們無法得知如果政府沒有介入私有市場的假設結果。所以，我們只能用現實世界中納稅人慷慨解囊後的結果來作為參考架構。不過，我們可以想像「如果有些表決改變會怎樣」。

不看其他可能的話，支持克萊斯勒紓困案的國會成員可以宣稱這是一次成功的紓困。畢竟，所有政府擔保的貸款最後都有付清，員工保住了工作機會，而且最後克萊斯勒被賓士併購。這間德國車廠甚至有辦法找到一間更蠢的博龍資產管理公司（Cerberus），來接手這間底特律公司。

但克萊斯勒真的是一樁成功紓困案嗎？從短期沿續公司生存的角度來看，我們可以勉強同意。少了平行宇宙做對照（國會否決了所有紓困案，並且洛克希德和克萊斯勒必須自己處理爛攤子的那個宇宙），我們只能想像事情可能會如何發展。

就用克萊斯勒紓困案來做我們的假設模型，看看如果政府沒有屈服於政治壓力而援助克萊斯勒的話，或許是什麼情況。

我們不能確切肯定如果任由克萊斯勒像其他競爭對手一樣，在市場裡自生自滅的話情況會如何。但結果不難想像。克萊斯勒高層表示如果沒有獲得政府協助，他們必須申請的不是《破產法》第十一章的破產重整，而是第七章的破產清算。

我們來想想這個平行宇宙，史巴克有鬍子然後克萊斯勒的確自食惡果。克萊斯勒破產清算應該會造成好幾個明顯的商業變動，對美國汽車產業和整體經濟帶來深遠影響。

看著克萊斯勒身陷水深火熱之中，應該會讓通用汽車和福特汽車的管理高層突然心生恐懼。這三間車廠都經歷長期緩慢的銷量下滑，只不過嬰兒潮世代的經濟成長和消費習慣稍稍掩蓋了這件事。的確，三家車廠每年都賣出越來越多輛汽車，但市占率卻節節敗退。他們分到的餅越來越小。

原因顯而易見。他們的車子不再吸引人，而且在精良的歐洲和日本車面前，美國車的品質口碑也漸漸喪失。但公司高層並不打算埋首改進汽車的油耗表現，反而選擇在政治上挑戰車輛平均油耗標準（Corporate Average Fuel Economy，CAFE）的規定。許多克萊斯勒紓困案後期的行動，事後來看都證明是不智之舉，而這就是其中之一。

如果汽車產業高層被迫面對三大車廠之一關門大吉的命運，對另外兩間倖存的管理階層來說，不啻為一記警鐘。

現實則是，福特和通用高層的錯誤詮釋。克萊斯勒帶來的不是自我反省和通盤檢討，反而是幸災樂禍、得意洋洋。這兩間車廠都沒有意識到他們和克萊斯勒有一樣的問題：高成本的工會合約、昂貴的退休金義務，和毀滅性的未來健保成本。長年位居老三的克萊斯勒只不過是體質較差，所以惡劣財務結構的後果比另外兩家提早浮出水面罷了。

克萊斯勒的破產本來可以刺激迪爾柏恩（Dearborn，按：福特全球總部所在地）和底特律（按：通用汽車總部所在地）出現重大改革。結果，福特和通用繼續生產更多又大又醜的車子。汽車品質在接下來二十年之內沒有顯著提升，汽車的安全可靠度也長年落後他牌。汽車油耗比別家多，特別是和日本車相比。

克萊斯勒活了下來，但一場慢性組織壞死，慢慢地把美國汽車的市場主導地位讓給了日本、韓國，和德國品牌。二〇〇八年五月，美國有史以來第一次境內汽車最高銷量冠軍不是美國車廠。在一九八〇年，美國車廠的市占率可是高達七五％。

如果你還覺得克萊斯勒是樁成功的紓困案，那麼我不敢想像所謂的失敗的紓困案是什麼模樣。

假設克萊斯勒倒了，那麼廠裡隨之消失的十二萬三千個工作機會，絕對會把聯合汽車工人工會（United Auto Workers，UAW）嚇破膽。聯合汽車工人工會一路以來長成了強大且有影響力的組織，而且培養出對三大車廠管理階層的有毒心態，不是你死就是我活。因此，一場大型失業會點明當前商業模式根本行不通，繼續下去只會越來越糟的事實。

你可以想見，在這樣悲慘的經濟崩潰下，聯合汽車工人工會的談判目標可能會截然不同。聯合汽車工人工會的資深管理模式將被淘汰，勞方和資方會協商出新的營運安排。

我們甚至可以預見工會將出現更開明的代表，願意和資方相互協商，放棄一些退休金和健保的福利，來換取工會成員在這些公司裡更多的股份。或許類似「矽谷認股選擇權」的做法是可行的。員工放棄一些健保福利和退休金保證，但以選擇權方式獲得公司股份。

我推斷這種所有權安排也會神奇地提升員工的生產力。

這麼一來，剩下的兩大車廠的未來財務狀況將會健康許多。

紓困案絕對沒有帶給聯合汽車工人工會任何長期的好處。一九七九年聯合汽車工人工會的會員人數達到高峰，約有一百五十萬名。二十七年後，聯合汽車工人工會的人數掉了三分之二，只剩下五十三萬八千四百四十八人（二〇〇六年）。而且每一年的會員總數仍然明顯下跌。在我們所能看到的最後一份整年度資料（二〇〇六年到二〇〇七年）中，聯合汽車工人工會流失了七萬三千五百三十八名會員，是總會員數的一四%。目前會員人數已經低於五十萬，且快速地往四十萬邁進。

看看這樁紓困案的其他已知後果，或許聯合汽車工人工會的發展並沒有這麼出乎意料。

在按照《破產法》第七章宣告破產的情況下，我們不知道克萊斯勒是否真的會從地球上消失。大型企業和血肉之軀不同，因為具有有價的有形資產和智慧財產權的大企業，通常有重生機會。克萊斯勒擁有珍貴的生產設備、商標、專利、設計，還有長達四分之三世紀的產業知識。價格合理的話，這些資產對第三方買家絕對深具吸引力。

如果美國在一九八〇年放手讓克萊斯勒邁入歷史，不難想像會有禿鷹投資人收購所有上述資產，另做其他更好的用途。或許是一小撮有錢的汽車愛好者，也或許是正在嶄露頭角的韓國製造商。不管是誰買下這些產業，只要想像一下經過資產重整後改頭換面的克萊斯勒，少了沉重的勞工合約、退休金義務，和健保人事成本。新的業主將能自由選擇新的生產方式、新設計，甚至投入新市場，充分利用克萊斯勒原有的優勢，但少了過去沉重的包袱。

破產後的克萊斯勒會變得更精簡、更出色，也更符合成本效益，或許在油耗表現上還會比其他底特律車廠更棒。當然，新公司應該也會願意嘗試新車款設計，跳脫底特律在一九七〇和八〇年代千篇一律的笨重車型。

克勞斯勒不僅可能會在美國和整個世界市場裡變得更有競爭力，它本身的經歷也會促使通用和福特汽車好好精簡生產流程，改善產品吸引力、可靠度，和油耗表現。

可以這麼說，一九八〇年克萊斯勒紓困案阻止了偉大的市場力量發揮作用，再造美國汽車產業。

紓困在短期內保住了一些車廠工作機會，但接下來的幾十年卻面臨更多工作機會消失。

逃避眼前的痛苦似乎總是會導致將來更大的傷害。我們一次又一次地看著這個循環不斷上演。

插曲

花錢救市藍圖

隨著我們一步步探索美國紓困歷史，古今對照之下，越能清楚看見幾乎所有美國紓困案都遵循一份標準藍圖展開。無論是哪一個產業、紓困金額高低，甚至是紓困案發生的年代，這些紓困之間的一致性高得出奇。

標準紓困流程到底是什麼模樣？大致如下：

十步驟紓困模式

一、**風險事件**：一般是公司自己闖的禍，有可能是財務槓桿操作等廣泛問題，也可能是特定的問題像是擔保不動產抵押證券（collateralized mortgage-backed security）。無論造成風險事件的原因是什麼，或者事件的複雜性為何，我保證一定有一筆龐大的金額面臨風險。而且除了公司本身，還有一連串相關投資標的會遭受波及。這意味著有錢人士（通常和華爾街及華府關係良好）有很大的動機，阻止事件朝更壞的方向發展。

二、**爆發之前**：剛開始，只有少數專家發現風險事件，像是容易被忽略的初級研究員或是被嘲笑只會動口不會動手的學者。這些早期觀察家在危機發生前撰寫相關報告、參加研討會，並且相互討論產業消息。近年來，他們也交換電子郵件和部落格文章連結。

雖然有這些警示，產業本身還是日子照過，用「膽小鬼」和「烏鴉嘴」來打發這些早期警告。

三、**初步反應**：關鍵員工和業界人士知道有些事情出了差錯，但對外還是繼續維持開開心心的形象。那些持續指出警訊的人則遭到更惡劣的言詞毀謗，因為相關人士希望他們會感到恐懼或丟臉而閉嘴。

四、**更大反應**：風險事件越滾越大。新聞媒體逐漸得知消息，最早是產業記者，然後是一般媒體。到了這個時間點，整件事慢慢開始滲入大眾心中，而整個過程通常會花上數個月，甚至數年。

等到社會大眾都意識到問題的存在，大家承認事情很大條，但還不至於到危險的地步。

五、**「利害團體」騷動**：和事件切身相關的團體都已經在注意事件發展。公司管理階層越來越擔心，絕大部分是為了自我保護，但是也會擔心公司發展。這時可能會有一群基金經理人認為該事件是威脅或者是機運，於是試圖保護資產或是從公司損失中獲利。

六、**官方介入**：此時，風險事件的某些要素已經打擊了公司股價。民眾普遍認為這是暫時現象，而且還是「逢低進場」的機會。

很快地，股價進一步下跌。賣空者可能會遭受到散布謠言的譴責，而公司高層也可能怪罪華爾街過度注重短期獲利。無論如何，我們會看見公司不斷保證這只是暫時的挫敗，營運基礎仍然紮實。

大型的金融機構通常會因為此風險事件，面臨數十億美元的可能損失。不管是避險基金或共同基金、投資銀行或退休基金，金融業總是特別獲得聯邦準備系統和美國財政部長的重視。當市場進入正常的低潮期，政府官員的耳根子就越來越軟。

諷刺的是，大聲呼籲政府應該進場干預的，通常就是那些靠著自由市場精神而闖出名聲的人。創造性破壞在研究所討論時是個絕妙概念，一旦牽涉到真金白銀，馬上就淪為抽象的學術主張。

七、**普遍憂慮、恐慌加深**：社會大眾對事件的認知已經從模糊概念，轉向清楚焦點：

某間公司或某個產業有危險。

事情現在進入加速階段。股價跌得更深，因為問題已經清楚擺在眼前。隨著事件發展，預期後果也從擔憂擴大成悲慘。到了這個時間點，主流媒體已經密切報導相關消息，社會大眾也越來越不安。

那些資金投入最多的人心裡極度恐懼。有些人從股價下滑一路買到谷底；其他人則是資金凍結、動彈不得，彷彿在觀賞慢動作的車禍一樣，眼睜睜看著資金血本無歸。各種不同的選項都被提出討論，替代方案也是。圈內人慢慢了解到，這些計畫沒有一個來得及，也無法帶來足夠的資金解決問題。

風險事件很快就走到無力回天的地步。

八、**大型介入／紓困**：政治階級終於抗拒不了誘惑，轉而回應選區或是競選贊助者的訴求。我們開始聽到「系統風險」或「經濟災難」等字眼。過分誇大風險事件的程度背後好處多多，如此才能提高某種立法通過的可能性。

總是會有一些立意良善的政客、專欄作家，或是觀察家，針對政府介入事件的後果提出警告。「道德風險」一詞常常出現。大部分的時候，這些論點會被一併駁回。有時候，事情進展甚至快到沒時間進行一場完整的公開辯論，只能把應有的討論留給歷史學家。

最後，紓困計畫出爐了。總統快速簽署，因為這是兩害相權取其輕。比起讓事件主角經歷創造性破壞，紓困是較好的選擇。

九、**合理化及道歉**：政府官員面容悲戚，以懊悔的態度來解釋為何紓困案非做不可。他們警告著假如紓困案沒有在短時間內執行的可怕後果。國會舉行聽證會，通常是當初不斷遊說紓困案通過的公司高層，在當初表決通過紓困案的國會議員前作證。

高層使用「百年一見之災難」、「無可抗力之因素」等字眼，並且表示他們「對那些大半輩子奉獻給公司，卻眼睜睜看著這起意料之外的完美風暴，奪走自己畢生積蓄和退休金的員工深感愧疚。」

國會議員則說：「我的選區民眾非常憤怒！」「你怎麼能讓事情在你的治下發生？」「為什麼忽視了各種警訊？」「你去年到底賺了多少錢？」「謝謝你的競選捐款。」

十、**預期之內的結果，意料之外的後果**：紓困案很快生效。它往往有一定程度的療效，任何事情花了大錢都是如此。我們以不算慢的速度發現錯誤和問題，但通常也宣告某種程度的勝利。一些濫用紓困的小案曝光：這兒來點詐騙，那兒疏於監管。這是紓困流程中的常態，通常忽略不計。

毫無例外地，紓困一步步對體系造成意料之外的影響，而後果將在數年，甚至數十年之後才浮現。

未來的紓困苦果

一九七〇和八〇年代的各式紓困、一九九〇年代早期的儲貸危機，還有一九九八年的LTCM危機都可以看到這套模式上演。近年來，二〇〇〇年到二〇〇三年的科技股崩盤、信貸危機、衍生性金融商品災難，還有房市解體，全都走過類似的階段。

每一個事件都照著路徑發展。沒錯，所有眼前的紓困案都是過去紓困案所造成的苦果，即第十步驟。

而我們現在還無從得知信用緊縮紓困、房市拯救計畫、AIG、花旗集團、美國銀行拯救計畫、通用汽車貸款，或者是房利美和房地美託管案的意外後果是什麼。我們似乎是快速跑完前面九個步驟，把第十步留到了未來。

但是請放心，我們總有一天會發現路盡頭的可怕惡果，總是如此。它們將非常嚴峻、龐大，而且非常非常地昂貴。

第二部

當代紓困危機

我們會看見，這已經不是第一次，
危機紓困帶來下一場危機。
這是我們紓困之國所立基的金融基石。
當基石有了裂痕，
上頭雄偉的經濟建築也跟著粉碎。

第5章
砸錢大師

葛林斯潘最根本的遺產是……聯準會不允許任何事情崩壞的觀念。

——葛蘭特（James Grant），

《葛蘭特利率觀察家》（*Grant's Interest Rate Observer*）發行人[1]

到此為止，我們見識了各種不同的政府介入：針對經濟（一九三〇年代）、針對個別公司（洛克希德跟克萊斯勒），還有針對整個產業（銀行業）。朝著紓困之國邁進的下一步則完全超越了任何企業或產業的紓困。我們踏進了一塊未知領域，因為美國聯邦準備系統開始介入**整個股票市場**。

當然，聯準會在履行基本義務、也就是維持價格穩定和就業率最大化時，始終間接地影響所有市場。聯準會利用各種目標明確的手段，像是調整利率、增加或降低流動性，以及買賣國庫券。但市場影響只是伴隨著聯準會的正常中央銀行活動發生，這些結果是副產品，而不是中央銀行的目標。

投資人，還有納稅人，應該要開始擔心的是，聯準會大舉踰越原先中央銀行的運作，轉而試圖維持或支撐資產價格。這是一條險路，正如接下來所見，這麼做會導致絕對的災難。

聯準會如何從最後貸款人，蛻變成資產價格保證人，是一段漫長曲折的故事。我們將跳過大部分無聊的歷史，把注意力放在一九八七年大崩盤之後的階段。傳統上，聯準會的任務是：「促進價格穩定」以及「提升長期實質生產成長」。為了方便解釋，我們就以打擊通貨膨脹和緩解商業循環震盪來表示。

聯準會的改變始於一位新上任的聯邦公開市場委員會主席。葛林斯潘在一九八七年接任這一職位，然後激烈地背離前幾任主席的觀念。在新主席的帶領下，聯邦公開市場委員會的政策逐漸轉移為支撐資產價格。和很多其他事情一樣，一切始於一場大型危機。在葛林斯潘的故事中，那就是一九八七年的股市崩盤。

起初，一九八七年市場表現亮眼。到八月，標準普爾五百指數已經上漲了四〇%。九月有點顛簸，下滑了一〇%，但是這在預料之內。沒有東西能永遠上漲，不是嗎？

接下來十月到了。情況變得更糟，道瓊工業平均指數在十月十四日，星期三那天下跌三．八%；十月十六日星期五，藍籌股（blue chip）的市值再度蒸發了四．六%。大崩盤發生在黑色星期一（十月十九日），道瓊暴跌了二二．六%。

我們可以花時間一一陳述導致崩盤的各種原因，但那會是一整本書的內容（有興趣的讀者可以看看梅茲〔Tim Metz〕的《黑色星期一》〔*Black Monday*〕）。雖然學界對於崩盤原因仍有爭議，但為了本書論述，我們先定調為以下主要原因：投資組合保險（portfolio insurance）這種最後無法兌現廣告承諾的衍生性金融商品（一起來為創新喝采！）；紐約證券交易所搖搖欲墜的體制結構；還有當時財政部長在週末發表一場暗指美國將不再支撐美元匯率的談話。

崩盤實況是股市史上令人目眩神迷的經過。認真鑽研股市的學徒請務必好好熟讀這段歷史。世代與世代間的恐慌或許不同，但人性永遠不會改變。

不過，比起崩盤本身，我更有興趣探討的是各個政府單位所採取的行動。

聯邦準備系統反應非常快速。十月二十日星期二股市開盤之前，聯準會發出以下聲明：「聯邦準備系統，為履行國家中央銀行的責任，重申今日已經做好維護資金流動性的準備，支持金融和經濟體系。」

請注意，這段演說是針對體系，受到**資產價格**大幅下跌所威脅的體系。接著中央銀行透過公開市場操作挹注大量準備資金。接下來兩週內，聯邦資金利率（federal funds rate，按：銀行間隔夜拆款利率）從崩盤前的七·五％調降到六·五％。

但是聯準會的擔保還不足以遏止賣壓。根據《黑色星期一》的作者梅茲，第二天市場開盤前出現了一個小問題：紐約證交所大部分的專業交易商（specialist）本身已經無償還能力。他們不只吸收了崩盤之際的損失，而且天天使用的各大銀行證券貸款資金也消失了。種種跡象看來星期二崩盤仍然持續，道瓊一早就跌了六％。一直到紐約聯邦準備銀行總裁柯立甘（E. Gerald Corrigan）逼迫銀行們恢復信用貸款，並且想辦法關閉紐約和芝加哥交易所之間的期貨訊息，股市才又重回「週二反轉大神」（Turnaround Tuesday）的懷抱。

這是央行當局使出手法，來避開貌似全面流動性危機的經典例子。

「基於最後貸款人的責任，聯準會的本意是扭轉**危機心理**，並且保證銀行系統的安定健全」，這是十年之後，舊金山聯邦準備銀行總裁派瑞（Robert T. Parry）在加州大學戴維斯分校（University of California at Davis）的一場研討會上，對聯準會行動的解釋。[2]他重申了聯準會對自身角色的看法。

現在，我們的論述到了這裡必須暫停一下，指出一件你或許沒有認真想過的事情。聯準會究竟為何變成了心理管理單位？中央銀行最初成立的本意，是替早期銀行荒野時期帶來金融秩序。不知怎地，一個解決法定貨幣問題和監管信貸市場的單位，竟然演變成非常主觀的角色。潘茲納（Michael Panzner）在他充滿先見之明的末世著作《金融末日》（*Financial Armageddon*）中，稱此為「使命偏離」（mission creep）。

之後的發展眾所皆知：數年內，聯準會角色大幅質變，從通膨鬥士變成市場治療師，最後則晉身為資產價格保證者。

一九八七年大崩盤後，華爾街人士紛紛鬆了一口氣。其實，他們應該要更擔心才對。他們已經不知情地和魔鬼做了交易，一項日後證明非常昂貴的交易。本來應該很罕見的聯準會介入在一九八七年後時不時地出現，成了聯準會沿用至今的一貫手法。

一九八七年大崩盤赤裸裸地揭露了交易市場的許多結構錯誤。黑色星期一交易量最大的時候，股市的內部管道失靈。交易指令過了數小時尚未執行、報價沒有更新，專業交易商對這一切不知所措。各大證券商的電話此起彼落地響著，但無人接聽。

紐約證券交易所的操作功能並非智慧設計下的產物。證券交易的執行辦法是以現場狀況為基礎演化而來。在崩盤的壓力之下，市場的缺點一覽無遺。

神祕市場操作組織

一九八八年，雷根總統發布了第一二六三一號行政命令，成立金融市場總統工作小組（President's Working Group，PWG）。該工作小組的目標是「提升國家金融市場的完整性、效率、秩序，跟競爭力，同時維護投資人信心。」（再一次是關於心理。）

二十年後，金融市場總統工作小組仍然是個祕密組織，正式會議從未保留任何會議紀錄，而且也沒人了解功能為何。工作小組的學術發表少之又少。由於太過神祕，市場人士經常用「他們」來稱呼金融市場總統工作小組，像是「他們不會放任市場下跌，今天他們會下單買進。」

一直到一九九七年，金融市場總統工作小組才獲得了今天大家熟知的名字：暴跌救市小組（Plunge Protection Team，PPT），出於《華盛頓郵報》的一則標題，作者是佛蒙森（Brett D. Fromson）。[3]

在本書中，暴跌救市小組是無關緊要的注腳。

怎麼說呢？首先，很難想像有個操弄市場的祕密陰謀團體，手握數十億甚至上兆美元，卻找不到一絲存在證據。小布希政權不能在不暴露政治動機和不進行大型調查的情況下，非法解聘九位代表。[4]如果市場獲得大量交易支持，有可能沒人看到任何證明和討論嗎？很難想像政府能長期保持這麼大的祕密。

第二，而且更重要的一點是，暴跌救市小組的工作績效糟透了。如果陰謀論者說得沒錯，這個團體真的在防止市場暴跌，那他們還真是百發不中。已故單口喜劇表演家卡林（George Carlin）有一個關於美國印第安人軍事組織結構的笑話。他們不是糟糕的士兵，他說，只不過是從麻薩諸塞州開始防禦，最後只守住了加州的聖塔莫尼卡（Santa Monica）罷了。

暴跌救市小組就是這樣。他們的作戰本領如何？嗯，看看二〇〇〇年初，那斯達克指數從五千一百點下跌到一千一百點（在兩年半內暴跌了將近八〇%）。然後二〇〇八年，暴跌救市小組的表現更糟。《彭博》報導指出，截至二〇〇八年十一月十九日，市場遭逢了「一九三一年以來，最糟糕的標準普爾五百指數年度跌幅」。[5]這場浩劫「拉低了每個產業的標準數據，還有九六%的股票。因為四百八十二間公司股價失守，標準普爾五百指數暴跌四六%，即將迎來八十年來最大的年度跌幅。」當主要指數在二〇〇八年底，以超過四〇%的跌幅畫下該年度句點後，二〇〇九年的前十個星期，市場又下滑了二二%。

八十年來最大年度跌幅？兩個月內進一步下滑二二%？天啊，這個祕密市場操作組織的成員到底得多麼顢頇無能，才會被炒魷魚？

「大師」的致命錯誤

歷史告訴我們，華爾街版紓困之國的發展並不是在祕密會議裡。相反地，它的發展歸功於聯邦準備系統的公開操作，以及聯準會政策行動造成的後續結果。

葛林斯潘聯準會創造出過度冒險的特有文化。事實上，美國中央銀行的道德風險問題，並非來自對抗通貨膨脹或商業循環，而是過度重視資產價格。從聚焦投資人心理到聚焦資產價格，僅僅是一步之遙。畢竟，價格下跌會引發負面情緒，不是嗎？然而，這是聯準會在葛林斯潘領導下的致命錯誤。正如我們所見，一旦資本市場的玩家發現，聯準會隨時準備好透過貨幣再通膨，來阻止價格下跌，所有人都會押寶高價。

請別忘了，一九八七年大崩盤發生在葛林斯潘剛上任的前幾個月。這位新手聯準會主席因為他當時的危機處理備受稱讚。有報告指出，某位神祕交易員進入芝加哥的標準普爾期貨交易場下了大筆買單，幫忙止住了跌勢。這位仁兄是聯邦政府幹員，或者只是華爾街傳奇的一分子仍然是個謎團。但事實是，有非常多人相信葛林斯潘帶領的聯準會，一定會允許這種能夠修復市場信心的干預手段。

沒錯，我們可以說葛林斯潘很早就學到，對付所有問題的方法就是砸錢進去，也就是央行所說的**流動性**，即使這麼做最後勢必導致更大的問題。

一九八七年的大崩盤非比尋常，因為這是一件以市場為本、而非經濟為本的事件。在該年度前八個月高達四〇％的漲幅後，價格明顯遠遠超過了應有價值。

一九九〇年到一九九一年的衰退，則是比較典型的經濟事件。[6]各種不同的總體經濟因素都助長了該次衰退，包括：儲貸危機、房地產疲軟、第一次波灣戰爭，還有油價上漲全都有份。葛林斯潘主席發現，自己被聯邦公開市場委員會的委員接近公開的叛亂給絆住了。聯準會在會議之間「削減主席葛林斯潘自行調降利率的權力」。[7]

葛林斯潘看起來無法克制自己。即使市場已出現經濟復甦的訊息，他仍在聯邦公開市場委員會二月會議舉行的前幾天降息兩碼。這可大大激怒了聯邦公開市場委員會的委員。

為什麼一位聯準會主席會冒著得罪自家理事的風險，而且還選在下一次聯邦公開市場委員會會議的區區數天前呢？或許下頁的證券走勢圖能幫助我們理解（請見圖5.1）。

請注意：小圓圈是降息一碼，大圓圈是降息兩碼。一九九〇年的最後一次降息，和一九九一年的前兩次降息，都是在會議與會議之間發生的。在此之後，一九九一年還會有七次一碼的降息，以及十二月底的兩碼「聖誕禮物降息」。到了一九九二年底，聯準會利率已經低至三％，而且一路維持在此直到一九九四年二月。

我們很難不注意到這個動作有多麼反常：兩碼降息，主席單獨行動，在舉行聯邦公開市場委員會會議的幾天之前，而且道瓊已經呈現上揚走勢。雖然我們不可能確切知道另一

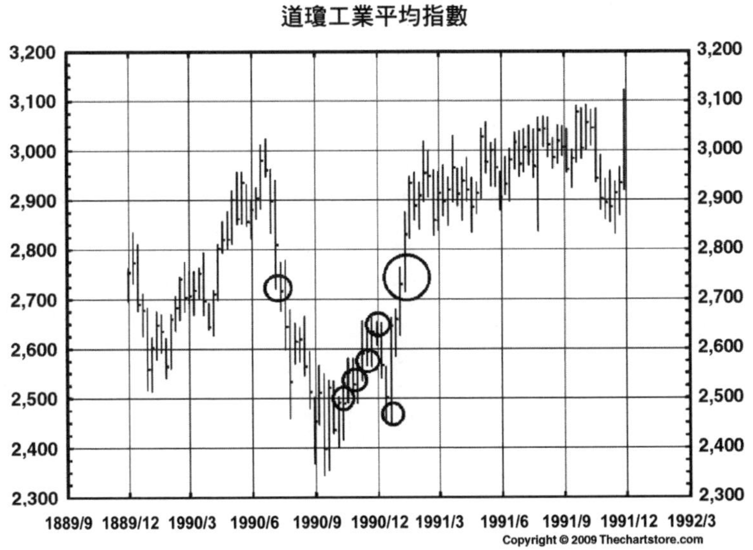

圖5.1　1990-1991年，道瓊工業平均指數

個人的心思，但葛林斯潘的行動顯然是為了刺激證券市場。

這個動作本身，或許因為其他的原因而看似合理，像是經濟成長減緩、高油價，甚至是來年的總統大選。不過，從葛林斯潘作為聯準會主席的經歷來看，結論就大不相同。這是葛林斯潘在聯準會任職時期的標準操作步驟。

整個一九九〇年代，他的目標都是資產價格。即使是他的綽號「大師」，也是因為他有技巧地「指揮」市場而來。

解讀葛林斯潘年代的重點，便是聯準會用調整利率之權，來拉抬及保護資產價格。這的確是二〇〇〇年後期一堆紓困案的重要經濟因素前兆。市場本來應該被視為經濟是否健康的訊號，聯準會卻把資產價格當成最終目標，導致只治療了症狀，但沒有解決根本原因。市場的健康比起整體經濟的健康，似乎遠遠重要得多。

諾貝爾獎得主克魯曼（Paul Krugman）在一九九一年四月曾於《美國新聞與世界報導》（*U.S. News & World Report*）發表一篇文章，[8]預言了聯準會在不久後將面對的棘手難題：

就算美國經濟即將復甦，目前的衰退也會對經濟政策制定留下長遠影響。這次衰退已經削弱了民眾對聯準會的信心，因為後者完全錯過暴跌的早期警訊。**威信驟減的聯準會會發現，自己越來越難抵抗要保持低利率促進成長的政治壓力**。（強調部分由筆者所加。）

克魯曼的預言早了好幾步：民眾對聯準會的信心，一直到市場如火如荼大崩盤時（二〇〇〇年到二〇〇二年），才真的動搖。而葛林斯潘的聲望，一直到最近信貸危機和房市崩盤大爆發，才開始下墜。到了二〇〇八年，這位曾經被稱為大師的男子看著自己從神壇上跌落。

但我們故事的重點是低利率。無論這是政治壓力下的結果還是葛林斯潘的意思，葛林斯潘的聯準會故事，就是一則默許這些壓力的寓言。截至一九九四年二月，聯準會已經整整五年未曾升息。[9]這也是十年後事件的預演，只不過屆時利率更低，經濟破壞更是難以估計地嚴重。

本末倒置的故事才正要展開。

大舉降息

接下來幾年內，一九八二年開始的牛市遭到多起事件挑戰。一九九〇年到一九九一年經濟衰退，再來是一九九四年末加州橘郡政府破產。這個故事又是一本書的題材，有興趣的人可以看看喬里恩的（Philippe Jorion）《大賭失利》（*Big Bets Gone Bad*）。但為了本書論述，我們只要明白這件事引起聯準會注意就可以了。

兩週後墨西哥政府貶值披索。

市場完全不在乎這些壞消息。道瓊指數在年底以低於四千點收關，但年後一開盤立即呈現上揚走勢。到了一九九五年中，藍籌股指數已經突破四千五百點，比起半年前高了一三%。此時各大指數逐漸反映對墨西哥穩定度以及墨國貨幣的擔心，市場在盛夏時節開始停滯不前。（請見下頁的圖5.2。）

一九九五年七月六日，聯準會主席葛林斯潘一反之前十二個月的連續七次升息，大舉

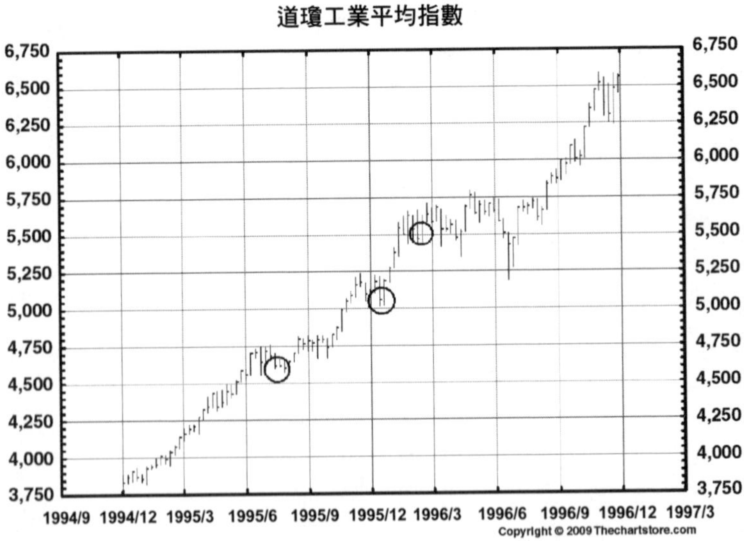

圖5.2　1994-1995年，道瓊工業平均指數

調降聯邦資金利率二十五個基點。聯準會在十二月再度調降二十五個基點，次年一月又再來一次。

聯準會解釋七月和十二月的降息，是為了「減緩銀行維持準備部位的壓力」。一九九六年一月三十一日的降息舉動，則是因為「近幾個月來逐漸緩慢的經濟擴張，已經降低了潛在的通貨膨脹壓力。在價格和成本趨勢減弱的情況下，略微寬鬆的貨幣政策完全符合控制通膨和維持成長的方針。」

華爾街的人覺得葛林斯潘是在幫助他們。

而這只不過剛剛開始而已。

第6章

非理性繁榮年代

（聯準會主席的工作是）在派對越來越熱鬧的時候，把雞尾酒缸收起來。

——馬丁（William McChesney Martin Jr.），前聯準會主席

總結來說，一九九五年對交易市場是個好年。整個大盤指數上漲超過三四%，超過年平均報酬率的三倍。這是標準普爾五百指數在二十年來，第一次成長超過三〇%。上一次這麼強勁的走勢出現在一九七五年（三一．一%），發生在可怕的一九七四年衰退熊市（負二九．六%）之後。

一九九〇年代肯定不是一九七〇年代。當時高科技榮景才剛要展開：半導體、軟體、

個人電腦、網路、無線通訊、資料儲存，還有其他相關技術全都處於「扶搖直上」的成長期。當網景（Netscape）在一九九五年八月首次公開發行（IPO），市場為之瘋狂，第一個交易日股價就上漲將近五〇〇%。不久之後，其他更壯觀的ＩＰＯ紛紛到來。

和一九九四年底的景況相比：全國最有錢的郡破產（加州橘郡），還有快速醞釀的墨西哥披索危機，一九九五年的成長更是驚人。經濟持續擴張而且聯準會不斷降息，股票和金融的世界一片風和日麗。

一九九六年也不遑多讓，比起前一年又成長了二〇．三%。不到兩年的時間，道瓊工業平均指數已經從三千八百點飆升到六千六百點。這一年市場正熱，而且越來越熱。

一場關鍵演講，兩大改變市場的政策

就是在這個大環境下，葛林斯潘首次提出「非理性繁榮」一詞。一九九六年十二月的一場演講中，葛林斯潘提出了繁榮的爭議，然後又很快地加以駁斥。

> 我們要如何得知非理性繁榮已經過度哄抬資產價值，然後和過去十年的日本一樣造成無預警長期緊縮？我們該如何在貨幣政策中納入這方面的評估？身為中央銀行，只要金融

資產泡沫的崩壞不會影響到實質經濟、經濟生產、就業，和價格穩定度，我們都不需要擔心。[1]

這場演講後來因為葛林斯潘把「非理性繁榮」這個字帶入了金融辭典，而為人所知。對紓困之國而言，這場演講還有更值得注意的深層理由。從演講內容可以找到葛林斯潘兩大政策方針的基礎，這兩大政策在未來都將深刻影響交易市場。演講當時我們一無所覺，但事後回頭來看，再搭配上接下來十年葛林斯潘的聯邦公開市場委員會政策，一切都顯得清晰無比。

第一個政策轉移是葛林斯潘對資產價格的重視。這可不是委婉或抽象的暗示。他明確地在該場演講中說：

一九八七年股市劇烈崩潰，的確對經濟造成一些負面後果。但我們不應該低估，或者自以為懂得資產市場和經濟體之間交互作用的複雜程度。因此，全面地評估資產負債表的變化，尤其是資產價格部分，絕對是貨幣政策發展不可或缺的一部分。[2]

聯準會之前的降息動作只不過**暗示**對資產價格的關心。現在，主席直言不諱地確定這個事實。聯準會不只擔心通貨膨脹跟就業，現在連資產價格都是在考量時「不可或缺的一部分」。

這可是翻天覆地的改變。聯準會主席一般不太管股票價格，反而對債券市場比較上心。畢竟，這些固定收益市場的交易員，才是設定利率的人。由於他們對負面經濟新聞情有獨鍾，因此也被稱為債券食屍鬼（bond ghouls）。舉凡擔心赤字、憂慮通膨，或是貿易逆差問題，全都可以在債券交易員裡找到樂於接受的觀眾。

當華爾街明白葛林斯潘對證券價格的重視後，很快就學會如何把聯準會玩弄於股掌之間。一旦降息沒有如預期發生，華爾街就會大發雷霆。一般的建議是不要將市場擬人化，但觀察市場在降息沒有發生時亂踢又尖叫，簡直就像看兩歲幼兒撒潑一樣。[3]操控市場或許違法，卻從來沒有任何交易員因為愚弄葛林斯潘而入獄。

「非理性繁榮」演講中暗示的另一項政策轉移，是對資產泡沫及破滅後採取事後挽救，而不是事先預防概念。這完全就是葛林斯潘那段，「只要不會影響實質經濟，中央銀行不用擔心泡沫破滅」的驚人發言的隱含之意。

幾年後葛林斯潘又說：「就算發現泡沫正在成形，但我們其實不清楚，預防泡沫的成本，是否真的不會帶來大規模經濟衰退跟金融體系動盪，這兩個我們竭力避免的結果。」[4]

任何一個對市場歷史有研究的人都會告訴你，這段話可笑到了極點。從以前到現在，我們一再看見瘋狂和恐慌一定會滲入實質經濟。由這段話可以看出，葛林斯潘從一九八七年崩盤上學到了完全錯誤的一課。市場泡沫永遠都會消滅資本、摧毀投機客，讓所有人痛徹心腑。從一六三六年到一六三七年的荷蘭鬱金香狂潮，和一七二〇年英國南海泡沫，一直到一九六〇年代「漂亮五十」（Nifty Fifty）股票泡沫、二〇〇〇年的達康（dot-com）泡沫、二〇〇〇年代的房市和信貸泡沫破滅，還有二〇〇八年的信貸及衍生性金融商品災難，所有投資狂熱的最後下場都是消失無蹤的財富、血汗，還有流不盡的眼淚。

精明的學生從投機狂潮史中學到的是，一九八七年崩盤是獨特畸變，相較於過去的暴跌來說很不尋常。火熱的證券市場結合新創投資組合保險商品，再加上紐約證券交易所的運作雜亂無章，於是給這個頗為健康的經濟體帶來一場異常短暫、市場造成的災難事件。

一九八七年崩盤事件，似乎是唯一真正「獲得控制」的崩盤。

但葛林斯潘完全沒抓到重點。一九八七年崩盤事件是罕有的例外，不是原則。無法辨別這道理的人竟然是聯準會主席，真令人震驚。在一九八七年之前，已經有很多書詳細解釋了狂熱現象，以及狂熱崩潰後帶來的經濟破壞。[5]葛林斯潘的信仰價值並不是建立在歷史基礎之上，而且，也不是他最後一次這麼做。以錯誤前提為中心的貨幣政策，能夠有效解釋接下來發生的事情。

但我們並不需要以理論來檢驗葛林斯潘主席的假設，我們已經有確切證據證明他的論點謬誤：二〇〇八年到二〇〇九年的信貸泡沫和破滅成本，幾近天文數字。二〇〇八年十二月，美國已經為了紓困相關事宜支付超過十四兆美元，而且繼續節節上升。

因此，我們看見絕無僅有的分裂：一名顯然擔心資產價格下跌的聯準會主席，市場一有小麻煩就降息以對。但同時，他又以中央銀行的身分宣稱央行並不顧慮泡沫崩潰。

這兩種觀點在本質上互相矛盾。想要整合衝突的唯一辦法，是承認第二項聲明根本是胡說八道。這種危險、無恥，又愚蠢的合理化，導致市場在一九九〇年代晚期開始過熱的時候，聯準會視而不見。

接下來我們將看見，這兩項政策和焦點改變會在數年之後，帶來戲劇化後果。其中最重要的一項是資產價格本身：二〇〇九年三月，標準普爾五百指數回跌到了比一九九六年（葛林斯潘發表「非理性繁榮」演講那年）還低的部位。如果你在演講後隔天買進指數型商品，那麼大約十三年後你將血本無歸。多麼漫長又詭異的市場之旅。

阻止道德風險的最後機會

一九九〇年代即將結束時，大師（葛林斯潘對市場影響還沒浮現前的稱謂）的哲學喊得震天價響。這位聯準會主席將會不斷遭受考驗：貨幣危機、大型避險基金倒台，還有科技泡沫。他基本上用同一套手法來對付這些挑戰：提高流動性和降息。每一次，市場都歡呼喝采，繼續往下一個高峰衝刺。

最後，這造就了所謂的「葛林斯潘賣權」。

葛林斯潘賣權

賣權是一種選擇權合約，賦予擁有者在特定價格（履約價格）賣出股票的權利。無論股票或指數跌到哪裡，賣權持有人有絕對的下行保護。這種情況下，賣權持有人有以較高履約價格賣出的權利。

你可以想像，賣權提供投機分子多麼大的保障。它讓投機人自信滿滿地進入市場，因為就算崩盤也會受到保護。但賣權其實也有黑暗的一面。

就好比防鎖死煞車系統和安全氣囊系統等汽車新發明，雖然有這些新的安全設計，車禍死亡率並沒有太大的改善。原來，因為有了更多安全保障，車主於是比以前開得更快、更橫衝直撞。因此，防鎖死剎車系統跟安全氣囊帶來的效益，被駕駛人的過度自信抵消了。這些安全配備反而讓車主變得更不安全。

金融市場也一樣。葛林斯潘賣權的道德風險就是鼓勵了更多投機行為、更極端的交易，還有更多槓桿操作。投資人一發現葛林斯潘在後面撐著，馬上少了許多顧忌。結果就是市場充滿了強烈的向上偏誤，和持續五年都超過個位數的報酬率。

標普五百指數（年度）	報酬率（%）
2002	-23.37
2001	-13.04
2000	-10.14
1999	19.51
1998	26.67
1997	31.02
1996	20.27
1995	34.11
1994	-1.47

一九九七年，亞洲危機來襲。泰國政府宣布泰銖和美元之間的匯率脫鉤，這個決定讓泰銖狂跌。泰銖崩盤在亞洲造成一連串連鎖反應，一場所謂「亞洲流感」從泰國開始蔓延到印尼、南韓、香港、馬來西亞、寮國，還有菲律賓。中國、印度、台灣、新加坡、汶萊，跟越南也遭到波及。

美國大致上沒有受到亞洲風暴的影響，只除了一天的市場震盪：一九九七年十月二十七日，道瓊工業平均指數下跌五百五十四點，創下當時歷史最高單日跌幅，因此紐約證交所暫時停止交易。但是市場多方認為七．二%的股票拋售正是入場好時機，第二天市場強力反彈。一九九七年初道瓊指數約為六千四百點，年底收關時已經將近八千點。

以宏觀角度來看，一九九八年是阻止道德風險的最後機會。失去了這個大好機會後，我們眼前危機的起源於焉誕生。

這個錯過的機會和ＬＴＣＭ有關，一間專精於固定收益套利的避險基金。這間基金公司利用龐大槓桿金額（大約一千億借來的美元），買了一堆乏人問津、難以估價的資產。（老天，聽起來怎麼這麼耳熟？）

ＬＴＣＭ的投資哲學和技術，來自「均值回歸」概念。當新興市場債券的利差（兩個債券之間的價格差），因為亞洲風暴而越擴越大，ＬＴＣＭ押寶這些投資品的價格最後都會回歸正常水準。由於基金早期大獲成功，加上領導人都大有來頭，包括前所羅門兄弟投資銀行債券部老大麥瑞威瑟（John Meriwether），以及諾貝爾經濟獎得主休斯（Myron Scholes）跟莫頓（Robert Merton），ＬＴＣＭ得以藉著槓桿操作把賭金放大好幾倍。

由於槓桿力量，ＬＴＣＭ的投資部位超過一千億美元，而且還成功地和很多華爾街機構談到優惠借款利率。這些機構都迷戀崇拜著神祕行事的ＬＴＣＭ，很多借款人甚至模仿該基金的交易操作（請見頁109的圖6.1）。

於是，在一九九八年，許多大型華爾街公司都出現類似的風險部位。俄羅斯在八月還款跳票時，新興市場債券的利差不僅沒有回歸到正常價位，甚至越拉越大。擴大的信貸利差狠狠地打擊了LTCM的投資部位。在短短不到四個月的時間，該基金損失了將近五十億美元。

隨著損失金額越來越高，LTCM不得不變賣清算其他資產來維持營運。自四月以來，市場還在消化它的獲利消息，但關於基金出現問題的猜測越滾越大。因為虧損謠言傳了開來，道瓊指數從一九九八年八月中旬接近八千七百點的高點，滑到九月初的七千四百點，暴跌一五%。

亞洲流感發生在半個地球之外，幾乎不需要聯準會做出額外回應。LTCM的問題則恰恰相反，就發生在旁邊的康乃狄克州格林威治。十九家主要證券交易商，即那些能直接和聯邦準備系統交易政府國債的銀行及證券商，幾乎全部和LTCM有往來。他們都借款給LTCM，如果後者垮台，這些機構的總損失金額高達一千億美元。

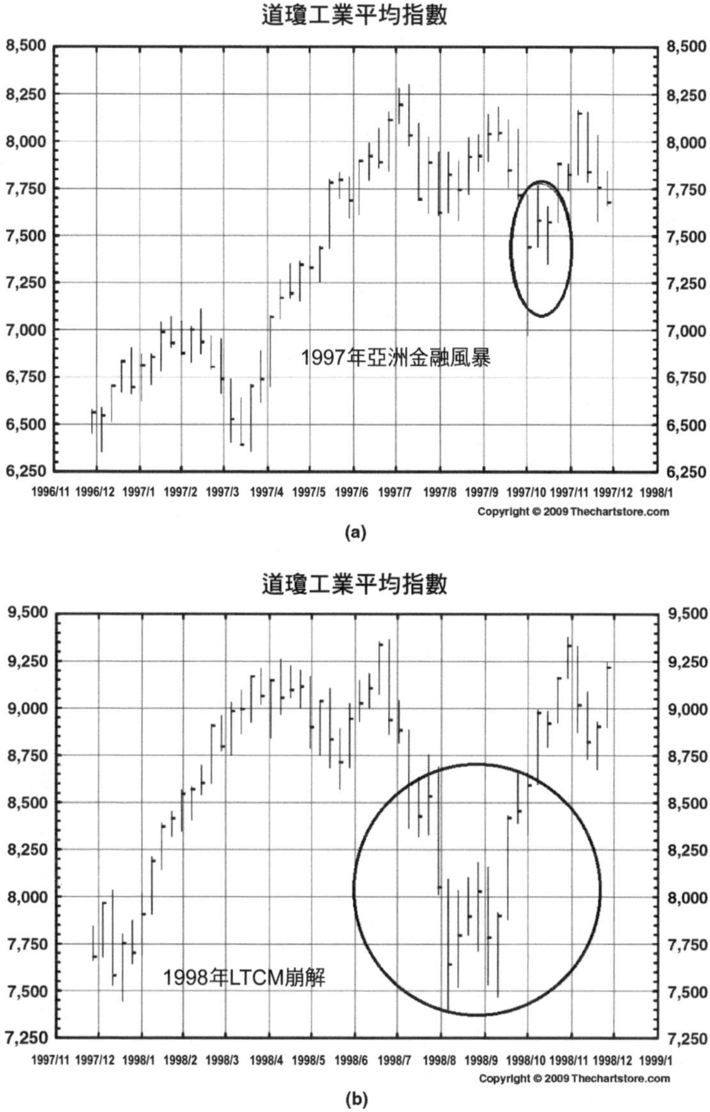
道瓊工業平均指數
8,500
8,250
8,000
7,750
7,500
7,250
7,000
6,750
6,500
6,250
1996/11 1996/12 1997/1 1997/2 1997/3 1997/4 1997/5 1997/6 1997/7 1997/8 1997/9 1997/10 1997/11 1997/12 1998/1
1997年亞洲金融風暴
Copyright © 2009 Thechartstore.com
(a)
道瓊工業平均指數
9,500
9,250
9,000
8,750
8,500
8,250
8,000
7,750
7,500
7,250
1997/11 1997/12 1998/1 1998/2 1998/3 1998/4 1998/5 1998/6 1998/7 1998/8 1998/9 1998/10 1998/11 1998/12 1999/1
1998年LTCM崩解
Copyright © 2009 Thechartstore.com
(b)

圖6.1　1997年亞洲金融風暴，1998年LTCM崩解

聰明反被聰明誤

ＬＴＣＭ使用複雜的交易技術，但商業模式其實滿簡單。交易員使用特製軟體，根據計量模型，找出不正確的價格利差。但是，這些利差所占的價格比重其實非常小，為了要有利可圖，交易員必須利用槓桿來放大當中的獲利。這表示ＬＴＣＭ借了遠比投資人投入金額還要多的錢，然後投入公司演算法制定出的交易策略。

由於債券市場是極為龐大的交易市場，每天都有幾百萬名交易員在買賣好幾兆美元的債券，所以就算利用槓桿力量，ＬＴＣＭ的投資選擇仍然有限。於是，他們另闢蹊徑。一般的國庫債券已經無法滿足ＬＴＣＭ的胃口，他們開始利用模型來辨別更稀有、也更境外的固定收益商品。這些商品沒有太多人關注或了解，而且也少有人買賣。ＬＴＣＭ的量化分析師（quant）覺得這是個優勢，因為他們對這些商品的了解勝過他人，也的確如此。ＬＴＣＭ就這樣踏上尋找無名市場的路。偏離主要航道後，他們很快發現自己陷入了未知漩渦，在外國固定收益市場上交易，比方說即將違約的俄羅斯債券。

只要價格照著模型預測發展，那麼一切都很順利。差距很大的利差照理說應該越來越收斂，上漲的價格也應該繼續上漲。不過，萬一價格沒照著模型走，麻煩很快浮現。

上漲時幫助增加報酬的槓桿作用，下跌時則會砍殺資本。對沒有槓桿的投資人來說，百分之十的損失只不過有點不舒服而已。不過，槓桿是十比一的話，百分之十的損失就等於清空你所有資產。

如果你像LTCM一樣槓桿是一百比一，只能說，根本是引火自焚。

被忽略的LTCM教訓

如果你手上只有一把榔頭，很快地所有東西都會看起來像釘子。葛林斯潘在一九九八年九月二十九日降息一碼。兩週後，十月十五日（又是在兩次會議之間！）他再降一碼。在十一月十七日早就排定的聯準會會議上，利息又降了一碼。七週之內，暱稱「寬鬆的艾倫」（Easy Al）的葛林斯潘就砍了聯邦資金利率七十五個基點。

十一月降息過後，聯準會發表的聲明特別有意思：「雖然金融市場的狀況在十月中旬後已經明顯穩定許多，不尋常的張力依舊存在。」[6]

因此，葛林斯潘賣權就此誕生。

大約就在「寬鬆的艾倫」九月份降息的時候，某個星期二，紐約聯邦準備銀行的總裁麥唐諾（William J. McDonough）在聯準會位於少女巷（Maiden Lane）的碉堡建築裡舉行一場聚會。他召開了一場「行長」大會，來賓是十六間全球最大銀行的總裁以及紐約證交所董事長，討論主題是該如何處理LTCM一觸即發的垮台危機。

對於LTCM故事有興趣的讀者，洛溫斯坦（Roger Lowenstein）的《賭金者》（*When Genius Failed*）是本絕妙好書。在此，我們只需要注意到書中提出的兩件事實：

一、聯準會當時在降息。

二、聯準會利用自己的權力和地位，來處理私人合夥關係的結束。

中央銀行威脅利誘十四間大型銀行拿出合計三十六億五千萬美元，來購買LTCM的資產，獨獨略過了未來的紓困案主貝爾斯登。這些資產包過了超過一千億美元的槓桿資產，還有價值理應超過一兆美元的衍生性金融商品。

LTCM應該獲得紓困的看法普遍深植人心。一切彷彿回到一九八七年，而且媒體也對拯救行動頻頻肯定。在出手挽救LTCM後，《時代雜誌》放的封面人物是葛林斯潘、魯賓（Robert Rubin）、薩默斯（Lawrence Summers），標題是〈拯救世界的委員會〉。[7]

直接清算LTCM所帶來的混亂局面會造成，借用葛林斯潘的詞彙，市場「停機」。但這件事帶來令人心生不安的法規問題。如果這家大量槓桿操作的基金造成如此嚴重的系統風險，為什麼完全沒有任何限制基金規模或槓桿操作程度的法規？

請注意，這對相信市場會「自我調節」的主席來說，是意識形態的兩難。要麼這些基金在沒有嚴格監督管理下是高度危險的存在，要麼這些基金不應該造成系統風險。這事沒有中間路線，葛林斯潘必須改變遊戲規則，或是改變他的信念體系。

當然，葛林斯潘並非這麼看。LTCM的失敗對投資心理造成非常負面的影響。如果聯準會讓投資人傷心的話，那可就太糟糕了！這就是阿特拉斯聳聳肩先生合理化干預LTCM案的理由（謝天謝地，藍德〔Ayn Rand〕已經不在人世）。（按：《阿特拉斯聳肩》是美國當代暢銷小說，作者蘭德是自由市場狂熱信仰者，也是葛林斯潘的精神導師。）

現實到底會不會如此發展還有很多爭議。基於種種證據，我推測LTCM垮台不但不會導致金融體系崩解，可能還對世界有益。是的，最好的可能結局其實是LTCM直接關門，然後所有蠢到借錢給它的投資銀行都遭受打擊。

想想這其中的利害後果為何：首先，LTCM的投資部位有一千億美元是屬於槓桿證券。麻煩的不是證券，而是槓桿。LTCM並非只持有價值趨於零的俄羅斯債券，它也有些貨真價實的資產。問題不在於資產的品質，而是LTCM只花一美元，卻購入相當於一百美元的證券。槓桿玩到如此之大，利差只要有些許擴大，就足以帶來大筆損失。第四部將提到，這其實對投資銀行來說是很寶貴的一課。

結果投資銀行真正學到的是，萬一出了問題，聯準會（廣義來說，也就是美國政府）會在後面幫忙善後。這正是強調道德風險者反對的癥結點：紓困會導致投機冒險的行為和後果脫鉤。

另一個難題是上兆美元的衍生性金融商品。一間未受監管，成立三年，高度槓桿操作的合夥公司，究竟是怎麼得到這麼多往來對象的信任？我唯一能想到的答案就是，這世界上的笨蛋比我們以為的還要多上許多！如果你一直有認真注意的話，應該不訝異其中很多笨蛋任職於金融產業。

這又是另一個完全沒學到的教訓。

如果這些天文數字般的衍生性金融商品文件變得一文不值，究竟會發生什麼事？答案是：沒什麼大事。

損失的是那些付給LTCM的權利金，而非上兆美元的書面價值。如果你的汽車保險公司明天突然人間蒸發，你並不會失去你的車子，只不過損失付給保險公司的保費。而這也是你應該去找蓋可保險（GEICO）或全國保險公司（Allstate）投保，而不是巷子口那間魚餌兼保險商店的理由。

和年輕、未經考驗、高度槓桿、橫衝直撞的對手交易的代價應該要很昂貴，結果最後只是一點小麻煩。又是一個被忽略的ＬＴＣＭ教訓，而且還大大助長了道德風險。未來將導致更嚴重的苦果。

如果ＬＴＣＭ當時順其自然地倒閉，大家或許都會學到：風險和收益其實是一體兩面。可惜，各大銀行與券商的交易員和風險管理單位，都錯失了記取這簡單道理的機會。一九九八年ＬＴＣＭ毀滅的原因，和二〇〇八年華爾街必須跑到華盛頓去求神拜佛的理由之間，有許多相似之處，當時沒學到任何教訓的嚴重後果，如今慢慢浮現。

總之，ＬＴＣＭ案是二〇〇八年大信貸危機的正式預演，也是我們擦肩而過，一個本來能夠阻止目前悲劇的機會。

第7章
科技崩盤

我不只會任命葛林斯潘先生。如果他不幸去世，但願不會……我會撐著他坐起來，幫他掛上墨鏡，然後想盡辦法留住他。

——麥侃（John McCain），二〇〇〇年共和黨辯論

到目前為止，葛林斯潘只不過是小露身手而已。當然，他對市場的頻繁干預已經超出聯準會過去標準，令人憂心。但接下來我們會發現，和後面相比這根本只是熱身罷了。

一九九八年七月，那斯達克綜合指數首次來到兩千點。那時候，科技股為主的那斯達克以積極交易人為大宗，從大型動能基金到小型短線操作者都有。那斯達克前幾年的表現

很不錯，一九九五（三九・九％）、一九九六（二二・七％）、一九九七（二一・六％）三年都有很強的成長。一九九八年看起來也是個好年，直到LTCM案不幸爆發。危機第一次浮現時，所謂的動能交易者拋售了手中持股。隨著LTCM問題的嚴重度日益顯現，那斯達克指數重挫，從七月最高的兩千點，不到三個月內就掉了三分之一市值，來到一千三百五十點左右。對執著於資產價格的聯準會主席來說，這可是天大的慘事。

因此，一定要紓困LTCM。如果葛林斯潘提出救援計畫的目的是撫慰交易員的話，那他確實成功了。投資人信心回升的速度和當初下滑時一樣快。少了LTCM的威脅，牛市很快回籠。標普五百和道瓊工業平均指數都在一九九八年和一九九九年表現亮眼。但真正爆發的是以當紅科技、電信，還有網路公司IPO為主的那斯達克綜合指數。雖然年中一度出現三〇％下跌，那斯達克仍突破之前的高點，並在十二月三十一日當天，以將近兩千兩百點收關，全年成長了三九・六％。更神奇的是，該指數是在不到三個月時間，從十月低點一路上漲六三％來到年底高峰。不管怎麼看，這都是令人目瞪口呆的表現。

不過有何不可呢？交易人都知道背後有聯準會主席撐腰。葛林斯潘賣權全面上線運作，利率低，而且科技產業勢頭正旺。

這是新的**理性**繁榮時代。

到了一九九九年，股票交易成了全民運動。人們追逐上市公司就像追逐明星球隊一

那斯達克報酬率（%）	
1995/12/31	39.92
1996/12/31	22.71
1997/12/31	21.64
1998/12/31	39.63
1999/12/31	85.59
2000/12/31	-39.29
2001/12/31	-21.05
2002/12/31	-31.53

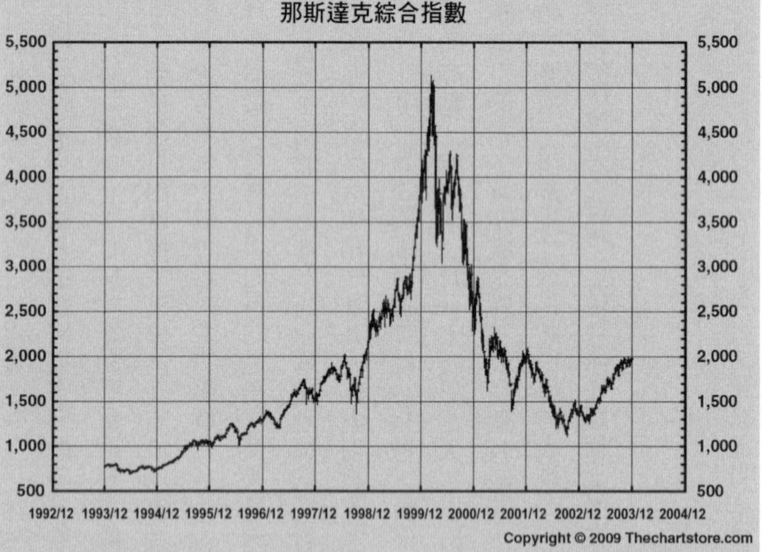

圖7.1 1994-2003年，那斯達克

般。每間酒吧、餐廳、健身房都在播放CNBC新聞台。IPO日如果股價只上漲一倍，就是令人失望的表現。到處都聽得見律師或牙醫放棄原本專業，改行做短線交易的故事。

當時有個受歡迎的平價券商電視廣告，主角是擁有自己小島的拖吊車司機。他告訴需要拖吊的摩托車騎士，這趟服務免費。他做這份工作只是因為喜歡幫助別人。顯然這則廣告的訊息是：**你也可以，透過交易發大財**。

一九九九年開頭和一九九八年底一樣：節節上升。市場全都看多，無視資產估價已經嚴重灌水的事實。本益比（P/E ratio）是一般用來評估證券價格多貴的指標，從中可看出科技股已經瘋狂溢價。那斯達克的本益比已經接近一百倍，而且還繼續上升。不過在這個所謂的新年代，估價無關緊要。到一九九九年七月，那斯達克略低於兩千九百點，相較於年初已經漲了二七%。

一九九八年底的三次快速降息在此時調回，聯準會分別在六月、八月，還有十一月升息一碼。但這只是讓利率重回一九九七年三月的水準。華爾街警告「向上三步，跌倒一次」，意思是聯準會三次升息通常會造成市場修正，但什麼也沒發生。市場對升息一笑置之，繼續往前衝。

在這種狀況下，充滿了瘋狂投機行為及高度溢價的證券環境中，葛林斯潘……什麼也沒做。聯準會主席手裡有各式各樣可以對付快速膨脹泡沫的工具，其中最關鍵的是提高科技股融資保證金要求的權力。所有從事短線當沖的牙醫、家庭主婦、拖吊車司機，大部分都是用借來的錢在買進賣出。因此，限制融資借貸，就能遏止一些無法無天的投機行為。

在好幾年後才公布的一九九〇年代聯準會會議紀錄中，我們可以看見葛林斯潘及同僚，的確對金融市場的各式猖獗感到擔心，而且認定提高保證金門檻，會幫助抑制美國這股短線進出科技股票的狂熱。

「我承認當前的確有股市泡沫。」一九九六年九月二十四日的聯準會會議上，葛林斯潘如是說，並且宣布提高保證金門檻是解決辦法。「我保證如果想要甩掉這個泡沫，不管是泡沫還是其他，這麼做絕對有效。」[1]

但是聯邦公開市場委員會選擇不採取任何行動。在一九九六年有名的「非理性繁榮」演說後，葛林斯潘絕口不提任何市場投機過剩的隻字片語。即使到了一九九九年晚期，事態已經明顯到，連一般觀察家都能看出不對勁。

葛林斯潘事後宣稱，當時不可能有辦法知道一個巨型金融泡沫正在發生。

事實上，聯準會（當然，是在偉大領導帶領下）做了件比不採取行動還糟糕的事。藉著公開熱情地討論科技帶來的效率奇蹟，葛林斯潘明確並巧妙地助長了證券泡沫的發展。聯準會主席讚揚著「新經濟」已然降臨。這對交易人而言，無疑是天籟。

新經濟

一九九八年九月，葛林斯潘發表了標題為「問題：新經濟是否存在？」的演說。[2]雖然細節上可能有些出入，但是未來的學者會非常吃驚地發現，聯邦準備系統的主席居然會荒謬地相信個人電腦或及時生產系統（just-in-time，按：以零庫存為旨，只在需要的時候，按需要的量，生產所需產品的管理方法）等技術創新，能大大降低日後經濟衰退的風險。

「顯然，這項討論中存在一個真理。」葛林斯潘說（據說面無表情），「舉個例子，在美國，購買新資本設備的平均交貨時間往往限制了產能發揮，現在交貨時間已經因為科技而縮短。而且，這也消除了大部分在過去，經常阻礙經濟成長的缺貨問題。」

而且，聯準會主席「不會否認，近年來美國市場的功能運作，以及開發超乎想像前端科技的速度，都有根本進步。」

和往常一樣，幾乎沒有人注意到該次演講的細節和其中警訊，而媒體則大幅報導葛林斯潘對新經濟概念的支持言論。這種樂觀詮釋非常符合當時的時代精神。即使主流媒體也加入這股風潮。比方說，《華爾街日報》把「新經濟」印成大寫專有名詞，彷彿這真的是件不得了的大事。

市場進食像頭鳥，拉屎像頭熊

許多獨立因素造成了漲勢。廉價美元是重要原因，但不是唯一。當時，美國經濟體已經處於擴張階段的第六個年頭，因為戰後嬰兒潮正處於收入跟支出的高峰年齡，而且通貨膨脹也似乎不嚴重。新科技蠱惑了美國人的想像，造就了速成百萬富翁和不少億萬富翁。網路留言板（還沒有被廣告和垃圾郵件占據之前）讓股票研究變得更普及。大量現金湧入華爾街。被知名做空專家佛萊克斯坦稱為「泡泡觀點」（bubble Vision）的CNBC，則是整個年代都竭力炒熱氣氛的啦啦隊隊長。

接著發生的事情要歸功給千禧蟲危機（Y2K bug）。

千禧年到來的前幾年，人們開始憂心只設計了兩位數日期的電腦軟體，會在邁入千禧年時發生故障。當日曆從一九九九年進到二〇〇〇年會發生什麼事？有人擔心這會造成全球電腦大浩劫。於是企業行號紛紛花大錢更新自己的技術架構。最誇張的預言來自末日生存信徒，他們認為美國將變得像電影《瘋狂麥斯》（*Mad Max*）一樣，因此呼籲民眾趕快囤積彈藥、瓶裝水、罐頭食物，還有現金跟金條。

末日生存信徒是少數偏激分子，大部分有思考能力的人都知道，那群人根本是被害妄想。很少人把他們當一回事，除了聯邦準備系統。後者沒有忽略這群**末日將近**團體。聯準會不是相信那群人的說法，而是擔心萬一那些被害妄想者真的說服了全國民眾末日將近，那勢必造成銀行擠兌風潮。

葛林斯潘的噩夢場景，就是新聞媒體全天候放送全國銀行外萬頭攢動、等著領錢的畫面，因為驚慌失措的民眾要替世界末日做準備。

姑且不論這些瘋狂的胡言亂語，聯準會覺得安全總比後悔好。為了打敗任何千禧蟲危機引起的銀行擠兌，聯邦準備系統提供了比平時更大量的現金準備。它也設計了一套讓銀行借領額外現金的辦法，名字叫做（我沒騙你）「世紀日期更改特殊流動性設計」（Century Date Change Special Liquidity Facility）。

但最重要的是，聯邦準備系統注入了額外五百億美元到銀行體系。從美國貨幣供給量（M1）圖上，可以明顯看到一個大突起（見下頁的圖7.2）。

所有這些額外燃料，加上本來就泡沫感十足的經濟環境，點燃了市場的補燃裝置。股市從火紅變成白熱化，因為所有多出來的錢都想方設法投入最投機的交易中。那斯達克出現爆炸性成長，完全不顧本益比已經接近兩百倍大關（一般合理的本益比是十五倍）。一九九九年，該指數成長了八五．六％（見頁125的圖7.3）。十月底流動性注入市場後，短短六個月後那斯達克幾乎漲了一倍，從兩千六百點上漲到超過五千一百點，半年內成長了幾乎一〇〇％。這在股市歷史上前所未見！

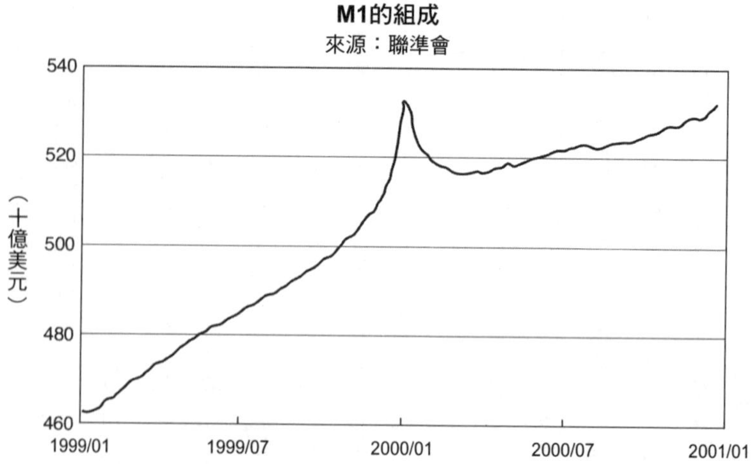

圖7.2　美國貨幣供給量（M1）

資料來源：聯準會，2008 年聖路易聯邦準備銀行，http://research.stlouisfed.org。

這根本是下一波事件的完美舞台。

牛市的最後一波漲幅，通常會出現急速上漲又迅速回跌的「衝頂回落」（blow-off top）態勢。這多半發生在事情從可笑進展成荒謬的時候。當股票（或指數）攻上新高點，吸引了最後一批原先在旁圍觀的投機客進場，就會出現衝頂回落。

舉個例子，二〇〇七年中國的上海證交所指數就出現衝頂回落，從二〇〇六年的一千兩百點衝到二〇〇七年十月的六千四百點。上海證交所該年的成長幅度超過一倍，一年以後指數回到一千八百點，跌掉了七一％。

二〇〇八年，原油價格也出現類

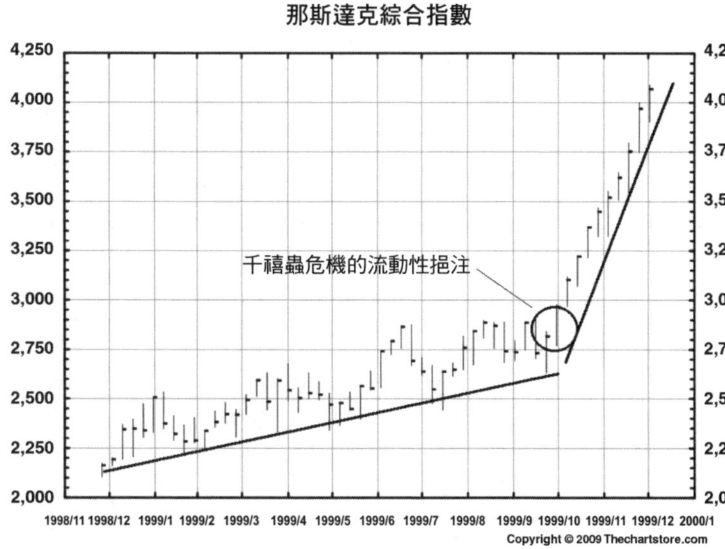

圖7.3　1999年，那斯達克

似的衝頂回落。夏天時原油價格每桶超過一百四十七美元；到了年底，每桶跌價超過一百美元，下滑六九％來到四十六美元。這就是投機型高點的自然生態。

千禧蟲危機來了又走。時間從一九九九年十二月三十一日進入二〇〇〇年一月一日，虛擬世界一片祥和。

市場在一月稍微退燒，可能是避稅賣單，然後再創新高。經過回跌和修正後，那斯達克在二月恢復了之前兇猛的漲勢。看起來二〇〇〇年又是另一個好年頭。短短六週，那斯達克從三千六百點一路上漲衝破五千一百點。

但千禧蟲危機的確留下一些後遺症。當時，美國企業剛剛結束一輪大型的資訊設備更新。過去一年，許多公司幾乎重建了整套資訊系統架構。因此，沒剩多少需要購買的硬體和軟體產品。千禧蟲到來所促成的更新和準備工作，把原來應該花在二〇〇〇年的技術預算，提前挪到了一九九九年會計年度。

「提前預警季」是每季財報公布之前那段時間，也稱為「告解季」。當利潤低於過去提供給媒體、投資人、分析師的數據，公司一定要在此時承認錯誤。

二〇〇〇年第一季，許多公司發出警示，包括高通、英特爾、戴爾、EMC，還有一堆所謂的新經濟公司。在股價極高並且估價灌水的情況下，市場是先賣為上，之後再找理由。

老一輩交易員有句話：**市場進食像隻鳥，拉屎像頭熊**。過去長時間累積的漲幅可以快速地消失。市場趨勢是把雙面刃，前五年不斷拉抬股票價格的那股興奮之情，很快急轉直下。攻上新高點之後不到一個月，那斯達克掉了三七%，來到三千兩百點。

很快，撿便宜的買家進場。那時所有交易員都只知道大盤不斷漲、漲、漲！他們僅看過瘋狂的牛市，訓練出的身體本能就是趁低價出手。這些交易讓大盤回彈到四千點，緊接著又出現另一波賣壓，跌至三千點。

「逢低買進」策略在整個一九九〇年代始終是不敗的金雞母，因此夏季尾聲時那斯達

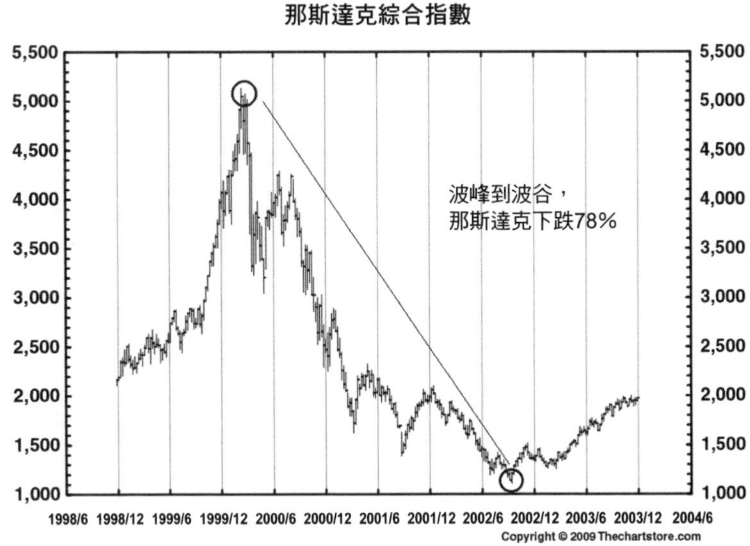

圖7.4　1999-2002年，那斯達克

克反彈到四千兩百點。但是市場無力支撐漲幅，企業估價始終過高，營收卻大幅下滑。

到了九月，股票又重回拋售狀態。二〇〇〇年最後一個交易日，那斯達克收在接近兩千四百點，非常難看的收關。

整個二〇〇〇年，那斯達克損失了三九%。如果從最高點來看，下跌了超過五〇%。截至二〇〇二年十月，那斯達克綜合指數一路下探到一千一百點，市值蒸發了七八%（見圖7.4）。這是一九二九崩盤之後最大的美國股災。

看到這裡，你可能會好奇一本討論紓困的書，為何用這麼大的篇幅在寫美國股市。理由很充分，事實上，背後有兩個好理由。

首先是資產價格。葛林斯潘聯準會一再貿然出手，防止資產價格大跌。背後動機是維持大眾信心或者保護經濟都不重要，因為結果是一樣的。中央銀行引發了巨大的道德風險，導致更魯莽的投機行為。

第二點，也是更重要的一點，每一次管理（類）自由市場的決定，都需要更多的政府介入。資本市場浩瀚無窮，是一頭體內有幾百兆美元資金流動的放肆野獸，沒有人可以長時間馴服或管理市場。一個都沒有，就算是「市場通靈大師」葛林斯潘也不行。

我們很快就會看見，那斯達克股票的崩盤刺激聯準會採取行動。葛林斯潘展開了前所未見的善後動作。他也將很快學到，事後補救的代價遠比任何人所想像的大。

二〇〇一年一月，聯準會啟動離奇的降息動作，前所未見。一月三日，聯準會在兩次會議之間降息兩碼（〇．五％），一月三十一日又降息兩碼，之後在三月二十日、四月十八日、五月十五日這三天又分別降了兩碼。六月和八月各降了一碼。到了夏季尾聲，利率幾乎減半，降到三．五％（見表7.1）。

這些降息都發生在九一一恐怖攻擊之前。這一年經濟衰退早已經發生，美國國家經濟研究局（National Bureau of Economic Research）判定衰退開始於二〇〇一年三月。這波衰退將在該年十一月，也就是九一一事件不久後結束。

表7.1　2001年降息紀錄

2001年日期	聯邦資金利率	
	利率變化	新利率／範圍（%）
1月3日	-½	6
1月31日	-½	5.5
3月20日	-½	5
4月18日	-½	4.5
5月15日	-½	4
6月27日	-¼	3.75
8月21日	-¼	3.5
9月17日	-½	3
10月2日	-½	2.5
11月6日	-½	2
12月11日	-¼	1.75

有些人宣稱這麼激烈的降息是為了回應九一一事件，也有人說經濟衰退的原因是恐怖攻擊。這種史實修訂其實不正確。數據明白顯示，經濟衰退發生在股市高點一年後，恐怖攻擊的半年之前。

二〇〇一年九月十日，那斯達克指數是一千七百點。如果你還在懷疑葛林斯潘是否瞄準股市、而非整體經濟，好好想想他在九一一恐攻之後的舉動。全美國在那個週二震驚不已，在恐怖分子策畫之下，整起事件上了電視現場直播。那一天，聯準會……什麼都沒做，只說了兩句話：「聯邦準備系統仍正常運作。貼現窗口將提供所需要的流動性資金協助。」

我公司的辦公總部位於世貿二號大

樓第二十九樓（那天我人在長島辦公室），所以我承認自己對九一一那天發生的事完全無法保持客觀。但我仍清晰記得，自己當時非常納悶聯準會到底何時才要出面。恐怖攻擊發生後，市場整個星期停止交易。這是紐約證交所繼甘迺迪暗殺事件及葬禮之後的頭一遭。

就在世貿大樓被燒成廢墟的同時，聯準會靜坐等候，星期三、星期四、星期五，都安靜無聲。一直到了市場即將重新開張，也就是最能影響資產價格的時候，聯準會終於有了動作。二〇〇一年九月十七日，恐怖攻擊將近一星期之後，剛剛好就在市場重新開市的一個小時前，聯準會又砍了兩碼利率。

所有對葛林斯潘意在支持資產價格的懷疑，從這一天早上起煙消雲散。

市場終於恢復交易後，賣壓湧現。在恐怖攻擊之前，那斯達克已經跌了六六%。重開市的那週市場又跌了一七%。大量賣超的情況下，一波五〇%的反彈讓大盤指數在二〇〇二年一月來到兩千一百點。這是純粹技術性上漲，是對恐怖攻擊後所有超賣動作的反應。但熊市很快重回大局。

二〇〇二年夏天，九一一事件之後的股市低谷來到一千四百點，然後繼續跌破。那斯達克在七月跌到一千三百點，接著是一千兩百點。該年十月，那斯達克跌到有史以來最低的一千一百點。

從最高點到最低點，那斯達克下滑了七八%，蒸發的市值高達好幾兆美元。

葛林斯潘時間表

一九八七　獲雷根總統任命為聯邦公開市場委員會主席
一九八八　金融市場總統工作小組成立
一九八九　房地產創新高，衰退開始
一九九〇　入侵科威特；原油價格暴漲
一九九一　經濟衰退
一九九二　柯林頓當選總統（再度任命寬鬆的艾倫）
一九九三　利率維持不變（葛林斯潘在位中唯一的一年）
一九九四　加州橘郡破產
一九九四至九五　墨西哥政府貶值披索
一九九六　「非理性繁榮」演講
一九九七　泰銖危機（亞洲金融風暴）
一九九八　LTCM紓困
一九九九　達康泡沫成形
二〇〇〇　泡沫崩盤

二〇〇一	降息開始
二〇〇二	市場在十月觸底；二〇〇三年三月再次回到最低點
二〇〇三	聯邦資金利率調到了一％；房地產、原油、黃金價格開始上漲
二〇〇四	信貸泡沫開始膨脹
二〇〇五	房市景氣大好
二〇〇六	葛林斯潘退休
二〇〇七	信貸危機開始；美國股市首當其衝
二〇〇八	交易市場史上最糟糕的一年，全球市場跌半
二〇〇九	聯準會主席柏南克降息至〇．〇〇％；啟動「量化寬鬆」政策

「沒有最低，只有更低」的利率

聯準會就在這樣的大環境下，持續史上最重要的降息行動。從崩盤前的六．五％，聯準會不斷地把利率帶往新低點。

到二〇〇一年底，聯邦資金利率是一．七五％，這是繼一九六二年甘迺迪擔任總統後，就沒再見過的低利率。過去一九五四年、一九五八年，和一九六〇年經濟衰退時期，利率曾經低於二%，但每次最多維持數星期或者數月。神奇的是，葛林斯潘聯準會從二〇〇一年十二月到二〇〇四年九月整段時間，都讓聯邦資金利率維持在一．七五%。這樣的低利率整整維持了三十三個月。對於以觀察聯準會為業的人來說，這簡直不可思議。

不過事情還沒有完全結束。二〇〇二年十一月，利率降到一．二五%，在這裡停留了二十一個月（二〇〇二年十一月到二〇〇四年八月）。最後一擊發生在二〇〇三年六月，一碼的降息讓利率降到一%。不可思議，聯準會讓這麼低的利率持續了十二個月（二〇〇三年六月到二〇〇四年六月）。雖然聯邦資金利率曾經在四十六年前這麼低過，但從來沒有維持長達一年之久！

到了這時候，我們應該要問，聯準會為何如此極端地調降利率。二〇〇一年的經濟衰退其實不算嚴重，消費者支出幾乎不受影響，主要是企業資本支出縮減。即使後者也在很大程度上，是因為受到千禧蟲危機的影響。而九一一事件，在人道精神上是重大悲劇，對美國經濟的打擊卻不大。

唯一能合理解釋激烈降息的只有資產價格。葛林斯潘死心塌地守護著股票投資人。

經濟學第一守則：**天下沒有白吃的午餐**。如果你把利率降得極低，絕對會導致嚴重後果。前幾任聯準會主席不這麼做絕對有其道理。看似免費的資本背後還是有成本，如此低的利率也極易引發通貨膨脹。不少經濟學家警告這麼做會造成美元大力貶值、通膨，甚至鼓勵風險投機行為，還有其他未知的後果。

聯準會裡真的該有人把這些建議聽進去。

第8章

倒退走的利率經濟

有些騙局精妙至極，不上鉤簡直愚蠢。

——卡爾頓（Charles Caleb Colton），《拉康》（*Lacon*），一八二五年

二〇〇〇年代中期，到處都是關於房地產泡沫化跟破滅的新聞報導。美國境內沒有人不知道二〇〇二年到二〇〇六年之間的房價飛漲，或者是緊接在後的房市崩潰。

然而，大多數人並沒有理解到所謂的「房地產—產業複合體」，在二〇〇二年到二〇〇七年的經濟循環裡扮演的角色多麼失衡。當時很少有投資人察覺到房市榮景的影響：不僅是對房地產市場的影響，還有對股市的。即使在今天，大部分人還是無法真正理解，

房地產市場對經濟體其他部分的影響全貌。

為了理解美國如何變成紓困之國，我們必須以更大的脈絡來理解房市飆漲這件事。

大多數商業循環中，是經濟體成長在帶動房地產成長。工作機會增加和薪資上漲，通常是房市成交量上升的關鍵刺激。購屋者存夠自備款，獲得貸款許可，然後開始看房子。雖然利率高低也是重要考量，但一般說來整體經濟環境最為重要。

但這次的房地產榮景卻完全不是這麼一回事。二〇〇二年到二〇〇七年的房市擴張在歷史上獨樹一幟。超低利率、新型有毒貸款、借貸標準改變，還有大規模證券化全部混在一塊，成為房地產崛起的完美風暴。假如是正常的經濟體，工作機會和薪資水準都穩定成長，購屋民眾其實用不著高風險次級貸款和新型房貸。假如沒有超低利率或是新有毒借款商品，二次世界大戰以來最大的房市成長不會發生。就是這套危險組合（而不是就業，也非收入成長），帶著美國進入前所未見的房地產熱潮。

助長房地產熱潮的便宜錢

先回到上一次經濟衰退的尾聲：美國剛走過三年痛徹心腑的股災（二〇〇〇年到二〇〇三年），熱門科技股群集的那斯達克，從最高點到最低點暴跌了七八％。當中損失幾乎和一九二九年股市崩盤的熊市一樣。股災之後是二〇〇一年衰退，公司行號大幅削減員工人數並減少開支。不尋常的是，衰退期間消費者支出幾乎沒有變化（消費者支出占了全美經濟體七〇%左右）。國家經濟研究局的官方資料點出，經濟衰退期為二〇〇一年三月到十一月，這表示九一一事件發生然後影響經濟時，衰退其實已經快要結束。

面對萎靡的美國經濟，政府開出和以前一樣的藥方：在二〇〇一年大減稅、大量赤字支出、增加貨幣供給、兩次戰爭的軍事支出，還有顯著降息。這套戰果豐碩的療法，通常在經濟剛要成長時很有效。有些學者認為，就算放著不管，任何正在經歷衰退的經濟體總會有自我修復的一天，不過這又是另一個不同的討論議題了。

拯救經濟的過程中出現了一個有趣現象：**沒有絲毫變化**！雖然投入大量刺激，美國經濟毫無反應。二〇〇一年有《減稅法案》（Tax Relief Act），二〇〇二年有許多赤字開支，再加上低利率（而且二〇〇三年減了更多稅），但經濟仍然蹣跚而行。實質GDP在二〇〇二年第四季幾乎沒有成長（見下頁的圖8.1）。當時的確有二次衰退的可能性，這讓聯邦準備系統非常緊張。

表現最差的復甦期

二〇〇〇年到二〇〇一年經濟衰退之後，非農就業數據成長非常貧脊。除了一

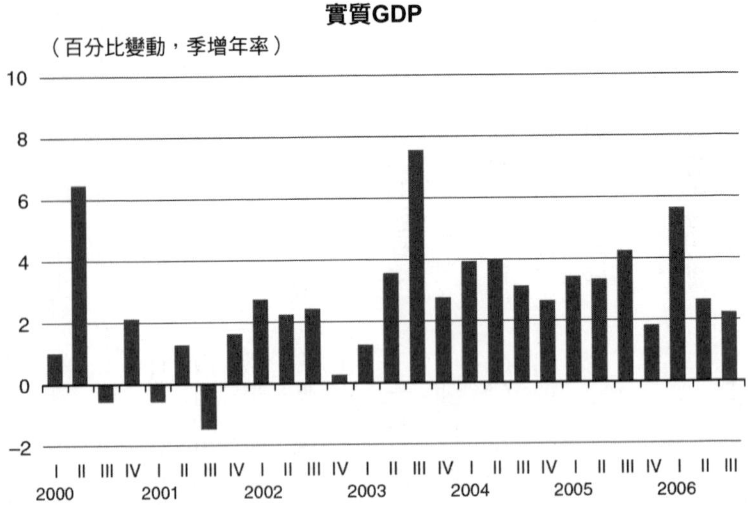

圖8.1　實質GDP

資料來源：美國經濟分析局（U.S. Bureau of Economic Analysis）。

個季度例外（二〇〇六年第四季），其他季度的實質（通膨調整後）薪資水準都是持平或是負成長。二〇〇六年第三季，就業機會比起衰退末期只多了三．五％，這和以往的經濟復甦表現相比非常不樂觀。

拿一九五三年到一九五四年來說，這兩年是二次大戰以降、總共九次衰退後復甦期裡，表現最差的一次。但是即使是這最差的一次，就業成長仍然是眼前這次復甦期的兩倍以上：一九五三年到一九五四年衰退期過後，之後五年的總就業成長是七．六％。更令人吃驚的是，這樣的表現其實是受到一九五七年到一九五八年的衰退影響。

整體來說，之前九次衰退期結束的五年之後，「美國經濟平均都會比起衰退尾聲多出一一．九%的就業機會。」[1]

然而，二〇〇二年到二〇〇七年復甦期的就業機會成長，是二次世界大戰以來最糟糕的一次。而且薪資水準也好不到哪裡。雖然房價和資產價格節節高漲，但大部分時間薪資成長的幅度，甚至跟不上通貨膨脹的幅度。

聯邦公開市場委員會眼睜睜看著日本陷入長達十年的經濟衰退，外加嚴重的通貨緊縮。自從日本房地產和股市泡沫在一九八九年破滅後，當地消費者變得小心謹慎。雖然日本儲蓄文化本來就比美國強，但他們的節省卻進入了新境界。日本消費者越不花錢，製造業和零售商越減價競爭，希望能激起大家的購買欲。結果消費者越晚購買，東西反而變得越便宜。這種惡性循環一旦開始，就難以打破。

二〇〇二年十一月二十一日，當時的聯準會理事柏南克發表了主題為「通貨緊縮：確保『不會在此發生』」的演講。柏南克提到了美國政府不算祕密的反通縮武器：

美國政府持有一項技術，叫做印鈔機（或者，現在是電子版本），能讓美國政府幾乎不需成本就能照需求生產美元。增加美元流動量，或甚至只是鄭重表示會這麼做，美國政府也能降低商品和服務的美元價值，這相當於提高這些商品和服務的美元價格。結論是，在紙鈔貨幣體系中，只要政府有決心，就能夠製造出更高的開支，然後促進通貨膨脹。2

結果，這場反通貨緊縮的演講很像一場預言：柏南克最後成為聯準會主席，並且充分利用政府的印鈔技術。債券界暱稱柏南克為「坐直升機撒錢的班」（Helicopter Ben），因為他在演講時比喻政府會撒錢來阻止通貨緊縮。

但這個暱稱後來仍然不夠貼切。大約在二〇〇一年，聯邦準備系統越來越擔心。在主席葛林斯潘的帶領下，聯準會展開歷史上最大型的降息動作（見圖8.2）。從崩盤前的六．五%，聯準會一路把利率砍到一．七五%。第七章中提到，葛林斯潘聯準會維持利率在一．七五%以下長達三十三個月（二〇〇一年十二月到二〇〇四年九月），然後維持在一．二五%以下長達二十一個月（二〇〇二年十一月到二〇〇四年八月）。最後，超過十二個月的一%聯邦資金利率（二〇〇三年六月到二〇〇四年六月）。雖然四十六年前聯邦資金利率也曾經低至一%，但從未停留在此超過一年！這完全史無前例。

我們常用「便宜」或「貴」來形容錢，這是指借錢成本的高低。這時的錢不是便宜，根本是「超級」便宜。便宜錢助長了房地產熱潮，房價被越推越高。

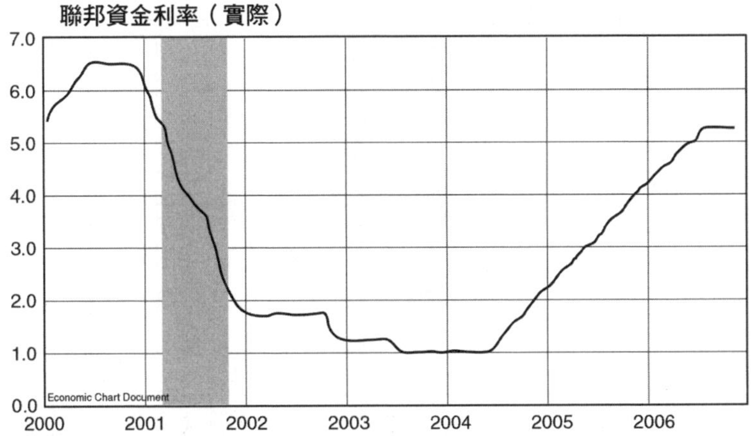

圖8.2　2000-2006年，聯邦資金利率

資料來源：Economagic 網站。

如下頁的圖8.3所示，這種程度、而且這麼長時間的刺激，以前從沒發生過。國際上，以美元結算的資產大受歡迎。消費者則靠著便宜借來的錢再度開始消費。住宅房地產的價格節節上升，汽車銷量暴增。工業金屬用量創下新高，而企業利潤占GDP的比例也來到前所未見的高點。這些都要感謝聯準會的寬鬆貨幣處方。

大師再一次做到了。葛林斯潘把一場市場危機，扭轉成火力全開的經濟復甦。如果科技榮景和垮台是因為低利率和寬鬆貨幣，那麼或許再灌一杯酒會是解決經濟宿醉的良方。

或者至少看起來如此。

亮眼的表面下，美國經濟其實沒有看

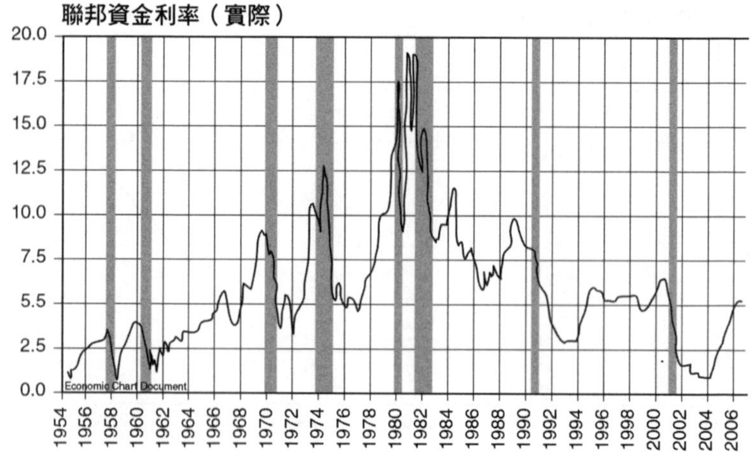

圖8.3　1954-2006年，聯邦資金利率

資料來源：Economagic 網站。

起來美麗。通貨膨脹開始加快腳步，原物料價格暴漲，油價突破新高。古老的通膨保值品黃金，價格也來到幾十年來的高峰。同時間，薪水則持平，薪資占GDP的比例下滑到谷底。以衰退後的復甦期來說這很不正常，也不是健康經濟體的普遍表現。

另一個異常則是，房地產榮景對就業市場的誇張影響。根據北方信託（Northern Trust Company）的班加洛（Asha Bangalore）在二〇〇五年所做的研究，從二〇〇一年十一月到二〇〇五年四月間的所有新增就業機會中，四三％和房地產有關：

住宅投資金額對目前經濟擴張期的實

質GDP成長有極大貢獻，而新成屋和中古屋的銷售量也創下新高。房地產市場的未來和美國經濟的就業狀態息息相關。非農就業數據表現疲軟不振，是聯邦公開市場委員會一步步把利率帶到趨近於零的主要原因。在此同時，房地產市場的表現則在就業成長上扮演關鍵角色。自從二〇〇一年十一月經濟復甦以來，房地產業及相關產業的聘僱人數（房地產業相關各類企業機構調查的就業總和），占了私人就業機會成長的四三％。[3]

房地產熱潮創造了建築商、承包商、房屋仲介、房貸掮客，甚至家用品專賣店的工作機會。但這股熱潮對經濟最大的影響，來自房屋淨值信用額度貸款（home equity lines of credit，HELOC）和房屋現金增貸。隨著薪資停滯，美國人投向房屋淨值取款的懷抱，來維持生活水準。

這是債務驅動的經濟擴張中，單一最大也最意想不到的原因。除了房地產，其他行業的就業機會成長有限，而且實質薪資成長也持平，消費者支出成長來自於舉債。房屋增值抵押貸款（mortgage equity withdrawal，MEW）通常只占消費性貸款的一小部分，如今呈現爆炸性成長。不斷增加的房屋抵押借款讓消費者持續花錢，而儲蓄率則在一九三〇年代後，首次由正轉負。

要是沒有這筆來自房屋淨值的消費能力，美國其實處於經濟衰退，GDP成長率只剩一%。至少，葛林斯潘聯準會所做的非官方研究數據顯示如此（見圖8.4和頁146的圖8.5）。

顯著衝擊經濟的貸款

自從利率在二〇〇三年探底，房屋增值抵押貸款的影響力令人瞠目結舌，其占了超過二〇〇三年到二〇〇六年GDP成長值的七五%。

我們應該了解一下房屋增值抵押貸款過去的情況。在一九九〇年代，屋主提領的房屋淨值金額，包括賣掉房子或透過房屋淨值增貸，其實不算龐大：每季約為兩百五十億美元，或是大概一%的個人可支配所得。

自從聯準會大砍利率之後，房屋增值抵押貸款對經濟的衝擊越來越明顯。二〇〇二年中，每季平均房屋增值抵押貸款金額已經超過一千億美元，是一九九七年水準的四倍左右，而且已經超過了個人可支配所得總額的四%。到了二〇〇三年，這兩個數據分別是一千五百億美元和六%。

接著，事情一發不可收拾：房屋增值抵押貸款在二〇〇四年達到巔峰，每季提領金額幾乎是兩千五百億美元，超過個人可支配所得總額的一〇%。換個角度來看，自一九九五年後，房屋增值抵押貸款在十年內成長了十倍。

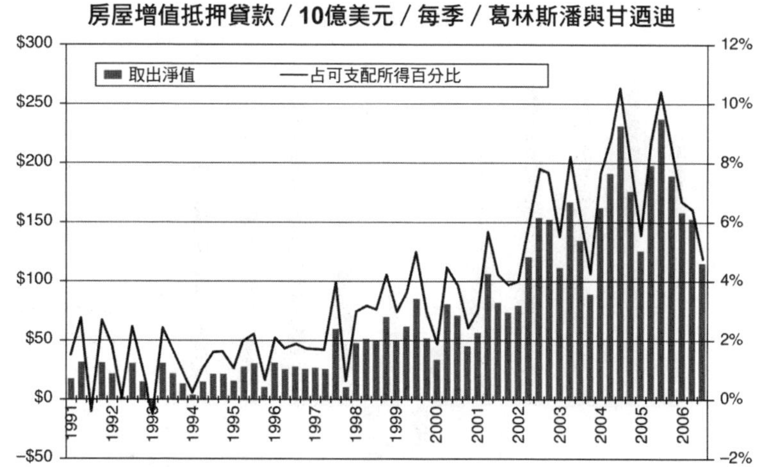

圖8.4　房屋增值抵押貸款、取出淨值，以及占可支配所得百分比

資料來源：Calculated Risk 網站，www.calculatedriskblog.com。

除了從房產提領的現金外，財務寬裕感對於消費行為的心理影響也不可小覷。所謂的財富效應顯示，股票投資組合上漲一百美元時，消費者支出會多出四美元。但房子帶來的財富效應更加明顯。近期的一項研究發現，自有房產價值上漲一百美元時，屋主會多花九塊錢，超過了股市財富效應影響的兩倍。[4]

想一想美國自有住宅的普遍程度，這可是很大的影響範圍：約有六八．五％的美國家庭住在自有房產裡（最近更提高到七〇％）。雖然股票也是普遍持有的資產，研究顯示美國人的股市參與度將近五〇％，但一般家庭所擁有的股票，通常只占家庭資產淨

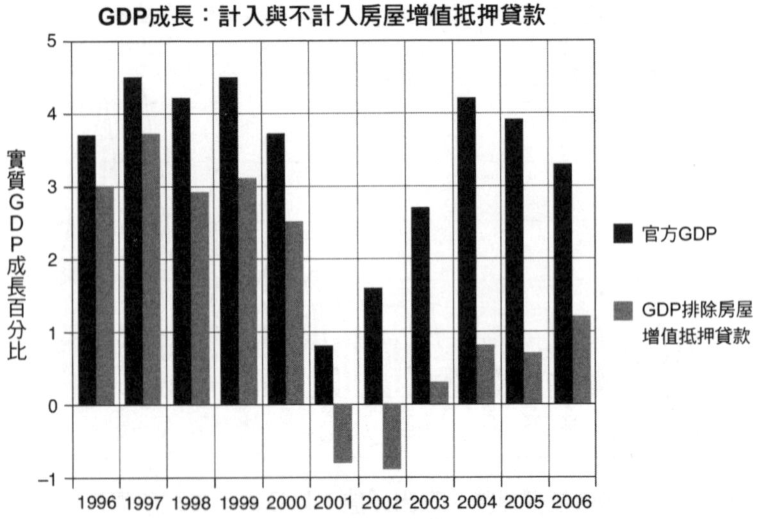

圖8.5　GDP成長：計入與不計入房屋增值抵押貸款

資料來源：Calculated Risk 網站，www.calculatedriskblog.com。

值的一小部分。大多數情況下，股票是第二或第三大的資產。對絕大多數美國人而言，房子是最大的資產。

現在來看看家庭財富的財富效應：房地產價格的上漲，占了二〇〇一年以來家戶財產淨值成長的七〇%。

房地產增值所帶來的財富效應遠比股票來得廣泛。使得打破世代紀錄的低利率成為經濟回春的最大因素。當然，減稅、赤字開支、貨幣供給增加、戰爭開銷等等全都有貢獻，但真正主導美國經濟活動的，是超低利率和房屋增值抵押貸款。

即使是中國的爆炸性成長也和聯邦公開市場委員會的動作間接相關。

中國製成衣、電器，以及耐久財製造商，是美國舉債消費派對的主要受惠者。北京禮尚往來，購買了上兆美元的美國國債。這幫助利率維持在相對低點，即使之後聯準會進入緊縮模式，把利率從一％調到五％。這道「難解之謎」，聯準會主席葛林斯潘如此稱呼，強化了房地產業的惡性循環，情況越演越烈。

想借多少就借多少

經濟學第一守則就是天下沒有白吃的午餐，而大規模低利率經濟刺激勢必得付出代價：便宜的美元導致通貨膨脹，助長了美國人糟糕的消費習慣，並且創造了一堆消費性債務。

但拿著便宜錢亂花的不只是一般民眾。在華爾街，便宜美元更是有致命的吸引力。槓桿操作（借錢來投資）滋養了投資銀行，而貨幣流動性則給了避險基金力量。私募基金拼命使用便宜美元，大買特買。如果不是有一筆借款幾乎免費的資本，要怎麼解釋二〇〇七年春天博龍資產買下克萊斯勒的荒謬交易？這不是當時唯一的愚蠢併購，一堆沒大腦的併購案都是使用便宜借來的錢。

美國企業也衝向便宜現金的懷抱。許多公司提高股利分配，有些公司甚至是大舉借錢來發放。其他公司則在股市不斷上漲時，用借來的錢買回庫藏股。大部分庫藏股回購事後都證明是很糟糕的投資。

《沙賓法案》（Sarbanes-Oxley Act）通過後，公司行號無法在會計上動手腳竄改盈餘。當時流行靠著便宜資金的簡單財務工程操作：透過回購降低股票流通數量。

TrimTabs 投資研究機構估計，光是二〇〇五年股票回購的市值就高達四千五百六十億美元，將近半兆美元！美林首席經濟學家羅森伯格（David Rosenberg）發現，在二〇〇六年第三季，幾乎有三分之一的盈餘成長是來自股票回購。[5]

有這麼多便宜美元在金融體系內流竄，「想借多少就借多少」似乎成為新真理。一點也不用擔心債務或槓桿，結帳日還遠在後頭呢。

或許是看似如此。

插曲

金融錯亂史

二十一世紀早期壯觀的信用貸款膨脹又萎縮循環，是典型泡沫事件。它有支持者也有早期唱衰者，對不尋常經濟現象有扭曲的合理化解釋，而且在風險節節高升的時候，還是有人前仆後繼地追求短期獲利。和大部分泡沫一樣，它發生的時間比合理預期要久得多。

驚天動地的借款轉變

不過，這次信用危機卻有個明顯異常：信用交易基礎的驚人轉變。

綜觀人類金融歷史，任何借貸、信貸、融資，包括所有貸款、房貸、舉債工具的根本前提，永遠是借款人的還款能力。這是所有金融活動最基本的原則。

經濟交易體系可以一路回溯到穴居人阿明借給隔壁洞鄰居一打貝殼，讓鄰居去買那款最新式的輪子。如果阿明缺乏鄰居有能力還錢的合理根據（他是不是個好獵人？他值得信任嗎？他能還給我這些貝殼嗎？）阿明絕對不會答應歷史上第一次商業貸款。

從史前一百萬年一直到現在，債務償還能力始終是最主要的考量，除了二〇〇二年起的那五年。在那短短幾年間，所有信貸交易的根本原則都被徹底顛覆。貸款人的還款能力不再重要。相反地，借款的依據轉移到，借款人將債務證券化並且出售的能力。

世界很快發現，這個轉移重要無比，而且還造成接下來的發展：信貸泡沫、房市過熱崩潰、衍生性金融商品百花齊放、經濟混亂。這些歸根結柢都和借款根據的轉變有關係。

既然危機是從房地產貸款開始爆發，我們就用典型房貸為例子，來看看這驚天動地的轉變怎麼發生。

決定是否要貸款給購屋人通常是依據幾項簡單指標，包含：銀行檢查購屋人的就業經歷、收入、自備款多寡，還有這人的信用程度來判斷償還能力。他們也會看房貸占房屋價值的成數，以及購屋人擁有的其他資產，來確保房產本身足以擔保貸款。

這些判斷依據，在二〇〇〇年代早期房市一片大好的時候，全都被拋到九霄雲外。房屋貸款的根基不再是借款人的還款能力，而是放款人證券化並重新包裝貸款的能力。

這改變了所有遊戲規則。任何可以迅速完成放款程序，並且把文件送到華爾街的貸款機構都能藉此大賺一筆。

反常的錯亂

如果我們把整個金融史畫成時間線，看起來會像這樣，這五年的典範轉移相較於之前的幾百萬年，是反常的錯亂：

|---史前一百萬年------------------------------//---[2002-07]---2009→

聯準會的義務是監督信用和放款。我們已經發現有很多人，包括（已故）聯準會理事葛雷林奇（Ed Gramlich），試圖爭取聯準會主席葛林斯潘正視放款問題。你會非常訝異，聯準會對這項轉變完全沒有採取任何行動。是的，放款標準的變化被葛林斯潘讚賞為重要創新。

我會說這根本是「怠忽職守」，無能力執行應盡的責任或義務。

所謂的創新根本子虛烏有。一開始，這是被房價大幅上漲所掩蓋的嚴重借貸流程瑕疵。當房價來到頂點，錯誤變得再明顯不過。自二〇〇六年底，三百零六間美國放款機構爆發問題，超過兩百萬間房子被違約扣押（數字還在上升中）。[1]

眼下問題的核心是，政府允許銀行在不顧還款能力的情況下核准借款。這件事，搭配上聯準會為了挽救之前股災而創造的超低利率，將層層疊疊的信用市場推向災難。

我們會看見，這已經不是第一次，危機紓困帶來下一場危機。

第9章
殖利率的瘋狂爭奪

（選擇性還款浮動利率房貸）就像中子彈。它能殺掉所有人卻留下完整的建築物。

——麥卡錫（George McCarthy），福特基金會住宅經濟學家

前面的章節提過，葛林斯潘在科技泡沫破滅後的降息政權，完全背離了正常的聯準會政策。從二〇〇一年一月起，聯準會開始降息，一直把利率降到幾十年來的低點。聯邦公開市場委員會從二〇〇一年十一月到二〇〇四年九月間，始終把利率維持在一．七五%以下，將近三年的時間！這是聯邦公開市場委員會史上第一遭，過去利率從來不曾在低檔維持這麼久的時間。

這不僅史無前例，而且還出乎所有人的想像。原因很簡單：對中央銀行來說，維持超低利率是極端不負責任的行為。當錢變得如此便宜，各種可怕後果紛紛出籠。降息先「通貨再膨脹」（reflate）經濟體，然後繼續膨脹。

但背後的代價驚人：

- 美元急遽貶值。從二〇〇一年到二〇〇八年，綠色鈔票喪失了接近四〇％的購買力。
- 隨著美元貶值，國際上所有以美元計價的商品，包括原油、黃金、工業金屬、食品，事實上是幾乎所有原物料都大幅漲價。生產、養殖、開採這些商品的成本沒變，只不過是計價貨幣的價值下跌將近一半。
- 這股貿易大通膨浪潮裡，唯一的例外就是勞動力（這在後來很關鍵）。因為薪資持平且通貨膨脹惡化，美國人民儲蓄率自一九三〇年代以來，首次由正轉負。
- 消費者奮力地使用便宜貸款來買**所有的東西**，特別是家電、汽車、房子這種大物件。
- 隨著利率越降越低，固定收益商品的經理人開始瘋狂追求殖利率。

最後一點很關鍵。如果你想知道為什麼美國的房貸違約扣押，會導致大型全球經濟災難，你就得了解超低利率和債券交易員之間的關係。葛林斯潘聯準會魯莽的利率政策，讓全球的債券基金經理陷入水深火熱，導致了至今仍餘波盪漾的各種意外後果。

進一步解釋之前，我們先簡單談談基金經理人如何管理資金。大型基金會、捐款、退休基金，和慈善信託機構手中管理著巨額財富。管理這些組織的專業人士必須遵守一些基本原則，最重要的原則之一就是支付規定：機構每年一定要配出的最低金額。每個財務年度，信託和基金一定要支出或給付機構資產平均市值的五%。沒有做到的話會有嚴重的處罰（二%的資產），而且可能會喪失他們的優惠稅籍。

這就是為什麼每一位管理這類機構的專業經理人，都希望能**安穩**地賺到五%支付要求所需的金額。基金會不希望動到信託資產本金，而是只利用收入來支付。畢竟一個管理得當的信託應該要能長久運作，甚至是永續綿延。

在此我先省略無聊的細節，總之，普遍接受並且有數學分析支持的資產管理理論是，長期來看，市場的報酬率最終會趨近歷史報酬率的平均。基金經理人管理資產所使用的財務模型，都內建了這個基礎假設。以股票來說，年預期報酬率是八到一〇%；固定收益商品的話，年預期報酬率則大概一半，長期國債的收益率落在四到五%之間。這是根據過去一世紀的通貨膨脹、利率、市場報酬，和其他原因綜合計算過後的合理長期目標。

正因如此，超低利率造成固定收益經理人很大的焦慮和錯愕。當聯準會把利率降得這麼低，他們沒有辦法獲得需要的報酬。

少了高收益但又安全的固定收益選項，就很可能需要動用信託資產本金。雖然市場每隔一段時間就會出現震盪，但震盪幅度通常維持在某個常態變化範圍（數學家稱為標準差）。偏離均數好幾個標準差的大型事件會造成市場短暫失衡，但最後總是會回到原先的軌道上。比方說，二次世界大戰、豬玀灣事件、甘迺迪暗殺事件、一九八七年崩盤、一九九〇年伊拉克入侵科威特，還有二〇〇一年的九一一事件都是如此。這些都是**人類的**重大事件，但對市場來說其實不算大事。

沒錯，這些驚天動地的大事，幾乎沒有在股市長期曲線圖上造成變化。對債券市場來說，沒有一個事件比葛林斯潘的作為有更深遠的影響。當聯準會大刀闊斧降息並且長期維持利率在低點，債券價格飛漲，殖利率掉得所剩無幾（債券價格和殖利率呈反向移動）。

於是，葛林斯潘引發債券界一場你爭我奪，而房市熱潮則恰好趕上了這波對固定收益的追求。

包裝，再包裝的金融商品

正當基金經理人為了殖利率焦頭爛額時，超低利率也點燃二次世界大戰以來，房市最大的一把火。一九八〇年代，年平均房屋成交量為三百萬件。一九九〇年代數字提高到四百萬到五百萬件，主要是因為人口成長和利率下降。一九九〇年股票牛市創造了很多紙上富貴，這些錢很快就流入了房地產市場。房屋價格在一九八七年股市崩盤後，持續低迷到一九九〇年代中期。不過，自從利率在二〇〇〇年科技股崩盤後降到低點，房市一飛衝天。房價幾乎比十年前高了一倍，年成交量從一九九五年的四百萬件，成長到二〇〇五年的七百多萬件（見下頁的圖9.1）。這意味著有很多很多筆房屋貸款。

助長房地產熱潮的低利率，同時攪亂了退休基金經理人的投資組合。

如果他們無法找到額外的報酬（而且要快！）客戶就得動用長期資產本金來支付年支出額。這對任何基金託管人來說，都是無法接受的事。

一種新型結構型商品回應了債券基金經理人的祈禱：證券化債務。華爾街可以把任何債務：信用卡、車貸、房貸、學生貸款，重新包裝成新組合商品。CDO支付的利息比美國國債或藍籌公司債**高出許多**。而且謝謝華爾街的厲害手段，這些商品全都是最高的AAA**信用等級**。

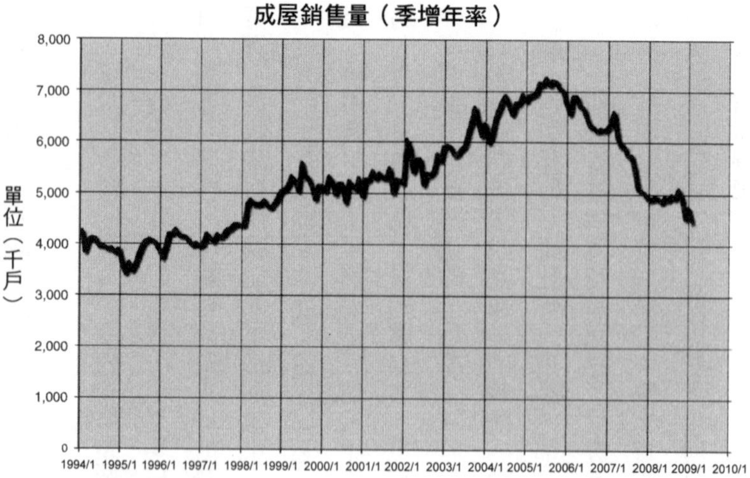

圖9.1　房屋銷售量

資料來源：www.calculatedrisk.blog.com/。

新奇衍生性金融商品

MBS是指將幾千筆房貸包裝在一起，變成像債券般的金融商品。屋主每個月繳納貸款中，大部分的利息和本金其實都是給握有這些商品的人。

如頁160的圖所示，MBS有許多評等供購買人挑選，不同評等有不同的風險和預期報酬。這是一個很大的流動市場。而從二〇〇二年到二〇〇七年，美國每年都發行了一到兩兆美元的新MBS商品。

這只是第一步。房屋貸款商品有很多種，有些是住宅房貸擔保證券（residential mortgage-backed security，RMBS），有些則是商業不動產擔保證券（commercial mortgage-backed security，CMBS）。相關商品根據不同成分又可以切割成不同類型，每種等級都有自己的信用評等，也有各自的潛在風險和報酬。

如果這聽起來很複雜，嗯，我們才剛要開始而已。這些MBS商品又被分門別類成一堆名字難懂的金融工具跟各自的衍生性金融商品，像是：擔保房貸憑證（collateralized mortgage obligation，CMO）、CDO，還有擔保貸款憑證（collateralized loan obligation，CLO）。你可以透過CDS來為這些商品的利息支付買保險，或只是挑其中一方來下注。

我個人的最愛是CDO^n：泛指三層擔保債權憑證（CDO^3，CDO-cubed）或以上的商品。這些CDO^n的擔保品是其他CDO，內容從雙層擔保債權憑證（CDO^2，CDO-squared）到三層、四層、多層不等。

每項產品都是從另一項產品所衍生出來的更複雜商品（所以稱為衍生性金融商品）。每個新商品的設計都更複雜，而且透明度更低。商品們被包裝，再包裝，然後再再包裝。等到整個商品成形時，已經和最早的那筆單純貸款相差了十萬八千里。

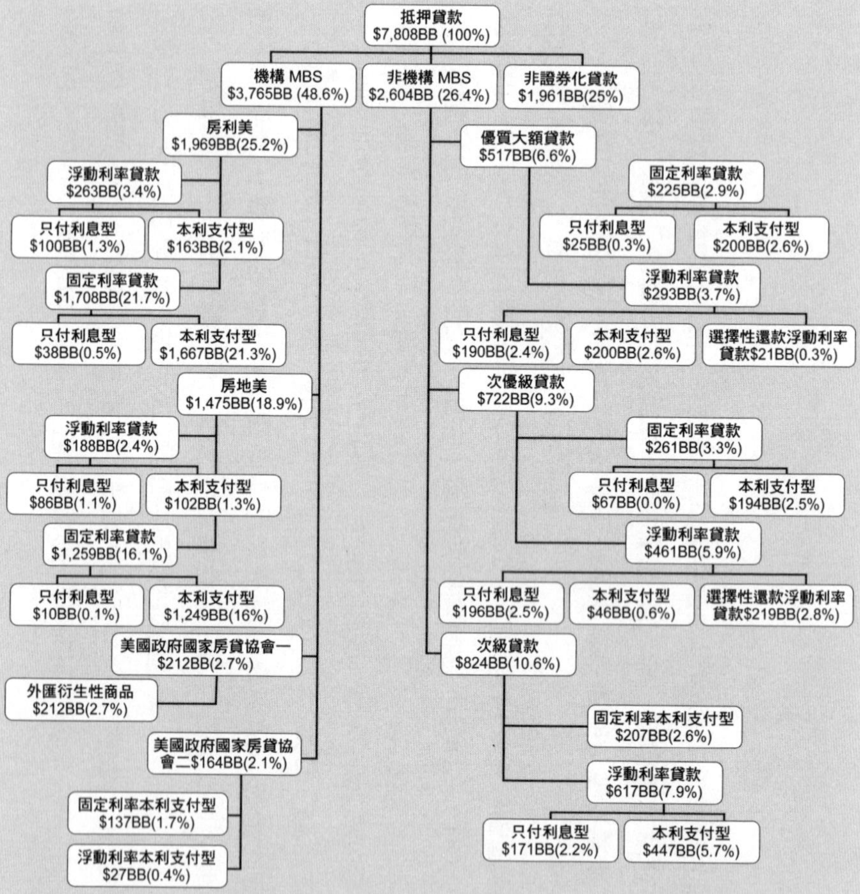

第一留置權：住宅房貸債務

前提條件：證券化率75%；貸款履約率：優級與次優級貸款：75%；次級貸款：65%。

資料來源：http://bigpicture.typepad.com/comments/files/RMBS.gif，瑞士信貸授權使用。

絕大多數固定收益商品，都會有來自三大信用評等機構之一的信用等級，分別是穆迪、標準普爾和惠譽國際（後面將有更多信評機構介紹）。投資級別的評等包括AAA、AA、A，還有BBB。非投資級別的債務又稱為垃圾債，表示這種債務對經濟環境更敏感，或者發行者的財務不穩定，或是有很高的投機成分。

AAA是最值得信賴的等級。這個評等（理論上）只會給最高品質的發債人，像是美國政府或是嬌生、西北互惠保險（Northwestern Mutual）、波克夏海瑟威，和美孚石油這種等級的公司。

看到這裡，你或許會問這怎麼可能？這些CDO商品的信用評等，怎麼可能會和美國國債一樣是AAA？這兩個商品之間的利差怎麼會這麼大？畢竟，殖利率高的商品不是風險也高嗎？如果是這樣，為什麼CDO的信用評等（對發債人償還債務能力的評估），會和有美國政府在背後做保證（必要的時候甚至是武力保證）的債券相同？

如果不一樣，那這不就是免費午餐？

其實只有兩個可能：這是迄今從未被人發現的精闢見解，或是巨型詐騙。

隨銀行起舞的信評機構

三大信評機構，標準普爾、穆迪，和惠譽國際，不僅完全沒有客觀衡量債務商品的信用度，反而涉入了賄賂。他們隨著投資銀行起舞。只要價格正確，就在根本是垃圾債的商品上蓋上AAA印章，可以說是「付費使用」。

信評機構和承銷商密切合作，經常給事後發現根本是垃圾等級的商品AA或AAA的評等。

《投資組合》（*Portfolio*）雜誌的艾辛格（Jesse Eisinger）是第一個嚴正糾舉信評機構的主流記者。他注意到這種合作方式，毫無意外地導致「以次級貸款為主的證券，獲得溢美評價」。[1]不只是一開始的評等給得太大方，等到貸款欠繳違約的情況惡化時，信評機構調降這些房市債商品的速度也過慢。

《華爾街日報》很快跟進報導：

「信評機構在助長泡沫所扮演的角色，較不引人注意。他們在幕後和那些包裝推出金融商品的承銷商合作。」

給次級貸款和相關結構型商品AAA評等這種錯誤，並不是判斷能力太差。相反地，這是心裡雪亮的商業決定。《華爾街日報》指出信評機構積極地參與結構型商品的開發過程，它們絕對不是像泡沫破滅後自己所宣稱的那樣，只是錯誤評估承銷商的客觀仲裁者。

「承銷商不會先拿一堆房屋貸款合成證券商品，然後送到信評機構看看分數多少。」《華爾街日報》寫道：「其實，承銷商在設計房貸債券或其他證券商品時，會先和信評機構合作，確保商品獲得足以行銷的評等。」[2]

想當然，同樣一張AAA評等證明，次級房貸商品的信評收費，是優級房貸商品的兩倍。[3]據《彭博》估計，從二〇〇二年到二〇〇七年，信評機構靠著次級貸款商品的收費，撈了三·二兆美元。

聽起來，這應該是需要一群訓練有素的分析師投入大把時間工作，才能完成的案量。其實，並沒有。監管機構發現，穆迪跟標準普爾根本沒有足夠人手來審查這些貸款，而且也沒有監督自己要給評等的數千項固定收益證券商品。[4]

MBS拿到浮濫的AAA信用評等，是二〇〇七年到二〇〇八年信貸崩盤危機的關鍵因素。如果不是因為這些機構的最高評等，很多最後出問題的有毒商品根本不會有機會出售。這千真萬確，因為很多債券投資人被限制不可購買信用評等低於某種水準的商品。所以，信評機構的AAA認證印章，對華爾街公司是否能包裝、轉售那些如今委婉描述為「有毒」的次級貸款及其他債券商品，至關重要。

瘋狂搶進MBS市場

史上新低的利率導致房市熱潮容易理解。但看起來很單純的房價上漲，究竟怎麼導致次級房貸危機，並且在二〇〇八年到二〇〇九年創造出偉大的紓困之國？

剛才解釋過這些房貸證券商品，如何獲得頂尖信用評等機構的AAA評等。這些文件的參考依據是主流大銀行發起的房貸，華爾街的公司再將房貸證券化成RMBS。裡頭的房貸經常由美國政府贊助企業融資和收購，像是房利美和房地美。

購買這些證券商品的人當初應該停下來考慮一個簡單事實：這些CDO改寫了經濟學法則。商品保證和美國國債一樣安全，但殖利率卻高出許多。換句話說，在一樣的風險下，報酬顯著增加。明眼人都應該看出來這不可能。在市場上，報酬越大永遠表示風險越高。所以這種情況下，有人要麼贏得諾貝爾經濟學獎，要麼鋃鐺入獄。

這就像金融市場上的冷融合（cold fusion）。基金經理人彷彿無（低風險）中生有（高殖利率）。當時沒有人迅速發現當中問題，這是**選擇性認知**和**認知失調**的交互作用。經理人想要，也**需要**相信這些證券商品能解決手上的殖利率問題。與其質疑這些CDO商品不符合經濟學法則：不可能一樣的風險，更多的報酬，他們寧可直接買單。

過去幾年來，業界採用了各種增加收益、但風險**盡量**壓低的技巧。有些經理人為了高報酬，慢慢地走向品質較差的商品；有人甘冒風險，希望其他人沒有發現。有人在國內借便宜錢，然後投資到利率比較高的國家（利差交易）。有人利用槓桿操作，雖然這也有一堆問題。有人很聰明地走複雜路線，把額外風險藏在外面看不到的地方。

有群特定人士的狀態則顯示為「以上皆是」，那就是：避險基金。

積極的基金經理人從大承銷商手上借了很多很多錢，適度槓桿化，然後投身RMBS、CMBS、CDO、CLO，和CMO的汪洋大海裡。

正常情況下，這或許沒什麼。不過，現在可不是正常情況。對證券化商品的需求造成一堆人瘋狂搶進MBS的市場。從二〇〇三年到二〇〇七年，市場創造出巨額的信用量：

- 二〇〇〇年，包括CDO在內的MBS全年發行金額超過一兆美元。包括選擇權和交換等等的衍生性金融商品成長得更快，二〇〇六年這些商品的票面價值已經超過了四百兆美元。一九八〇年代以前，這些商品根本還沒問世。[5]
- 一九九〇年市場上只有六百一十家避險基金，總管理資產為三百八十九億美元。到二〇〇六年底，避險基金有九千四百六十二家，總管理資產是一．五兆美元。[6]
- 從一九八〇年到二〇〇七年，由政府贊助企業擔保的MBS從小於兩千億美元，飆升到超過四兆美元。在一九八〇年，只有一〇%的貸款被證券化，在二〇〇七年這個比例是五六%。[7]

- 根據國際清算銀行（Bank for International Settlement），在二〇〇七年五月，由買賣雙方自行議價的場外交易（OTC）衍生性金融商品合約，其未結清契約名目本金餘額（notional amounts outstanding）已經超過十四．五兆美元。[8]
- 從二〇〇五年十二月到二〇〇七年十二月，所有衍生性金融商品的未結清契約名目本金餘額，從兩百九十八兆美元增加為五百九十六兆美元。CDS商品成長了四倍，從十四兆美元到五十八兆美元。[9]

牽連全球的證券紙牌屋

回頭來看，顯然這套「高收益，同風險」系統，是注定傾倒的證券紙牌屋。但一開始，遊蕩在葛林斯潘低利率沙漠的基金經理人，才剛剛涉足證券化貸款商品。對很多人來說，這似乎真的能夠獲得滿足客戶要求的殖利率。從二〇〇二年到二〇〇六年，AAA等級的CDO商品簡直是天堂的代名詞。

房市榮景是這類產品崛起的溫床，其中尤以RMBS最受歡迎。華爾街的奇才把幾千筆貸款綁在一起，創造出由一系列不同等級貸款所構成的CDO商品。每個系列的風險程度各異，報酬也有高有低。於是固定收益基金的經理人可以根據自己的需求購買。想要高報酬的就必須冒更多風險。反正AAA或AA都一樣是投資等級商品，不是嗎？

請注意這不是美國專屬現象。MBS包裝成CDO後，世界各地的固定收益經理人都大量購買。歐洲、中東，特別是亞洲等地的基金經理人是MBS的大買主。這就是美國房市崩盤如何演變成全球事件，解釋了為什麼美國南加州次級房貸貸款人欠繳款項，會引發一連串連鎖反應，最後瓦解了冰島的金融體系。

這是我們紓困之國所立基的金融基石。當基石有了裂痕，上頭雄偉的經濟建築也跟著粉碎。

第三部

市場失靈

絕對理性的人類和絕對有效的市場，
只存在於經濟學教科書中。
薪酬制度可能和股東利益脫鉤，
眼前利益通常勝過長久永續性。
市場會自我調節的理念聽起來像是個冷笑話。
但有一點不同，冷笑話不會毀滅經濟。

第10章

次級房貸製造機

君子喻於義，小人喻於利。

——孔子，中國古代思想家

五花八門的次級房貸及其衍生商品，如何席捲全球金融市場？要回答這個問題，我們得戴上偵探帽，仔細挖掘證據。

從前，傳統放款人多半是儲蓄銀行，占了核准貸款的最大部分。這些放款人受到聯準會和聯邦存款保險公司的有效監督管理。這些銀行通常走保守堅定路線。銀行對放款的態度很有趣：**帶來麻煩的永遠不是你拒絕的貸款，而是你核准的那些**。

於是乎，傳統放款人喜歡手握大筆自備款、收入高、信用紀錄良好，還債沒問題的借款人。這些是優質借方，對貸方來說是安全選擇。

日子一久，其他不那麼嚴謹的放款人也開始加入住宅貸款的行列。獨立房貸掮客可以建議客戶和**任何**一家銀行借款，行業中的佼佼者更是以隨時掌握哪間銀行的利率最優惠而聞名。

有些放款機構專門開發借款資格達不到大銀行標準的客戶。條件較差的借款人被歸類為次級，他們或許信用分數不高、自備款很少，或是收入偏低。這是一個小眾市場，只有幾間公司提供服務。因為這些次級借款人無法獲得優質貸款，而且客戶違約的風險也比較高，放款機構通常溢價收費。

多數大型有信譽的銀行不會去碰次級貸款。這種東西太混亂，違約率也太高，完全不符合公司的避險模型。

自二〇〇〇年代初期，保守放款變得過時陳舊，積極冒險成了主流。謹慎把關遭寬鬆（最後甚至是不負責任）的放款標準取代。很快地，產業裡大半人口都拋棄了過去表現優異的傳統房貸，改做各式亂七八糟的貸款。

在銀行業新時代，「貸款來證券化」（lend to securitize）成了業界標準運作流程，也正式拉開了次級房貸機器攻擊美國郊區的序幕。

只要你會呼吸，就可以貸款

二十世紀後半，銀行業最大的改變之一，是非存款類抵押貸款發起者（nondepository mortgage originator）的興起。這些放款公司通常設立在加州，透過一大群獨立掮客來推銷產品。他們在二〇〇〇年代早期如雨後春筍般大量出現。這種公司是次級浮動利率房貸的主要銷售者。

這些公司和傳統銀行不同。他們缺乏客戶存款的資金基礎，用的是自己的種子資金，因此一旦資金用罄就無法再發放任何貸款。為了做更多生意，必須把手上的貸款從資產負債表移除，並且交換新的資金。因此，唯一的選擇就是盡快把已經承貸的貸款賣出。這些公司找到位於華爾街的買主，後者非常願意為了證券化，買下所有貸款。

華爾街為了證券化，對貸款的需求大增，於是貸款發起者完全放棄放款標準。只要你會呼吸，就可以貸款！最棒的例子發生在加州。安東尼・夏（Anthony Ha）在《霍利斯特自由撰稿報》（*Hollister Free Lance*）的報導提到，年薪一萬四千美元的草莓採收工人拉米瑞斯，竟然可以貸款購買價值七十二萬美元的房子。[1]

這真是最可怕的例子。任何對房貸業有些許經驗的人都會告訴你，在那段房市泡沫期，放款標準根本形同虛設。這和傳統銀行的做法是天壤之別。對銀行來說，房屋貸款是可靠安全的放款方式。除了少數例外，銀行的放款標準始終嚴謹。傳統儲蓄銀行承貸一筆房屋貸款，是決心持有這筆貸款直到期滿，十五到三十年不等。儲蓄銀行沒有賣掉房貸的壓力。確保貸款不會在期限內違約不僅僅是獲利關鍵，也是銀行存續關鍵。

新興的「貸款來證券化」房貸發起者可不走這一套。在我們所知的多項錯誤薪酬制度中有一點是，掮客薪水取決於貸款量而不是貸款品質。此外，他們也不需要找到能持續還款三十年的客戶，貸款人只要在貸款證券化完成之前不要違約就好了。因此，新興發起者的標準和傳統放款機構天差地別。兜售房屋貸款的公司向華爾街買家保證，這些貸款絕對不會在九十天內違約，這已經足以讓買家把貸款重新包裝成RMBS再賣出。

放款標準發生劇烈變化。

過去，放款人必須確定借款人能償還為期三十年的貸款。銀行核准貸款後，會持有到屋主還清款項或售出房屋為止。如果違約了，就算是二十年之後，受害的也是最初放款人（房貸發起者）。有些貸款被證券化，但比例很小。正因如此，借款人的還款能力是銀行決定是否放款的基礎。

近幾年的房市泡沫（更正確的說是信用泡沫）現象，是巨大的典範移轉。房貸發起者不再需要找到有能力背負三十年債務的人，只要能撐過三個月就沒事了。天啊，基本上每個人都能滿足這項條件！

光是上面這點就足以引發災難。然而，更大的原因是整個產業的管理鬆散，甚至某些方面根本沒人在管。大約在二〇〇五年左右，房貸放款機構成了詐騙交易所。[2]

許多明知申請人非常容易違約，卻仍然販售這些貸款的猥瑣房貸掮客跟發起者，絕對是孔子所警告的小人。而承貸這些貸款的銀行也好不到哪裡去。

房地產業的詐欺手法

房地產業始終存在小部分詐欺行為。但在二〇〇二年到二〇〇七年的房市泡沫期，詐欺簡直無所不在。下面這些詐欺行為助長了房市泡沫的膨脹，也帶來更嚴重的破滅代價：

- **估價詐欺**：在以前，刻意哄抬房地產估價沒有任何好處。但隨著房貸掮客崛起，其中很多人和房屋仲介合作，抬高房地產估價突然大受歡迎。很多估價師發現自己的估價越浮誇，生意反而越好。有些估價師甚至每次都可以估出房仲給出的價格，這對房地產價格大幅飆高有莫大影響。
- 二〇〇五年，超過八千名估價師（約為總執業人口的一〇％）向聯邦政府請願，希望遏止這股歪風。但是國會和白宮都默不吭聲，放任這猖獗的詐欺繼續蔓延。[3]

• **介紹詐欺**：估價詐欺的共犯還有房貸掮客跟房地產仲介，雙方都會別有居心地向借款人推薦會給出漂亮估價的估價師。這些人是共犯，因為有收錢、協助，教唆真正詐欺行為。一切所做所為都是為了個人私利。畢竟，房價越高，買賣越多次就賺得越多。

• **申請詐欺**：貸款申請書通常由房貸掮客、而非申請人自己填寫，已經是公開的祕密。經常聽到「這些欄位空著就好，我們會處理。」嫻熟的掮客知道怎麼符合各家銀行的貸款核准標準。明知掮客伎倆但選擇睜一隻眼閉一隻眼的銀行，並沒有減輕這種行為的犯罪程度。

• **貸款詐欺**：任何在房貸申請書上填寫不實資訊的人，都犯了詐欺罪。借款人為了拿到貸款而誇大自己的資產、收入，或是省略債務、借款等都是詐欺。歸根結柢，積極避免任何欺瞞是放款人的責任。而放款人這麼樂意放水過關，正是這個時代如此畸形的因素之一。

• **掠奪性放款**：有許多放款人花言巧語欺騙借款人接受有害條款。近年來最常見的版本，就是把浮動利率貸款講成是三十年固定利率貸款。還有房貸掮客替符合優質房貸跟次優級房貸的申請人，申請比較貴的次級房貸，就為了賺取更多佣金。

次級房貸中，有很大比例含有某種形式的掠奪性放款行為。本文撰寫時，FBI已經逮捕了將近一千名犯下相關詐欺罪的罪犯。

- **建商優惠詐欺**：隨著房屋的價值下滑，許多建商開始打起優惠措施的主意。二〇〇八年八月時，FBI正在調查，從未告知借款人優惠資訊的案件（意即，建商假造不實售價）。

產業裡偶爾出現假報表，可能是潛在問題。一旦假報表成了常態，那就是系統性詐欺。

走捷徑，圖方便，賺高利

為了證券化而發起貸款的那些銀行發現，原先的人工流程，也就是不同員工一一審核文件的速度，跟不上源源不絕的貸款需求。所以他們做了和其他產業一樣的決定：自動化。

超低利率帶動了房貸需求，但是電腦評估軟體這項新技術，才真的大幅增加了貸款處理數量。電腦取代了過去的人腦判斷流程。

華爾街為了ＭＢＳ所經營的無限供應生產線，催化了綑綁貸款的需求。不斷上升的房價甚至讓一些信用風險不良的產品拖了好幾年還沒違約。這些因素導致二〇〇二年到二〇〇七年房地產銷售量衝上雲霄，還有隨之而來的ＭＢＳ發行量暴增。這是一個惡性、自我實現的循環，但只要房地產業持續成長就還是有高利可圖。

農夫常說要把握機會，「趁著陽光曬稻草」。銀行家看見市場對房貸的源源不絕的渴求，就知道該是曬稻草的時候了。

自動化系統的確造成不良信用風險快速過關，但真正讓銀行大舉承貸了更多不良貸款的原因，是銀行的異常隨便和違反內規。雖然難以想像，但很多文件竟然省略了聯邦政府強制要求的借款內容揭露聲明（Truth-in-Lending Disclosure Statement）。少了正當的聲明，房貸就沒有保障，也就是說銀行不再擁有抵押房地產的第一留置權。

綜觀整個美國房屋貸款業，走捷徑圖方便已經成了官方政策。比方說，大家一窩蜂地發起、處理，然後證券化房屋貸款，但是還款能力完全不在考慮之中。貸款放給ＦＩＣＯ信用分數低的人，而且也接受非常高的貸款價值比（loan-to-value ratios，LTV），然而申請文件通常內容七零八落。有一種全新類別貸款順勢出現：無文件貸款。今天我們稱這種貸款為「騙子貸款」，這得完全歸功於只關心佣金的房貸掮客，鼓勵借款人在做無文件貸款申請時，提供不實資訊。

問題貸款

隨著證券化越來越受歡迎，房貸發起者開始推出一個比一個新奇的貸款方案。葛林斯潘曾經讚美這是「創新」。但我們很快就發現，這些只不過是讓買房者盡量多借錢的詭計，完全不顧借方還款能力，只為了賺取最高佣金。掠奪性放款就是在形容其中最糟糕的貸款方案。

貸款種類

三十年固定利率：傳統型房貸。固定利率，沒有暗藏玄機。

2／28 浮動利率（2/28 ARM）：前兩年固定優惠利率的浮動利率房貸。兩年期一到，房貸利率會重設，最高甚至會到優惠利率再加上三%。2／28 房貸通常會吸引FICO信用分數低且收入不高的次級借款人。由於前二十四個月的繳付金額刻意調低，借款人常常會借更多。銷售人員的話術是：「先買能買到的最好房子，重設期限到之前重貸就好了。」

只付利息：因為沒有償還本金，房貸支付額大幅降低。

二胎房貸（piggyback loan）：這種貸款允許借款人除了原先的房貸之外，另外做房屋淨值貸款當自備款。

逆向攤還：每個月貸款的未償還金額越來越高。

騙子貸款：不需要收入查證就能辦理。

「無自備款」：對自備款零要求的房貸。

高貸款成數比：能夠貸到房屋淨值一二〇%的房貸，傳統房貸最多只能貸到八〇%。

忍者貸款（NINJA loan）：不須收入、工作，或者資產也能辦理。

提到房貸業在房市狂潮裡的可笑角色，最令人震驚的例子之一，應該是摩根大通的內部備忘錄，標題為〈Zippy 作弊撇步〉。Zippy 是摩根大通貸款自動處理軟體的名字。備忘錄內容是在指導貸款承辦員如何「騙過」公司的系統。裡頭有一些「實用步驟」（變通手法）能讓問題貸款申請通過：

Zippy 作弊撇步

如果系統出現「轉件」（refer），或者**沒有**找到任何收入明細／資產明細……別怕！Zippy 可以調整（稍稍而已）。

下次使用 Zippy 時試試以下步驟，你可能會得到想要的結果！文件的下拉選項永遠都要選「替代文件」（ALTERNATE DOCS）。

借款人（們）一定要有七〇〇分中等信用分數。

首次購屋者則需要七二〇分。

絕對不能有破產或違約紀錄，一次都不行！不管是什麼時候！

受薪借款人一定要在現職兩年以上。

自雇者一定要保持營運兩年以上（以經營執照為準）。

不能有非同住的共同借款人。

最高LTV／CLTV（綜合貸款價值比）之比為一〇〇％。

試試下列有用小撇步來得到聲明收入／聲明資產（Stated Income / Stated Asset Mortgage，SISA，按：貸方同意借款人提供的收入和資產數據，無需任何文件證明）結果……

一、在你的一〇〇三收入欄，請務必將收入總額當成本薪。不要分開列成加班費、佣金，或獎金。

二、不能有餽贈金（gift funds）。如果你的借款人獲得任何餽贈，請加到其他資產的銀行帳號。千萬不可以在一〇〇三的任何欄位提到餽贈金。

三、如果你沒有得到ＳＩＳＡ結果，試著略調高收入金額，然後重新送出。調高五百美元看看能否得出你想要的結果。資產部分也同樣操作。

超級簡單！試試看吧！如果卡住，打給我……我很樂意幫忙！

譚米・理西（Tammy Lish）

(503)307-7079

Tammy.d.lish@chase.com

請容許我指出，這可不是什麼名不見經傳的小機構，而是摩根大通銀行。這份內部備忘錄最後傳到了《奧勒岡人報》（*Oregonian*）的記者曼寧（Jeff Manning）手裡，成了〈大通房貸備忘錄鼓吹「作弊撇步」〉（Chase Mortgage Memo Pushes 'Cheats & Tricks'）這篇報導的根據。[4]

理西後來因為外洩備忘錄，遭到摩根大通開除。在那之前，這份只在公司內部流傳。

信貸危機的震央

房貸發起者的無差別放款法助長了房市泡沫。房屋不動產屬於長期資產類別，並不算真的泡沫。當然，房地產的確是充滿泡泡，而且加州、南佛羅里達、亞利桑那，和拉斯維加斯等地泡沫大得發亮。但真正的泡沫其實是信用貸款。根據凱斯—席勒房價指數（Case-Shiller index），二〇〇九年第一季，美國全國房價向下修正了大約二五%。

然而，信用貸款絕對是大崩盤。

風暴核心是次級貸款，尤其那些非銀行房貸發起者。後者放款給不合格借款人，轉售給衍生性金融商品市場，最後則促成了災難：房市災難、次級房貸災難，還有MBS災難。這就是信貸危機的震央。

這部分對放款的影響有多大呢？根據美國抵押貸款銀行協會（Mortgage Bankers Association），二〇〇四年，2／28浮動利率占了所有新貸款金額將近四六%，件數上則占了總貸款案量的三分之一。在二〇〇三年，這兩項數據分別是二九%跟一九%。到了二〇〇四年，每五宗房屋貸款就有一筆是次級貸款，而十年前這比例是十分之一。

為什麼利率在五十年來最低點，卻有這麼多浮動利率的貸款？唯一可能的解釋，就是為了販售更多且金額更高的貸款。不管是否合適，至少前兩年的優惠利率，能夠保證借款人不會違約，讓那些轉賣的貸款能安全度過違約就需要賠錢給客戶的保證期。這就是整個次級房貸產業的主要目的。

備受推崇的瑞士信貸第一波士頓（Credit Suisse First Boston）房地產分析師澤爾曼（Ivy Zelman），早在二〇〇六年就注意到以下的房市荒謬亂象：

- 二〇〇五年，有三二．六％的新房貸案和房屋淨值貸款是只支付利息，這種貸款的比例在二〇〇〇年只有〇．六％。
- 二〇〇五年的首次購屋者中，有四三％沒有任何自備款。
- 到了二〇〇六年，二〇〇五年購屋者中有一五．二％欠下的貸款，比房屋價值多出至少一〇％（負淨值）。
- 所有身負房貸的屋主中，有一〇％屋主的房子已經沒有任何淨值可用（零淨值）。
- 一共有二．七兆美元的貸款，預計將在二〇〇六年和二〇〇七年調高利率。

那些說服自己先申請浮動利率貸款來買大房子，之後再以更高房價來重貸（或裝修增值）的借款人呢？他們只是在自欺欺人，買下財務上根本無力負擔的房子。

房屋掮客是重貸的頭號粉絲。那些其實沒有能力負擔房貸的買家，是他們潛在的未來客戶。只要房價不斷上漲，你永遠都能提領多出來的淨值，來支付每個月短缺的房貸月付額。靠佣金生活的房屋仲介，加上靠佣金生活的房貸掮客，都很愛提醒仍然在猶豫的買家，等得越久房價只會越高。**最好是在下一波漲幅來臨前進場！**

毫無意外，這些就是第一批違約的貸款。次級浮動利率房貸成了所有類型房貸中，違約率最高的房貸，違約率高到不成比例。次貸違約不僅沒有像柏南克和鮑爾森（和其他所謂專家們）在二〇〇七年所宣稱的「獲得控制」，反而引起了波及全球金融體系的連鎖反應。

而房貸好戲，才正要開鑼而已。

插曲

華爾街備忘錄：致幕後功臣山姆大叔

致：華盛頓特區
來自：華爾街
主旨：信用危機

親愛的特區：

天啊，華爾街被我們搞得天翻地覆。房利美和房地美遭接收管理，投資銀行哀鴻遍野，ＡＩＧ國有化。非常感謝您送上的全新上兆美元紓困方案。

我們華爾街不由得感到自己也該承擔部分罪名，像是過度使用槓桿工具、沒有保持充裕資金、從事魯莽的投機操作，而且還推出新的複雜衍生性金融商品。我們為了眼前利益，犧牲永續性。我們不只慢慢腐蝕自己的公司，也破壞了金融產業，徹底攪亂全球經濟。而且，我們還有巨額紅利獎金。

但是，有件新鮮事要與您分享：沒有您，我們永遠不會有這份成就。我們或許是一群狂漢，但您才是促成關鍵。您的立法、執行，還有行政決定讓一切變得可能。少了您的治國無方，我們的輕狂魯莽也不能發揮到極致。

這份備忘錄記載了您過去幫忙創造這場危機的行動簡史。

一九九七年：一九九六年聯邦準備系統主席葛林斯潘知名的「非理性繁榮」演說似乎被，呃，葛林斯潘自己給忘了。聯準會錯失了調整融資保證金的機會。如果聯準會當時採取行動，泡沫不至於膨脹到如此規模，之後的崩盤也不會這麼嚴重。

一九九八年：ＬＴＣＭ的資金不足，而且利用大量槓桿購買各種鮮少被交易、難以估價的名目商品。最後公司垮台，在聯邦準備系統的淫威之下，一群銀行聯手端出了私部門紓困計畫。如果這些銀行當時承受ＬＴＣＭ帶來的重大損失，或許日後會在跳入同樣資金不足、槓桿過度、鮮少交易、難以估價的商品前三思而後行。結果，他們只是證明了前英國首相迪斯雷利（Benjamin Disraeli）的名言：「我們從歷史學到的教訓就是，人類從不記取教訓。」

一九九九年：《金融服務現代化法》（Financial Services Modernization Act）廢除了《格拉斯—史蒂格勒法案》對華爾街證券業者兼營商業銀行的限制，於是這兩個產業，加上保險業，再度開始合併。銀行變得更大、更笨重，也更難管理。很顯然，銀行雖然有了更高的資金水位，風險控管卻更不可能。

二〇〇〇年：《商品期貨現代化法》將「利率、貨幣價格、股票指數」等金融性商品定義為「除外商品」（excluded commodities），可以在商品期貨交易委員會（Commodity Futures Trading Commission）的最低監管下進行期貨買賣。無論是SEC、聯準會，或任何州保險管理機構，都沒有辦法監督或管理避險基金、投資銀行、保險公司承銷CDS。

二〇〇一年到二〇〇三年：葛林斯潘聯準會把聯邦資金利率調降到一%。由於沉浸在通貨膨脹不是問題的錯誤想法中，聯準會維持了超過一年的一%超低利率。這導致房市急遽惡性通脹，還產生一群急著尋找配息的固定收益經理人。

二〇〇三年到二〇〇七年：聯邦準備系統完全沒有執行本身對銀行、房貸承貸人，和其他放款機構的監督管理權力，放任它們不顧就業紀錄、收入、自備款、信用評分、資產、房產貸款價值比，和償債能力等審核標準。借款人的還款能力不再重要，放款人是否能證券化並重新包裝成其他商品才是關鍵。

二〇〇四年：SEC免除了關於槓桿的規定。在此之前，經紀自營商（broker-dealer）淨資本規則規定，券商的負債淨資本比最高為十二比一。二〇〇四年規定免除後，部分券商的槓桿比例可以更高。只有五間公司獲得豁免：高盛、美林、雷曼兄弟、貝爾斯登，和摩根士丹利。他們的槓桿比很快就上升到二十、三十，甚至四十比一。

二〇〇五年到二〇〇七年：無恥的住宅估價師發現估價灌水的話生意更好。別管房產的真正價值，案子就會源源不絕。灌水估價幫借款人以不切實際的價格取得貸款。當誠信估價師向國會和主管單位請願處理猖獗的詐欺亂象，沒有任何政府單位採取行動。

其實可以寫入備忘錄的內容還很多。我們可以提到美國聯邦住宅企業監督局（Office of Federal Housing Enterprise Oversight）對房利美和房地美的監管多麼無能、對信用評等機構的粗心忽視、伯斯金委員會（Boskin Commission）對通貨膨脹該怎麼測量花招百出、葛林斯潘賣權等，族繁不及備載。

我們可以提到，前聯準會理事葛雷林奇曾經警告貸款給無法負擔者的現象，而且曾說過失控的次級房貸產業將造成房市和信用市場的問題。但葛雷林奇對上的這位聯準會主席顯然深信市場會自我約束（葛雷林奇於二〇〇七年逝世，三個月後房市泡沫開始破滅）。

我們華爾街不否認自己也有責任，像是創造了這些證券商品、給它們AAA評等，而且在不了解商品的情況下大肆買賣。現在這些商品一文不值，我們也幾乎讓美國同意從我們手上接下這筆爛帳。

感謝您華盛頓特區，沒有您，我們不會有今天的成就。

華爾街　謹啟

第11章

搭建危機的鬆綁舞台

那些期待放款機構會為了自身利益而保護股東手中股票的人，包括我在內，都驚訝地難以置信。

——葛林斯潘，參議院聽證會，二〇〇八年十月二十二日

美國如何邁向紓困之國並非一個人的功勞。沒錯，葛林斯潘占了故事很大篇幅，而且不只以一種方式。但還是要有許多角色的不負責任和偏差理念，才能創造出籠罩全球經濟的巨型災難。美國總統、參議員、SEC主席、財政部長，還有所有眾議員全都有份。

綜覽當代美國法規史，我們能看出美國是從哪一步踏上了歧路，還有這些錯誤決策的

後果。

二次大戰後，世界正在重新回復常軌。馬歇爾計畫旨在幫助重建歐洲，日本則成為便宜的工業製造生產地。數百萬美國大兵回到了充滿機會的家園。歸國老兵享有《退伍軍人權利法案》（GI Bill）的優惠，包括免費就讀大學或職業學校，以及用來購屋或創業的低成本貸款。剛起步的郊區成長也貢獻了部分經濟活動。美國經濟蒸蒸日上，並且帶領世界踏上一段快速成長期。

成長過程中，政府的官僚體系也不斷擴張。戰後二十年，對美國企業來說，遵守政府監管成了非常複雜、耗時又昂貴的事情。一九六〇年代晚期，許多規定和法條成了做生意最大的成本。政客很快就捕捉到降低法規要求的需要，圍繞此主題的政治競賽就此展開。

雷根總統是法規鬆綁的狂熱擁護者。從很多方面來看，雷根可說是當代激進鬆綁運動的精神之父。起初，鬆綁的對象是昂貴繁瑣的法規，但沒多久，所有的法規都被視為邪惡力量。這一派的看法是，政府不是解決之道，而是萬惡之源。雷根曾說過一句名言：「英文裡最可怕的九個字就是『我代表政府前來幫忙。』」到最後這一派思潮的目標不僅是減少法律規範，還要縮減政府規模。

當然，這一切都是在銀行體系全面瓦解，山姆大叔忙著開出上兆美元支票之前。今天，最可怕的一句話比較像是「我有一間高度槓桿、不受管制，握有大把衍生性金融商品的金融機構。」

暫且不提後話。自由市場學派的中堅分子希望能拿掉官僚系統監督決策的權力，改以市場的「殘酷效率」代之。這種對市場一廂情願的理想看法，幼稚地以錯誤的市場效率和人類理性為前提。

最後，鬆綁成了最終目的而不是手段。除了原先預定要消滅的昂貴迂迴法規，現在連有效且必要的保障都被移除了。僵化意識形態取代了務實決策精神。

接下來數十年間，美國從過度管理演變成一個鬆散到近乎荒謬的經濟體。合理對抗政府過度干預的良好初衷，快速演變成各種非理性的極端行徑，所有的監督管理都被視為可疑分子。

尤其是監管商業和投資銀行的法規。比方說，柯林頓總統任內通過多項移除政府監管的關鍵法案。此外，大蕭條時期的重要法案也都遭到廢除。

柯林頓至少還是位相信政府、也相信市場的南方民主黨員，小布希總統則更上一層樓。小布希和柯林頓一樣相信市場，但是提到政府他可就意興闌珊。在他任內幾位重要行政官的任命只能說是了無新意，包括ＳＥＣ主席、財政部長，還有最惡名昭彰的聯邦緊急事件管理局（Federal Emergency Management Agency，FEMA）。

於是，美國從大蕭條後期的積極管理變身成粗心怠惰，醞釀成災的可能性頓時放大。

可以說，這波大規模理念和法規的轉型運動，替未來金融危機搭建了舞台。

問題不受控的罪魁禍首

第一宗重大法規改變發生在一九九九年，大蕭條時期著名的《格拉斯—史蒂格勒法案》遭到廢除。《GLB法案》（Gramm-Leach-Bliley Act，也就是《金融服務現代化法》）廢除了銀行控股公司不得持有其他金融機構的規定。於是，保險公司、銀行、券商可以合併成巨大的金融中心。如果沒有《GLB法案》，花旗不會演化成如今的脫韁巨獸。

少了《格拉斯—史蒂格勒法案》的箝制，唯利是圖的銀行開始拓展各式各樣的承銷業務：不光是IPO和債券發行，還有包括CDO跟CDS等結構型金融商品。

重點在於規模。在新的寬鬆環境下，銀行和承銷商得以快速成長為龐然大物，大變得龐大，龐大變得超巨大。手握太多業務、運用太多槓桿、冒了太多風險的銀行根本大到無法有效管理。用紓困術語來說，是大到不能倒，但在實際運作上，這些公司也大到無法順利運轉。這麼大規模的公司要管理所有單位，並且控制所有風險，根本不可能。曾經一度保守避險的銀行，現在卻成了巨型狂野的避險基金，災難勢必到來。

更重要的是，銀行開始採行「自食其果」獎勵制度。以短期財務目標為主的紅利制度成為銀行主流。有了每月績效獎金和年度認股選擇權獎勵，結果便是拼命追求快速交易利潤的偏差經營模式。

這種思維對投資銀行招攬生意和風險管理的方針影響甚鉅。就像許多上市公司一樣，銀行越來越注重眼前表現。華爾街行話「完成這一季」（making the quarter），代表要排除萬難達成你的季度利潤數字，不擇手段。獎勵和股東利益錯誤地綑綁在一塊，高風險短期績效反而獲得巨額的分紅獎勵。不出所料，長遠的企業永續性遭到破壞。

但短利主義也只是整道方程式的一個環節，另一個大問題是這些公司內部風險管理的變化。和公開上市企業不同，合夥人公司的股東需要替合夥團隊裡每位成員的行為，負起**個人責任**。如果某位合夥人或員工造成公司損失一兆美元，所有合夥人都得一起扛下這筆債務。可想而知，這種制度下的公司會小心翼翼地控制風險。沒有什麼能比隨便一位合夥人都能讓大家破產這種可能性，更能集中眾人心力了。拉扎德兄弟投資公司（Lazard Freres）和KKR集團（Kohlberg Kravis Roberts）等合夥人公司，沒有出現和貝爾斯登及雷曼兄弟一樣的風險管理失敗，絕非偶然（拉扎德兄弟投資公司在二〇〇五年公開上市，不過踏入信貸泡沫的時機太晚，影響不大）。

儲蓄銀行的管理方式**應該**是限制風險。這些銀行握有大眾的存款帳戶（像是支票和儲蓄戶頭），然後利用後者的錢向企業及個人提供信用。聯邦存款保險公司擔保這些存款不受損失，而且堅持（我認為頗為合理）這些錢不能魯莽處理。投資銀行則恰恰相反，它們**本來就該**擁抱風險，其營運模式主要仰賴風險較大的投機性行為，像是交易和併購、準備公司上市，或是管理很有可能虧錢的投資。

廢除《格拉斯─史蒂格勒法案》沒有造成危機，只不過是讓後面的崩盤更慘烈、更深，也更昂貴。衝破雲霄的紓困成本有部分原因是，原本只發生在高風險投資銀行區塊的破壞，擴散到避險的商業（儲蓄）銀行區塊。《格拉斯─史蒂格勒法案》在一九三三年通過**正是為了預防這種事情發生**。廢除該法後，商業銀行可以營運投資銀行單位。最後風險譜兩端都塞滿了花花綠綠的垃圾金融商品。如果《格拉斯─史蒂格勒法案》仍然有效，銀行就沒有從券商購入這些垃圾的機會。

這也意味著發生在投資銀行的金融大屠殺，不再隔離於商業銀行之外。因此，發生在花旗和其他銀行的恐怖財務傷害，都可以直接追究到《GLB法案》。《格拉斯─史蒂格勒法案》的廢除，極有可能是美國歷史上成本最高的法案廢除事件。

《GLB法案》或許不是這場禍事的近因，但絕對是整體問題無法「受控」的罪魁禍首。

造成史上最大破產潮的法案

衍生性金融商品交易量快速成長帶來了「巨型災難風險」……對一國經濟而言，衍生性金融商品是金融毀滅性武器，不僅僅傷害買賣雙方，還有整個經濟體系。

——巴菲特，波克夏海瑟威二〇〇二年度報告

允許銀行和券商合併只是信用危機的原因之一。《格拉斯—史蒂格勒法案》廢除後，國會在次年通過了《商品期貨現代化法》。這項立法放任CDS等衍生性金融商品，長成龐大不受管理的影子保險產業。AIG、雷曼兄弟，還有貝爾斯登所遭受的可怕損失都源於這項法案。

《格拉斯—史蒂格勒法案》或許布置了上菜餐桌，《商品期貨現代化法》則是酒裡的毒藥。

《商品期貨現代化法》移除了衍生性金融商品和CDS所受到的**所有國家與聯邦監管**。公司不需要像販售保單一樣準備保證金。也不需要任何稽核，所以交易雙方無法確認對方是否能按照CDS內容付款。而且整個市場沒有中央結算機構，沒人知道市場裡到底有多少CDS或者誰持有這些商品。直到最近，這些衍生性金融商品的美元總值仍屬未

知。

自從危機爆發以來，我們針對各家紓困銀行持有的衍生性合約價值做了些合理評估。在《商品期貨現代化法》通過前，不受監督的CDS大概在一千億美元以內，算是尚可控制的範圍。到了二〇〇八年，這些合約成長到超過五十兆美元。這麼說吧，合約總值相當於美國GDP的四倍。

無論在國會或是在華爾街，葛林斯潘多次「強烈反對監督衍生性金融商品」。[1]二〇〇三年，葛林斯潘告訴參議院銀行委員會：

> 多年來我們從市場中觀察到的是，衍生性金融商品是很有用的工具，能將風險從不應該承擔的那方轉移到有能力、也有意願承擔的對象。我們認為深入管理相關合約會是個錯誤。[2]

評論家持續警告衍生性金融商品問題長達數年，但葛林斯潘完全不為所動。二〇〇八年，財經記者古德曼（Peter Goodman）深入檢視葛林斯潘的遺澤。他在《紐約時報》寫到「一次又一次，葛林斯潘先生這位被親切稱呼為先知、受人景仰的人物，不斷宣稱市場本身能處理風險。」[3]前聯準會理事、任教於普林斯頓大學的經濟學家布林德（Alan S.

Blinder）則沒這麼寬容，「在我眼裡他就是衍生性金融商品的萬年啦啦隊。」[4]

為什麼老葛這麼反對監督衍生性金融商品？前SEC主席勒維特（Arthur Levitt）認為，這是對政府的根本蔑視。從雷根到葛林斯潘到柯林頓到小布希，意識形態從政府轉移到市場，這就是其中一部分。

安隆漏洞

《商品期貨現代化法》是私人企業透過強勢遊說及裙帶關係，來主導政府政策的最嚴重示範之一。該法案於二〇〇〇年十二月十五日提出，剛好是聖誕假期休會前最後一天。法案從來不曾在眾議院或參議院辯論，而且還故意以附加形式，放在一份長達一萬一千頁的綜合預算法案中，由（當時的）跛腳鴨總統柯林頓，於二〇〇〇年十二月二十一日簽署通過。

但這只是故事的一半。

在所有靠著《商品期貨現代化法》掙脫聯邦管轄的場外衍生性金融商品中，包含了能源期貨。該法案也包括「安隆公司主張的內容，讓公司在電子原物料市場的能源交易大幅規避法規，像是曾經大受歡迎的安隆線上（Enron Online）。」[5]

後來這被稱為「安隆漏洞」，目的是要幫助這間休士頓公司成為能源期貨交易的主要玩家，因為安隆相信這項業務的潛在獲利，遠比實際生產能源大得多。

《商品期貨現代化法》的主要擁護者之一，是德州參議員菲爾．葛蘭姆（Phil Gramm），他的妻子溫蒂．葛蘭姆博士（Dr. Wendy Gramm）是安隆董事會成員之一。溫蒂在擔任商品期貨交易委員會主席時，放鬆了部分對安隆的監管，然後在一九九二年加入安隆董事會。

根據美國非營利消費者保護組織「公共公民」（Public Citizen）資料：[6]

- 安隆自一九九三年到二〇〇一年支付給葛蘭姆博士的薪水、出席費、認股選擇權還有股利，總共介於九十一萬五千美元到一百八十五萬美元之間。溫蒂．葛蘭姆的安隆認股選擇權，從一九九五年的一萬五千美元，暴漲到二〇〇〇年的五十萬美元。
- 一九九八年十二月，就在她的律師告知安隆公司，溫蒂手上的股票可能和她丈夫職務有利益衝突的幾天之前，溫蒂賣出了價值二十七萬六千九百一十二元的安隆股票。
- 除此之外，一九九九年和二〇〇〇年，安隆共花了三百四十五萬美元，來遊說政府解除對能源期貨的監管。

二〇〇二年，安隆內部文件揭露公司協助起草《商品期貨現代化法》。參議員葛蘭姆隨後宣稱，他不是在法案內插入「安隆漏洞」的人。「但是當商品期貨現代化措施（包括安隆條款）送到參議院時，葛蘭姆先生主導了整個辯論，呼籲其他參議員通過這項法案。」《紐約時報》如此報導。[7]

經歷了二〇〇二、二〇〇三、二〇〇六年三次失敗後，國會終於在二〇〇八年關上了安隆漏洞。在通過的《農業法案》（Farm Bill）中加入修正案，將能源期貨交易合約納入商品期貨交易委員會的監管範圍，「採用和其他期貨交易相同，比方說紐約商品期貨交易所的關鍵標準（『核心原則』），來預防價格操縱和過度投機」。[8]

雖然安隆弊案早在二〇〇八年之前就被揭穿，但該公司在華盛頓仍有一群掌權的朋友。國會必須推翻總統的否決權才能通過該法案，彌補漏洞。

《商品期貨現代化法》法案通過後不久，一群觀察家就提出警告。前摩根士丹利衍生性金融商品交易員（現任加州大學柏克萊分校的法律教授）帕特諾伊（Frank Partnoy），在一九九七年出版了著作《血戰華爾街》（*F.I.A.S.C.O.*）。二〇〇〇年，他提到《商品期貨現代化法》時這麼說：

新法案在交換市場的第二個影響不那麼直接，但仍然令人憂心。該法案中止了對於交換交易是否該納入管理的爭論，清楚規定只要交易公司或個人有一千萬美元以上的資產，就不用受到監管。這表示大部分公司和共同基金的交換行為將不會受到監管。但只有極少數投資人了解交換是什麼，而且市場上幾乎沒有關於特定交換交易的公開資訊。相反地，期貨交易是在交易所進行，投資人可以在報紙的金融版面，找到期貨的收盤價格。[9]

即使是帕特諾伊未卜先知的恐懼，也無法準確預測這項法案造成的結果有多麼毀天滅地。金融末日到來的可能性高到荒謬（見下頁的圖11.1）。在《商品期貨現代化法》許可下，不受法律約束、不受監管、不用保證金的衍生性金融商品交易，就是美國史上最大破產潮的罪魁禍首。它造就出的怪物擊垮了數間重要公司。

首先是貝爾斯登，二〇〇八年三月垮台。貝爾斯登手中握有的衍生性金融商品，估計有九兆美元。據傳，其中摩根大通就占了貝爾斯登暴險額的四〇%，導致很多人開玩笑地猜測，這是摩根大通買下貝爾斯登的原因。

雷曼兄弟也有一本厚厚的衍生性金融商品帳，二〇〇八年破產時，其手中衍生性金融商品估計約在兩兆到四兆美元之間。雷曼倒台在CDS市場引發了好幾波震盪。

雷曼破產後不久，世界最大保險公司AIG也步上後塵。AIG在二〇〇八年十月被

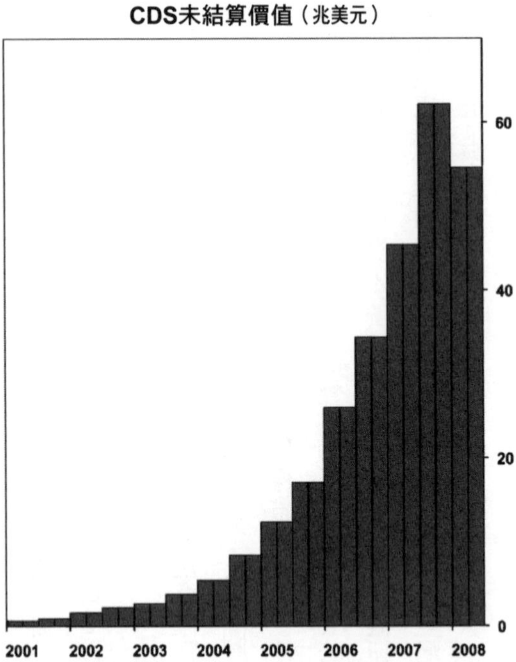

圖11.1　CDS未結算價值

資料來源：國際交換暨衍生性金融商品協會（International Swaps and Derivatives Association）。

財政部和聯準會收歸國有（換得公司七九．九%股份）。這筆六百八十億美元的紓困案，只不過是四筆美國政府紓困案的第一筆。截至二〇〇九年三月，總紓困額已達一千七百五十億美元。

接下來登場的是單一險種保險公司：Ambac、金融擔保保險公司（Financial Guaranty Insurance Company）和MBIA保險公司。這些公司曾經是高利潤、低風險的地方政府債券發行公司，但它們的生意在開始經營衍生性金融商品之後，就萎縮了。Ambac 失去了原本市占率的九九%。MBIA稍微好一點，但交易量遠遠不到過去兩百五十億美元的巔峰表現。奇異和黑石（Blackstone）曾經一度持有部分股份的金融擔保保險公司，則早就放棄了公開上市的希望。

《商品期貨現代化法》背後的邏輯是（其實比較像宗教信仰），追求自利且理性的市場參與者，不會置自己或所屬公司於危險之中。也就是，沒有人會故意從事自我毀滅的魯莽行為。市場效率奇佳，人們很理智（不會感情用事），而且金融機構和市場能自我約束。理論上，亞當．斯密那隻看不見的手會阻止最糟糕的衝動行為。

然而，現實世界並非如此運作。絕對理性的人類和絕對有效的市場，只存在於經濟學教科書中。事實上，這種想法根本是徹頭徹尾的鬼話。薪酬制度可能和股東利益脫鉤，眼前利益通常勝過長久永續性。複雜性經常被忽略，而大家對風險往往是一知半解。

法規鬆綁的狂熱者並不了解，我們不是要約束市場，而是要約束在市場活動的人。人必須知道哪些是可接受的正當行為。若缺乏規則和指導，人類會行為失據，尤其是牽扯到大量金錢的時候。

針對那些決策錯誤的公司，市場自我調節的方式就是殲滅它們。然而，所謂自我調節市場能防止錯誤決策出現的前提，從一開始就大錯特錯，市場只會殘酷地懲罰那些犯下風險管理錯誤的公司。但是提前預防？人類還沒那麼聰明。

市場會自我調節的理念聽起來像是個冷笑話：兩個經濟學家走在校園。年輕的那位指出地上有張二十美元鈔票，「胡說。」資深的終身職教授說：「如果地上真的有二十美元，早就被人撿走了。」

但兩位經濟學家的故事有一點和自我調節市場大大不同：冷笑話不會毀滅經濟。

鬆綁、豁免與淪陷

過去六個月已經能非常清楚地看出，自主管理是行不通的。

——考克斯（Christopher Cox），前SEC主席，二〇〇八年九月二十六日

市場參與者除了並非永遠理性之外，還常常做出有損自身利益的行為。

舉個我最情有獨鍾的例子：為確保華爾街公司們維持足夠的資金水位，SEC採取所謂的「淨資本規則」。從一九七五年到二〇〇四年，這是防止投資銀行槓桿過度的主要工具。這條規定限制舉債和淨資本的比例不得超過十二比一，也就是每一塊錢資本最多只能借十二塊。

大體來說，這條規定很有效。金融機構維持所需要的流動性，銀行危機也鮮少出現。但銀行家大力鼓吹一套較為寬鬆的槓桿規定。他們對SEC抱怨現有的嚴格規定成本太高了。在他們看來，這些規定限制了報酬率。放鬆淨資本規則就能做更高的槓桿，當然也能賺進更多錢。當然，風險也會上升，而且是大幅上升。但是，「嘿，我們可是菁英中的菁英，沒問題。」

至少，投資銀行如是說。

二〇〇四年，高盛、美林、雷曼兄弟、貝爾斯登，和摩根士丹利這五家最大的投資銀行得償所願。在高盛執行長鮑爾森（未來的財政部長兼紓困王）主導下，SEC默許這五家機構（而且只有它們）特殊豁免。在當時，這項新政策被（諷刺地）稱為「貝爾斯登規定」。這些市值超過五十億美元的公司，不再受到十二比一的淨資本規則限制。

豁免一通過，五家大公司的超級天才們立刻把槓桿比例提升到三十、三十五，甚至是四十比一。你沒看錯，在長達三十年的有效風險管理後，一有機會這些人就竭盡所能拉高槓桿。

由此可知，二〇〇八年和二〇〇九年的金融悲劇並非不幸的意外，而是SEC有意允許這些企業，合法地違反過去數十年限制經紀自營商維持在十二比一的負債淨資本比規則。事實就是這麼難以置信。

前SEC交易暨市場部主管，同時也是一九七五年淨資本規則初版執筆人之一的皮卡德（Lee A. Pickard）在《美國銀行家》（*American Bankers*）發表的文章中寫道：

SEC的初始淨資本規則，在捍衛證券市場金融誠信和保護客戶資產方面，有亮眼的成績，是聯邦金融監管主要成就之一。過去三十三年以來，鮮少出現經紀自營商被清算的情況，更沒有任何顧客或中介商因為經紀自營商破產而蒙受損失。

二〇〇四年，SEC採行另一套辦法，實質上擁有五十億美元以上資產的經紀自營商（像是貝爾斯登），可以避開對證券部位的縮減，以及淨資本規則對債務的限制。新的淨資本方案反而大幅仰賴公司內部的風險管控系統、數學計價模型、風險值模型，還有SEC的緊密監督。[10]

在拉丁文裡，我們說這是 Res ipsa loquitur——「事實不證自明」。五家被豁免的券商全數淪陷，不復以往。因為貝爾斯登規定，貝爾斯登第一個陣亡。雷曼兄弟成為美國史上金額最大的破產案。美林在垂死邊緣掙扎，急急忙忙將自己賤價賣給美國銀行。摩根士丹利和高盛則收到聯準會的資金挹注，而且必須改變營業性質為商業銀行，因為這樣才容易拿到更多政府紓困金。

指望追求自身利益的個人和企業，不要做出衝動且不負責任的行為，只不過是拿股東、納稅人、員工的血汗錢，來養肥這些公司的高階經理人而已。

還真是個好主意！

反監管信念

之前提到的新「貸款來證券化」房貸發起者，屬於幾項美國法規的綜合管轄範圍，他們應該由聯邦準備系統監督管理。

只不過從未發生。

聯準會主席葛林斯潘**堅定**地不理睬這群新房貸製造者。這又是自由市場信念蒙蔽葛林斯潘認清現實的另一件例子。聯邦準備系統的義務之一，是監督銀行業和放款體系。然而，聯準會主席不認為這些放款人需要任何監督。別忘了，他相信市場力量會讓這群放款人自我約束。

聯準會不僅沒有對放款標準採取任何行動，葛林斯潘甚至還大加讚頌這件事。二〇〇五年時他這麼說：

> 創新帶來了另一層級的新產品，像是次級貸款和給移民者的特殊信貸方案……憑著這些技術進步，放款人充分利用信用評分模型和其他技巧，將信用貸款有效推展到更廣泛的顧客光譜……那些曾經被拒絕貸款的邊緣客戶，放款人現在能夠十分有效地評估個別申請人的風險，並且給出和風險對應的價格。這些進步帶來次級抵押貸款的快速成長……培養出既可以回應市場需求，又對客戶有幫助的建設性創新。[11]

過去有些人申請不到貸款有個原因：他們根本負擔不起想買的房子。任何忽視借款人還款能力的房貸結構體系注定失敗。

葛林斯潘在二〇〇四年二月針對浮動利率好處的鼓勵言論，是另一則悲傷故事（也是淒慘的錯誤判斷）。

「放款機構提供了傳統固定利率房貸以外更好的房貸產品，對美國客戶應該是利多。」葛林斯潘在全國信用聯盟協會（Credit Union National Association）的演講中說：「對於擔心還款額暴增，但還是願意承擔利率風險的家庭而言，傳統固定利率房貸可能是比較昂貴的購屋方式。」[12]

值此同時，儲蓄機構監理局前局長吉勒朗（James Gilleran）對著一堆法案文件高舉電鋸，象徵他的機關將替所有儲蓄機構（也就是儲貸危機主角）「簡化繁複程序」，而這些儲蓄銀行都大量從事房貸放款業務。「我們的目標是允許儲蓄銀行在不受法規干擾的情況下，享有更大程度的運作自由。」[13]吉勒朗在二〇〇四年一場演講說道。

葛林斯潘和吉勒朗並沒有違法。他們是怠忽職守，故意不執行法定義務或責任。連FBI都介入這場鬆綁行動。二〇〇四年，FBI警告「房貸詐欺增加速度之快，一場金融犯罪『流行病』可能會形成下一波『儲貸危機』。」隨後，FBI（！）在二〇〇七年和美國抵押貸款銀行協會建立「策略聯盟」，後者是印地麥克銀行和全國金融公司等（當時）業界主要成員的同業公會。[14]

完全是，請鬼拿藥單。

仔細研究這些放款機構後，可以看出它們對風險的狂熱。對傳統銀行業最致命的顛覆，就是員工的報酬是按照貸款數量，而非品質。此外，在第十章已經提過，銀行也不需要篩選能夠按時繳款三十年的買家，只要借款人在證券化過程完成前別違約就行了。

放款標準發生難以想像的巨大改變。那麼聯邦政府的銀行監管人對這波典範轉移的看法為何？答案是，各大政府單位什麼也沒做，就算FBI已經在二〇〇四年，對房貸詐騙的氾濫提出警告。[15]

毫無意外地，廢除放款標準，還有之後高達數兆美元的支付款調整額，導致房貸違約率高到破表。截至二〇〇八年十二月，所有房貸屋主中竟然有一〇%拖欠款項，而二〇〇七年只有七・三%。根據美國抵押貸款銀行協會，如果只看次級貸款借款人，拖欠率則是三三%（在美國，七〇%的房產有抵押貸款）。

可悲的是，這一切其實都可以避免。前聯準會理事葛雷林奇是次級貸款市場專家，而且在二〇〇〇年代初期開始，就對掠奪式放款越來越憂心。他二〇〇七年的著作《次級房貸》（*Subprime Mortgages*），就是針對貸款對信用、房市，和整體經濟的危險提出預言式警告。

二〇〇七年，《華爾街日報》報導葛林雷奇「說他在二〇〇〇年左右，（掠奪式放款）逐漸成為隱憂時，曾向葛林斯潘提議，請聯準會利用其裁量權，派遣審查員到隸屬聯準會管轄的銀行控股企業的消金放款單位。」[16]

「我希望聯準會擔起（嚴加取締）領導責任。」二〇〇五年自聯準會退休的葛雷林奇，在二〇〇七年去世不久前告訴《華爾街日報》。該報導寫道，「因為明白這個主張和葛林斯潘眾所皆知的鬆綁理念相衝突，葛雷林區選擇私下提出，而不是當著全體理事面前。」[17]

如果葛林斯潘能注意到葛雷林奇的警告就好了，但他反而全面駁回。正如我們所見，這成了葛林斯潘的一大敗筆。

幸好柏南克還算聰明，知道要在馬全跑光了之後把廄門關上。二〇〇七年十二月，柏南克逆轉了前任主席的反監管信念：

聯邦準備系統知道貸款放款人積極地出售欺騙性貸款給無力負擔的借款人，因此週二提出一套廣泛針對有毒房貸和低信用者高成本貸款的限制措施。新規定要求房屋貸款機構證明顧客確實能負擔貸款。放款人必須清楚揭露通常掩藏在利息款項的銷售費用，而且禁止使用特定類型廣告。如果違反新規定，借款人可以對放款機構提出告訴，不過購屋者只能要求有限金額的賠償。[18]

啊，又回到只放款給「確實能負擔貸款的人」。多麼古老又美好的主意！

第12章 埋下風暴的種子

壞經濟學家和好經濟學家只有一個分別：壞經濟學家只看得見眼前的效果；好經濟學家則除了顯而易見的效果外，還能預見必要的未來影響。

——巴斯夏（Frédéric Bastiat），十九世紀法國經濟學家[1]

人類種種努力的最大風險之一就是，無論立意多麼良善的舉動，都會產生意想不到的後果。尤其是政府介入其中的時候。

歷史上，政府行動（或者不行動）都有難以預測的影響，立法、賦稅政策，還有特別是紓困案都是如此。回應某特定公司或產業需求的立法，經常對產業造成難以估算的傷害。政府成了**豬隊友**雖然聽來諷刺，卻是事實。

對紓困之國而言，這是值得深思的重要議題，尤其政府已經開出好幾張鉅額支票的現在。我們的集體行動和失職都會給未來世代留下沉重包袱，而且經常是出奇不意的現身。

為了用實際例子來解釋意外後果如何在多年之後浮現，我們先看看兩個和當前金融危機完全無關的立法行動。

一九九六年《電訊傳播改革法案》（Telecommunications Reform Act），修改了一九三四年《傳播法案》（Communications Act）並且刪除了媒體擁有權的限制。此舉造成大量媒體合併，尤其是廣播電台。一九九六年法案實施前，廣播公司全國最多只能擁有四十個頻道。法案實施後，約有一萬家廣播電台被收購或合併。

其中最大的買家是清晰頻道通信（Clear Channel Communications），併購了超過一千兩百家電台。他們開除了ＤＪ、節目經理、音樂導演等當地人才，然後很多電台的內容都是由德州中央播音室提供的同一份歌單。就好像即食料理包，用便宜的填充物來取代美味但高價的食材，然後希望沒人發現。

這套策略成功了一陣子。清晰頻道變得很賺錢。營業成本相當於小型電台，但聽眾則是小電台的百倍不只。

然後……聽眾消失了。他們甚至沒有改聽其他頻道，而是直接捨棄了廣播。問問電台主管廣播電台的商品賣的是什麼，大多數都會回答「廣告」。其實不對，電台真正賣的是**廣告聽眾**。當聽動發現自己吃的是調理包而不是新鮮食材，馬上換個地方覓食。隨著衛星電台、iPod、線上串流音樂等等加入市場，傳統音樂電台經營模式受到很大的打擊。然而，很大原因是來自產業自己的要求。

清晰頻道股價曾經一度超過七十美元，市值將近四百億美元，現在股價只剩個位數。業務範圍只剩下戶外廣告，市值不超過十億美元。

下一個例子是一九九五年《證券訴訟改革法》（Private Securities Litigation Reform Act）。這項法案原本的用意，是劃除上市公司聞之變色的集體訴訟案。但法案中藏了一項不起眼的法條，排除了其他協助證券詐欺單位的「連帶責任」。這項改變造成重大後果，它移除了每季稽核上市公司的會計師的詐欺法律責任。

你猜猜會計師不用負詐欺責任之後會發生什麼事？**會計詐欺出現爆炸性成長**！一九九○年代晚期到二○○○年代早期的會計醜聞，都可以直接追溯到這條小小的修正法。安隆垮台也是，最後導致安達信會計（Arthur Andersen）關門大吉。我們或許也可以把之後《沙賓法案》的制定歸因到同一條修正法上，當然《沙賓法案》本身也有各種的意外後果。歸根結柢這些都是產業自己提出的要求。

俗諺有云：**小心許願，你可能會得償所願**。

金融風暴的祖先

目前的財政部紓困案和聯邦準備系統救援計畫的後果可能要好幾年，甚至幾十年後才會浮現。這些紓困案的意外後果在暗處默默潰爛，慢慢醞釀著反擊。

原來，多件不同的歷史事件都對美國金融體系大解體有貢獻。俗話說「成功有許多父親，失敗則是名孤兒。」我們就來做點基因檢測，和能不能找出這場金融風暴的祖先是誰。

有一條最詭異的連結筆直通往伯斯金委員會，後者是一九九五年由參議院指定人選，負責檢視消費者物價指數（CPI）的委員會，在二〇〇八年貝爾斯登倒台後解散。

當葛林斯潘把利率降到超低水準，他壓根兒不認為這麼做很魯莽。我們將在之後的章節探討自由市場派經濟學家，不斷干預經濟的內在矛盾（可能還有葛林斯潘的內心世界）。聯準會或許對經濟感到驚慌失措，但綜觀葛林斯潘的公開言論就能看出，聯準會主席深信通貨膨脹「受到控制」。他採取自認能復甦經濟的必要舉動。

然而，房價在短時間內上漲了一倍，原油則從二〇〇一年的十六美元低點，暴漲九倍來到一百四十七美元，糧食價格也沖破天際。醫療成本、教育、保險，和其他服務也出現嚴重通貨膨脹。

在二〇〇三年到二〇〇七年這段物價飆升期，CPI、也是官方通貨膨脹指標，幾乎沒有變化。伯斯金委員會是這起低通膨幻象的大功臣。該委員會的計算改革不只改變衡量通膨的購物籃商品，也改變衡量方式。新計算方法允許在商品品質改善時做「特徵調整」：別管價格牌子上怎麼寫，你的車並不是真的變貴了，**是變好了**。

然後還有「替代品」，牛排價格上漲的話，消費者可以用低價的雞肉取代。在錯亂的伯斯金世界中，替代後商品價格維持不變。但在現實世界裡，通貨膨脹已經讓牛排貴得買不下手。

一九九六年，由老布希總統召集，然後柯林頓總統簽屬立法的消費者物價指數研究諮詢委員會（Advisory Commission to Study the Consumer Price Index）得出的結論是，CPI誇大通膨一．一%。藉由替代、特徵調整，和其他聰明的欺瞞手段，伯斯金委員會做出了不實聲明。

這是有史以來最不誠實的通貨膨脹研究發表。政府保管所有統計數據的單位是勞動統計局（Bureau of Labor Statistics）。從一些伯斯金委員會強塞給勞動統計局的荒謬數字就可以看出，這個委員會的主要宗旨根本不是正確計算通貨膨脹。

事實上，伯斯金委員會的目的，是拉低通膨數字來減少社會安全局（Social Security Administration）的生活成本調整額（cost of living adjustment，COLA），和其他政府計畫所需要支付的金額，包括老兵及眷屬的福利。這些支付額都將ＣＰＩ的通貨膨脹納入計算。

因此委員會的目標顯然不是正確衡量通貨膨脹，而是避免財政部破產。政府全額支付的補貼方案（醫療補助、社會安全，還有現在的醫療保險處方藥計畫），一直是美國政治的地雷議題。由於缺乏直接面對的意願或勇氣，兩黨政客通常只是把球遠遠地踢給未來的政客處理（或不處理）。

伯斯金研究的邏輯謬誤本身就能寫一本書，有興趣的話請參閱菲利浦斯（Kevin Phillips）的《壞錢》（*Bad Money*）。如果ＣＰＩ真的從一九九六年起，連續十年每年誇大了一．一%，美國國會預算局（Congressional Budget Office）估計這個錯誤，大概讓二○○六年的聯邦赤字多了一千四百八十億美元，也讓國家債務多了六千九百一十億美元。[2]

結果證明，委任伯斯金委員會的真實代價十分巨大。自從勞動統計局在一九九九年改採伯斯金委員會的建議後，現實世界的通膨和官方ＣＰＩ之間的落差越來越大。這十年來，勞動統計局的資料只顯示小幅通膨，但貨品和服務的價格早已越飆越高。

有一段時間，這份伯斯金方針的ＣＰＩ資料，的確說服了很多經濟學家相信通膨巨獸被有效制伏。但是，很快地，官方資料變成一則笑話。糧食和能源價格飛漲的同時，聯準會仍然堅持通貨膨脹不嚴重。更可笑的是，聯準會認同了通貨膨脹衡量標準：去掉糧食和能源成本的核心ＣＰＩ。

或是按照我的說法，**去掉通膨**的通膨。

當我們否認客觀事實，刻意採用錯誤經濟數據，並且試圖掩蓋一連串混亂與錯誤決策時，會出現什麼狀況？答案是，建立於錯誤認知的政策。由於錯誤數據在一旁敲邊鼓，而且還有官方報告的合法性，「低通膨」論點於是獲得些許信任。最後，社會對通貨膨脹的包庇，導致好幾個大災難。利率被調整到，任何一名認清現實並在乎通膨的中央銀行總裁，都無法接受的程度。

後伯斯金奇幻世界增加了社會對超長期超低利率的容忍度。伯斯金委員會的建議讓勞動統計局數據報告和實際通膨漸行漸遠。不幸地，這種情況反而某種程度掩護了葛林斯潘從二〇〇一年到二〇〇三年把利率大砍到一%的行為。

要是沒有委員會的篡改，葛林斯潘應該很難這麼大幅（並長期地）調降利率。這些超低利率催生了房地產榮景，後者又豢養了ＲＭＢＳ業務。

ＲＭＢＳ市場的龍頭是誰？答案是，貝爾斯登。

很多因素導致信貸危機，但我們可以從伯斯金委員會的愚蠢，直接連結到葛林斯潘的一%聯邦資金利率，到資金湧入衍生性金融商品交易，再到多家金融機構的垮台。貝爾斯登是第一家，卻不會是最後一家。

錯失良機的雷曼兄弟

從伯斯金委員會到貝爾斯登到雷曼兄弟，或許所有奇異連結中，最明顯的就是聯準會一手主導的貝爾斯登救援，對其他投資銀行管理團隊的影響，尤其是雷曼兄弟。成立一百五十八年的雷曼兄弟規模比貝爾斯登大，產品也更多元化，是RMBS市場的第二把交椅。在二〇〇八年三月貝爾斯登紓困案之後，雷曼管理階層或許以為，聯準會和財政部也會在公司陷入危機時伸出援手。

這份盲目信念是一大致命錯誤，或許也導致了最奇怪的後果：雷曼兄弟拒絕了巴菲特的波克夏海瑟威公司所提出的救助方案。直到今天，這依然是紓困年代最大的一場錯失良機。

貝爾斯登垮台後，雷曼執行長傅德（Dick Fuld）接觸了好幾家公司，希望能獲得更多資本。出乎意料地，巴菲特表示願意投資雷曼。一九八七年巴菲特成功地挽救了所羅門兄弟，但那次華爾街經驗非常不愉快。大家都以為除非賤價出售，否則巴菲特不會再持有任何銀行。

傅德的遊說想必讓巴菲特非常滿意。根據《彭博》報導，波克夏海瑟威提出購買殖利率九％的特別股，而且之後可以用當時市價四十．三〇美元轉換成普通股。

巴菲特的條件是比當時其他潛在投資人貴了點，但也等於獲得全球最受歡迎投資人的加持。光是這點或許就能延續雷曼的命脈。

沒想到，傅德拒絕了巴菲特的出價，選擇在四月愚人節當天，公開出售四十億美元的可轉換特別股（七．二五%股息，三二%轉換溢價）。那天購買特別股的人的確是愚人。拒絕了波克夏，這個被《彭博》形容為「美國企業品質保證」的背書，雷曼就此錯失了最佳也最後的生存機會。諷刺的是，巴菲特在雷曼兄弟翻肚後，和高盛協商了更好的條件：五十億美元的投資，利息一〇%。

傅德在二〇〇八年公司提交破產申請前也有其他增資的機會，但是那些交易都沒有實現。比如，雷曼和韓國產業銀行（Korea Development Bank）的交涉備受矚目，卻屢次因價格而破局。[3]

令人不禁懷疑，如果沒有貝爾斯登紓困案，雷曼執行長傅德還會這麼高傲嗎？或許他認定，政府也會給雷曼兄弟和貝爾斯登相同的待遇。

無法無天的灰色保險產業

安隆對能源衍生性金融商品監管豁免的遊說，最後催生了《商品期貨現代化法》。我們現在明白，《商品期貨現代化法》創造了一個無法無天的灰色保險產業。於是所有原本安穩保守的公司，開始操作自己根本不了解的商品。

以債券保險商來說。Ambac、ＭＢＩＡ，和金融擔保保險公司（曾經是奇異／黑石公司）都曾表現出色。這些公司被稱為單一險種公司，因為他們只做一種生意：承保由市政府、州政府，還有地方政府發行的債券。在過去，地方政府債券鮮少違約。州政府和地方政府有權徵稅來支付本金和利息款項，因此幾乎不會違約。有了這些單一險種公司的額外保證，有投保的地方債券信用等級是最高的ＡＡＡ級。支付給單一險種公司的保險費，其實是要為了獲得最高信用等級的「保護費」。高信用評等所能省下的借貸成本，遠勝過政府支付的保險費。

這是門可愛又低風險的生意，違約少而且營收穩定。曾經一度，Ambac是地表上平均員工營收最高的公司。

這種情況顯然令人難以忍受。所以地方政府債券保險商找來了財務工程師，最後決定公司應該加做ＣＤＳ的保險。這種保費遠遠高出那些無聊的地方債券保險！

這些公司原本都習慣了地方債券產業的層層監管和審查。但在結構型商品領域，沒有法規監管這回事，於是所有人都開始脫軌演出。

自二〇〇七年起，Ambac和ＭＢＩＡ的股價就一落千丈，失去超過九〇%的市值。兩家公司都面臨主管機關的調查。從高利潤低風險營生到危機四伏的有毒衍生性金融商品，這故事可以寫一本書。單一險種商（現在是雙險種）損失了上百億美元，而緊接著在二〇〇七年到二〇〇八年信貸危機期間，地方債券市場也是兵荒馬亂。

少了債券保險，州際和地方政府借錢的成本馬上拉高許多。這表示下水道、橋梁、道路、學校、醫院等地方工程的資金成本上升，因此許多建設開始停擺。工程停擺的時間點再糟糕不過，就在經濟衰退開始前不久。

當參議院無異議通過《商品期貨現代化法》，參議員們絕對沒有預見，該法案在短短數年後對地方債券承保和地方政府資金的影響。而這些無人管理的衍生性金融商品，對AIG的影響就更不用說了。

大撒錢，然後把難題踢到未來

一九七一年洛克希德紓困案，直接導致了一九八〇年克萊斯勒的紓困。兩者都以擔保貸款形式獲得資金，而且都被視為不可或缺的產業。

克萊斯勒紓困案之所以對未來有顯著影響，是因為這件事擱置了面對不良聘雇合約的時間，那份一九五〇年代各大車廠和聯合汽車工人工會簽下的合約。克萊斯勒紓困案也沒有處理越來越高的保證退休金和昂貴的健保成本。這份合約最後讓三大車廠在這兩件事上花了上千億美元。克萊斯勒紓困案成功地把難題踢到了後面，於是到了二〇〇八年，通用汽車、克萊斯勒，和福特都步履蹣跚。豐田也因此成為世界最大汽車製造商，全球員工超過三十萬名。

要是一九七九年克萊斯勒沒有獲得紓困，今天底特律車廠們很有可能是全新面貌：聯合汽車工人工會合約、健保和退休規定、公司治理，甚至車款設定和銷售都會大不相同。兩億五千萬美元的洛克希德紓困案，可以奇妙地連結到二〇〇八年到二〇〇九年潛在金額（至少）高達三百四十億美元的通用、福特、克萊斯勒紓困案。

追求超級利潤的信評強權

在第十一章我們探討過，二〇〇四年時針對一九七五年銀行淨資本比規則的豁免，是如何將風險引進華爾街各大機構。但即使是一九七五年的法規本身，號稱「在捍衛證券市場金融誠信和保護客戶資產方面有亮眼的成績」，也埋下了未來紓困案的種子。[4]

原先的淨資本規則寫道，經紀自營商的資產價值，必須根據國家級統計評等組織所給出的信用評等來計算。這條規定給了這些國家級統計評等組織（認定程序迄今仍充滿爭議）至高無上的權力，而且金融證券評等市場馬上呈現兩大龍頭——穆迪和標準普爾，兩強壟斷的局面。（惠譽國際在一九七五年也獲得國家級統計評等組織資格，但始終都像克萊斯勒一樣屈居老三。）

隨著華爾街越來越依賴國家級統計評等組織，後者的權力也越來越大。就像獲得普立茲獎的作家記者佛里曼（Thomas Friedman）在一九九六年的知名發言：

> 在我看來，當今世界上有兩大超級強權。一個是美國，另一個是穆迪債券評等服務。美國可以用炸彈毀滅你，穆迪則是以調降債券評等來毀滅你。相信我，兩者孰強孰弱還很難說。[5]

佛里曼是誇張了點，但也只是一小點。由於穆迪、標準普爾和小對手惠譽國際的權力越來越大，聯邦主管機構開始注意到這件事。

SEC委員阿特金（Paul Atkins）在二〇〇八年的一次演講中說：

> 隨後，國家級統計評等組織的評等，被納入SEC新增規定中，靠著條款 2a-7 而日益壯大，該條款是關於貨幣市場共同基金應該持有哪些資產。條款 2a-7 公告於一九九〇年

代早期，當時有些基金幾乎因為手中高風險證券部位貶值，而違反淨資本規則。新規定則認定，適合貨幣市場基金投資的是**高信用評等債券商品**。（強調部分由筆者所加。）[6]

簡言之，一九七五年問世、立意良好（衡量並限制投資銀行的承受風險）的條款，賦予一小撮信用評等機構超大權力。這些機構成了最後仲裁者，決定共同基金、貨幣市場基金、銀行、券商，還有許多投資人該持有或不該持有什麼資產。「超級強權」還不夠，信用評等機構開始追求「超級利潤」。它們是這場衍生性金融商品狂潮的強力催生者之一。

雖然信評機構在評估安隆信用等級上毫無建樹（直到破產前還是AAA等級），全球投資人仍然因為信評機構的評等，而自欺欺人地相信CDO、CMO、RMBS還有其他有毒證券真的是AAA等級。這些國家級統計評等組織，可是政府指定負責在該領域給出官方認證的機構，所以幾乎沒有人質疑評等過程的真實度。

「你給了這些商品合法性，帶著大家踏入危險的風險之中。」一位任職於富通投資（Fortis Investment）的高層，在二〇〇七年七月給穆迪的一封電子郵件裡如此寫著。[7]

行為帶來後果。否認現實、假造資料、玩弄數字、竄改帳目、不斷宣稱通貨膨脹很溫和，或者假裝有毒資產可以獲得最高等級的信用評等，這些全部都導致再真實不過的結局，無論你有心或無意。

第13章 問題叢生的道德風險

的確，不管多麼微小，聯邦準備系統的參與可能會產生道德風險。但道德風險問題遠遠比不上長期資本（管理公司）突然被迫倒閉，對市場價格造成的嚴重扭曲。

——葛林斯潘[1]

道德風險是什麼？過去一年的紓困裡，一天到晚可以聽見這個詞。在深入討論前，我們先界定一下這個重要詞彙。

道德風險是指「被保護不承受風險的一方，或許做出和完全暴露在風險下不同的行為。像個人或機構不需要承擔自身行為的全部後果時就可能發生，而且行為也更加莽撞，把承擔後果的責任丟給第三方。」[2]

以上是正式定義。布朗寧（E. S. Browning）在《華爾街日報》的文章則講得比較簡單：

> 道德風險是源自保險產業的古老經濟學概念。意思是：如果你過度保護某人不去面對可怕後果，這個人可能會變得更橫衝直撞。比方說，替車子購買昂貴保險的人，可能會因為覺得自己的財務受到保障而超速。[3]

因此，二〇〇八年到二〇〇九年這麼多宗紓困案，的確有道德風險的隱憂，或許會造成將來更多魯莽行為。

想想開頭所引述的葛林斯潘發言，我是在洛溫斯坦的《賭金者》中讀到。請放心，LTCM絕對不像葛林斯潘在救援之後宣稱的，只造成「輕微」道德風險。一九九八年這間避險基金的垮台，還有之後聯準會主導的救援計畫，絕對是歷史上最大、最嚴重的道德風險案例之一。

第六章提到，LTCM大量利用槓桿操作。基金交易員使用複雜的量化策略，借了超過一千億美元來購買交易量低、導致難以估價的資產。整體來說，基金運作高度仰賴全球流動性。

咦，聽起來真有點耳熟。

槓桿、複雜性、低交易量、難以估價、仰賴流動性，一切就像交易之神在嘲笑著那些步上LTCM後塵，然後賠掉上百億美元的經理人。究竟為何沒有從LTCM學到任何教訓？簡直可以聽見大神用宏亮的聲音，半好笑半嫌惡地說：「你要一個徵兆？你們這些笨蛋到底需要多少徵兆？早知道我就不教你的祖先怎麼穿褲子，就連非洲的猩猩都比你們這些白痴聰明。」

至少，這是我的想像。

和葛林斯潘宣稱的恰恰相反，聯邦準備系統的介入不只產生「輕微」道德風險。一九九八年，聯準會策畫的救援根本是無比巨大的道德風險。洛溫斯坦在二〇〇〇年犀利地寫道：

> 如果單獨看LTCM事件，那麼或許聯準會介入是正確的。就好像面對突然間情緒激動的病患，大部分醫生會先開出鎮靜劑。畢竟，崩潰風險近在眼前，成癮風險還有一大段時間。
>
> 但LTCM事件必須以正確角度視之：它並非單一事件，而是一連串政府部門拯救私

人投機企業的最新示範……聯準會的介入的確有限，而且沒有動用到政府的錢。但要不是聯準會在背後運作，銀行們絕對不會攜手合作。少了這股合作力量，LTCM一定會垮。照理來說，銀行和其他機構會因為LTCM垮台而損失更大，但其實不會像某些人說得那麼嚴重。LTCM的暴險部位龐大，但分散到整個華爾街，也算不上什麼毀天滅地的大錢……

允許這種損失發生，才能嚇阻其他個人或機構從事草率的冒險行為。尤其是現在，經過十年繁華和蒸蒸日上的金融市場後，提醒大家愚蠢的代價並非壞事。下一位問題兒童的投資人，會不會因為LTCM垮台時受到保護而鬆懈，誤以為自己可以指望聯準會呢？總的來說，聯準會對LTCM的介入，雖然在一九九八年九月的兵荒馬亂下能夠理解，但實則白白浪費了市場紀律的大好機會。[4]

我們現在已經知道洛溫斯坦那句反問的答案：是的，投資人肯定會指望聯準會。而且我們也知道下一位問題兒童是誰，那就是數不清的房貸債券和它衍生出的CDS。甚至，我們目睹了投資人從二〇〇五年到二〇〇七年，怎麼一步步培養出我稱之「令人吃驚的躊躇滿志」。

可以肯定的是，大型投資銀行管理階層完全沒學到教訓。法規一鬆綁，槓桿程度馬上衝得和LTCM一樣。仔細思考LTCM和當前危機之間驚人的相似之處時，錯失了「矯正（市場）紀律」機會，是當中最令人扼腕的一點。

要是LTCM當時直接倒閉，我們或許可以避免如此嚴重的信用危機、監管無能，和魯莽投機人士。相反地，眼前是一場大型、環環相扣的災難。當中每個環節，從加州斯托克頓（Stockton）的購房到冰島財政解體，每件事都出岔子。

我們還真是會記取教訓。

底特律車廠的道德風險教訓

LTCM不是唯一錯過的道德風險教訓。其他紓困案也持續對未來行為留下長遠、負面的影響，包括了缺乏橫跨不同產業的紀律。

回想一下最早的一九八〇年克萊斯勒紓困案。自此，底特律車廠在美國的市占率從七四%掉到四七%。聯合汽車工人工會也比一九八〇年的一百五十萬人，少了超過三分之二。這是有紓困的結果。如果放任事情自然發展（也就是，政府不干預），情況會比現在差很多嗎？或許這就是二〇〇八年十二月，底特律車廠首次提出紓困要求，而被參議院共和黨拒絕的原因。

最早克萊斯勒紓困案的道德風險，體現在其他車廠的後續行動上，如第四章所述。而打造出更可靠、誘人、省油汽車的動力似乎被遺忘。多年來，講到創新設計和汽車科技就想到日本和德國車廠，價格低廉則漸漸成為韓國車廠的專長。

同一時間，美國三大車廠在紓困案後花了幾十年，還有上億美元，遊說國會。它們不像其他車廠埋首研發創新，而是竭力爭取不受車輛平均油耗標準的規範，或者為了排放標準和州政府訴訟，比方說加州。

身為愛車人士，我能斬釘截鐵地說，通用汽車自一九五〇年代以來，每一款儀表板都醜到慘不忍睹（只除了一九六〇年代早期的 Corvettes，但那是特別專案）。這幾十年來，底特律車廠最大的傑作，就是讓休旅車排除在各種安全和油耗標準規範之外。豐田汽車難道不應該大敗通用汽車，並且榮登美國汽車市場龍頭寶座嗎？要說美國非金融企業裡最**應該**破產的公司，絕對是通用汽車無誤。

大筆金錢帶來腐敗墮落

政府大舉介入還有另一個問題：大筆金錢總是帶來腐敗。問題資產紓困計畫這塊肥肉就是可恥的證明。該計畫由美國支持率最低之國會所通過，一如既往地令人汗顏。光是看著問題資產紓困計畫，就令人開始懷念人頭稅背後的智慧，重新思考對民主制度的信任。

當車商紓困案在參議院敗陣下來，白宮說政府可能會由問題資產紓困計畫提供通用、福特、克萊斯勒緊急貸款。嗯，這麼一想，車廠的確是「問題資產」，但這根本不在當初國會通過七千億美元緊急基金的規畫之內。[5]

大筆金錢勢必會帶來破壞與墮落。紓困還有另一項缺點：吸引一堆水蛭和禿鷹，通常以遊說形式，想要分一塊盤子上的肥肉。

我們甚至還沒有提到那些因為紓困成本過高、而被排擠的其他有益項目。

師承華爾衛的生錢魔法

既然政府已經花了一大筆納稅人的錢，來替華爾街所謂的菁英收拾爛攤子，其他新施政計畫能分配的預算寥寥無幾。其中一項是全國健康保險。民調顯示絕大多數美國人支持這項計畫。這是歐巴馬總統在競選時的主要訴求之一。

其實，別擔心沒錢支付健保。有個簡單辦法能保證全美國男女老幼都能享有健康保險。師承華爾街的財務工程師，從頭到尾兼具華爾街魔法和衍生性金融商品幻術的簡單七步驟：

一、成立一間資本雄厚的大型避險基金，大概五十億美元就好。

二、基金的宗旨要寫明是「藉由低效率市場及美國健保體系間套利操作，來追求獲利機會」。記得加入標準社會意識語言，像是「誠懇實在，行善不倦」等字眼。

三、發行基金，然後馬上拉高槓桿比例。目前的輿論方向或許無法做到五十比一，但十或二十比一應該沒問題。

四、用資金承保名目價值大約三兆美元的ＣＤＳ。這些ＣＤＳ的保費大概會有總值的一〇％到一五％。

五、把收到的現金保費，大概三千五百億美元，全數投入國內基金。以此購買全美國公民的健康保險。

六、寄出存證信函給ＣＤＳ的交易對手，宣稱有鑑於當前不樂觀的信用條件，你手中的ＣＤＳ將面臨違約。務必提到很大部分的ＣＤＳ是由摩根大通和花旗集團持有，另外大概有一兆美元ＣＤＳ是在中國和日本手上，剩下的則屬於其他主權基金。

七、發布新聞稿宣布「系統風險」。告訴財政部和聯準會主席，你的基金如果垮台將重創世界經濟。申請紓困。

恭喜！全國健康保險的資金到手！

舉凡替代能源研究、學校補助、火星任務、全球暖化，或者是飛彈防禦系統，任何重大政府計畫都只要重複以上七步驟。

假以時日，這就是所有政府預算項目的募資管道。

利潤屬於投機者，風險納稅人扛

道德風險的另一危險之處，是投資人誤認為大家長聯準會永遠都會出手救人。好幾間知名基金和投資人的行為就是證明。二〇〇七年和二〇〇八年，他們在金融產業押了重注。有些是購買老字號、創辦人名聲赫赫的投資銀行；有些則縱身房貸產業，購買專精於承貸、發起，或證券化的公司；還有些是趁銀行股價看似便宜時加碼進場。

原本以為的划算買賣結果代價昂貴，損失沒有最大只有更大。表13.1裡共約五百七十三億美元的大筆投資中，到了二〇〇八年十二月，一群應該相當精明的國際投資人總共虧掉約七五％。

作者按：本書付梓時，虧損還未結束，似乎越演越烈。

表 13.1　這些人是「投資專家」

投資人	投資標的	投資額（日期）	虧損*（%）
多人（股票發售）	雷曼兄弟	40億美元（2008年4月）	40億美元（100%）
華平創投（Warburg Pincus）	MBIA	10億美元（2007年12月）	8億3,600萬美元（84%）
中信證券（Citic Securities）	貝爾斯登	10億美元（2007年10月）	9億2,500萬美元（93%）
劉易斯（Joseph Lewis）	貝爾斯登	12億美元（2007年）	11億美元（91%）
城堡投資集團（Citadel）	E*Trade	25億5,000萬美元（2007年11月）	21億7,000萬美元（85%）
多人（FDIC擔保債券發售）	美聯銀行	60億美元（2008年12月）	45億美元（75%）†
新加坡政府投資公司（GIC）	UBS	97億5,000萬美元（2007年12月）	77億美元（79%）
美國銀行	全國金融公司	20億美元（2007年8月）	14億8,000萬美元（74%）
韓國投資公司（KIC）／科威特投資局（KIA）／瑞穗銀行（Mizuho Bank）	美林	66億美元（2008年1月）	29億美元（45%）
阿布達比	花旗集團	75億美元（2007年8月）	67億4,000萬美元（89%）
中國投資有限責任公司（CIC）	摩根士丹利	50億美元（2007年12月）	26億美元（52%）
淡馬錫控股公司（Temasek Holdings）	美林	44億美元（2007年12月）	17億美元（40%）
戴維斯（Christopher Davis）	美林	12億美元（2007年12月）	4億7,500萬美元（40%）
多人（股票及債券發售）	Ambac	30億美元（2008年2月）	27億美元（90%）
美國銀行	全國金融公司	21億美元（2008年1月）	6億2,600萬美元（30%）

*2009 年 3 月資料。

† 富國銀行以每股 7 美元收購美聯銀行，交易額為 154 億美元。

注：美國銀行在 500 億美元純股票交易中，以每股 29 美元收購美林。

資料來源：公開報告、雅虎財經。

聰明又經驗豐富的投資人怎麼會押錯寶呢？這可不是單純的選股缺失而導致「有贏有輸」。這和投資人能否看懂複雜財報、評估金融槓桿，或確認交易對手風險的能力無關。這些投資損失並非因為公司營業模式面臨意外的總體經濟挑戰。

不是的，這些投資人的問題是某種信心錯置。這又是另一個當投資人相信政府會伸出援手的風險。這些基金經理人犯了基本錯誤，將信心寄託在美利堅合眾國的中央銀行上。起初是受到聯準會鼓舞，再來是財政部，曾經身經百戰的交易員輕率進入美國金融產業，完全無視早已清楚不過的風險。

最後才發現是非常昂貴的錯誤。

是的，聯準會介入金融市場更有趣的面向，就是對某些大型投資者的心理影響。

這是道德風險的另一個後果。由於看似準備拯救市場和投機者，中央銀行反而鼓勵了其他市場成員採取更投機行為。聯準會干預所造成的錯誤信心，讓為數不少的基金走上毀滅之路。本來應該做出更佳投資判斷的單位卻抱持錯誤信心，只不過是道德風險的面向之一。

這些誤導人的救援動作鼓勵了更魯莽更冒險的行為，於是金融體系反而更不穩定（見頁238的圖13.1）。整個過程中，利潤永遠屬於投機者，風險則由納稅人來揹。

二〇〇八年證明了投資專家其實沒有專業到哪裡去。某位交易員寫給同事的電子郵件很妥切地形容了整起事件：「這比我第一次離婚還恐怖。我的財產少了一半，但是老婆還在。」

這就是華爾街臨死前的幽默，郵件在交易員流傳開來。不過這又是完全不同的道德風險了。

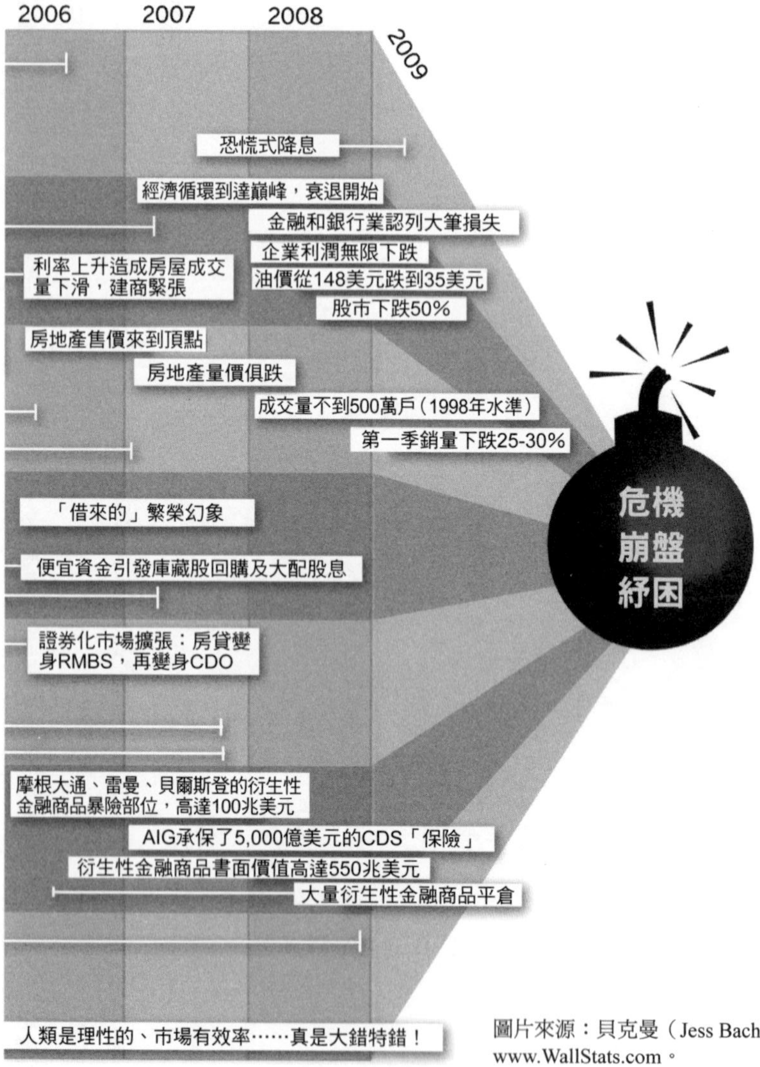

圖片來源：貝克曼（Jess Bachman），www.WallStats.com。

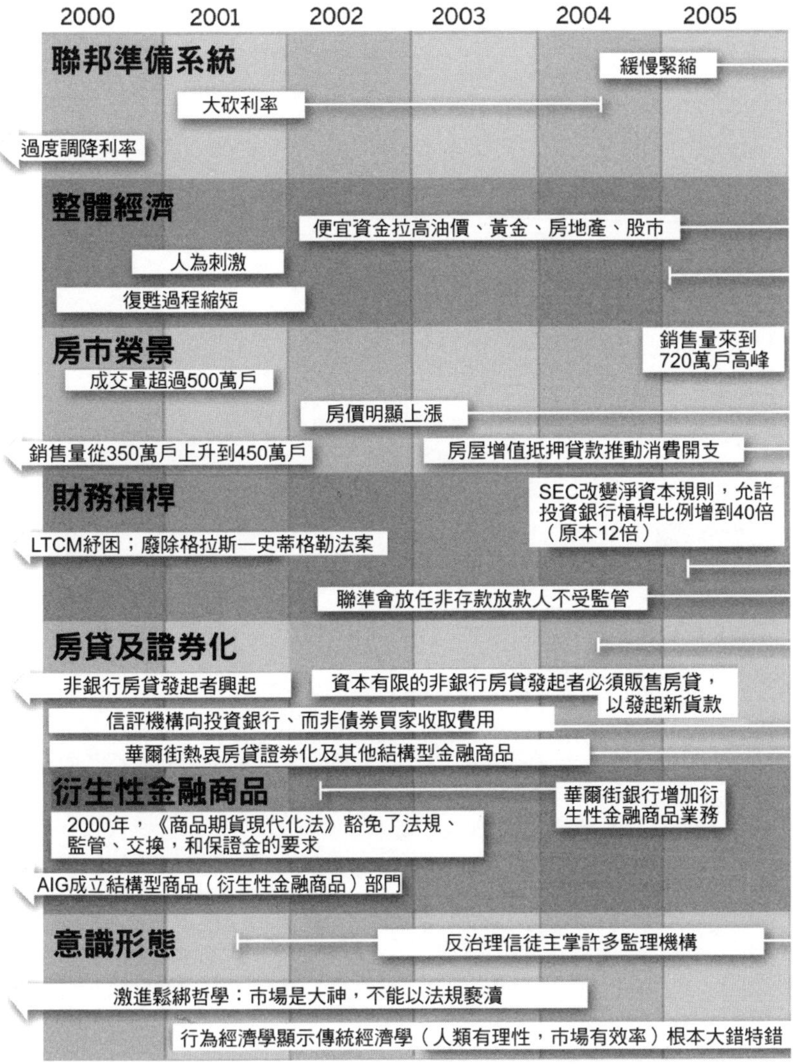
2000
2001
2002
2003
2004
2005
聯邦準備系統
緩慢緊縮
大砍利率
過度調降利率
整體經濟
便宜資金拉高油價、黃金、房地產、股市
人為刺激
復甦過程縮短
房市榮景
銷售量來到
720萬戶高峰
成交量超過500萬戶
房價明顯上漲
銷售量從350萬戶上升到450萬戶
房屋增值抵押貸款推動消費開支
財務槓桿
SEC改變淨資本規則，允許
投資銀行槓桿比例增到40倍
（原本12倍）
LTCM紓困；廢除格拉斯—史蒂格勒法案
聯準會放任非存款放款人不受監管
房貸及證券化
非銀行房貸發起者興起
資本有限的非銀行房貸發起者必須販售房貸，
以發起新貸款
信評機構向投資銀行、而非債券買家收取費用
華爾街熱衷房貸證券化及其他結構型金融商品
衍生性金融商品
華爾街銀行增加衍
生性金融商品業務
2000年，《商品期貨現代化法》豁免了法規、
監管、交換，和保證金的要求
AIG成立結構型商品（衍生性金融商品）部門
意識形態
反治理信徒主掌許多監理機構
激進鬆綁哲學：市場是大神，不能以法規褻瀆
行為經濟學顯示傳統經濟學（人類有理性，市場有效率）根本大錯特錯

圖13.1　危機解剖圖

第四部

風暴來襲

這場危機的面貌持續改變。
由於全球股市大跌跟殖利率驟減，
危機演變成華爾街的接連破產。
最後，危機又變成美國乃至全球經濟衰退。
隨著政府猶豫不決，盲目嘗試，
紓困金額越來越高，
然後，越來越高。

第14章
民主自殺

記住，民主從來不長久。很快就會自暴自棄，自我扼殺。歷史上還沒有不自殺的民主。

——亞當斯（John Adams），美國開國元勳之一

曾經徹底貫徹獨立精神的美國，到底怎麼變成了紓困之國？

起初適中的政府干預和立法支持，很快演變成隱性企業福利；曾經無法想像的事情，慢慢成為決策者眼中比較不糟糕的選項。長期下來的後果便是無聲無息，充斥著道德風險的父權主義。

早期紓困案的辯論語言和中心思想，不管是一九七一年洛克希德案或一九八〇年克萊斯勒案，都和二〇〇八年的問題資產紓困計畫辯論大相逕庭。歷史上，以市場力量為基礎的經濟體是否該允許紓困，一向是正反兩方你來我往的戰場，最大癥結是考量紓困所造成的未來負面影響。但二〇〇八年的紓困討論只是造成民眾恐慌，鮮少碰觸實質議題。立法者拿到一堆「相信我就對了」文件，卻幾乎沒有審閱機會。「投下贊成票，否則整個金融體系將陷入前所未有的絕境」是行政團隊的態度。

這股哲學轉折是怎麼發生的？紓困相關的政治、經濟、金融分析等思潮，自一九七〇年代出現劇烈變化。諷刺的是，這也是政治開始朝右翼發展的年代。自雷根在一九八〇年當選總統，共和黨人慢慢接掌了多數聯邦和州政府職務。一九八〇年到二〇〇八年間，共和黨在七次總統選舉中贏了五次。國會從一九九四年到二〇〇六年都在共和黨控制之中。你或許以為保守派總統搭配上右傾國會，應該會一次又一次大聲對紓困說不。

很抱歉讓你失望了：問題資產紓困計畫，以及二〇〇八年各項紓困案包括貝爾斯登、房利美、房地美、花旗、美林、美國銀行、ＡＩＧ集團等等，全都發生在保守共和黨執政期間。

或許重點不是政治觀點而是執政風格。兩任小布希政權中，共和黨遵守（或許過度遵守）政治顧問羅夫（Karl Rove）的教條。羅夫哲學的確幫助小布希執政，但也扼殺了重大議題的辯論。太多政黨集體思考跟太少獨立思維，很可能就是社會保守派成為保守社會派的原因。

生死存亡之際不會有無神論者，金融系統崩潰時也不見自由市場資本派的蹤影。

忙著掏出支票簿的山姆大叔

當美國第五大投資銀行貝爾斯登陷入困境，很多聯準會觀察家認為它還不算「大到不能倒」。大家對「貝爾斯登的問題不會影響到市場整體運作」深信不疑。但隨著貝爾斯登危機越演越烈，聯邦準備系統（在專精大蕭條時期的學者領導下）和財政部（在前高盛執行長領導下）似乎對這麼多的創造性破壞近在眼前，越來越**不舒服**。

比起不舒服，或許「**驚恐**」能更貼切形容柏南克和鮑爾森的反應。

二〇〇八年三月，貝爾斯登被井然有序地清算（說「救援」太過美化）。由於財政部長鮑爾森擔心會有道德風險，貝爾斯登最初售價設定在每股兩美元。因為股東極度不滿，最後貝爾斯登以每股十美元賣給了摩根大通。公司債持有人權益未受損。為了完成交易，聯準會和財政部挹注了兩百九十億美元填補虧損。

貝爾斯登到底是不是「大到不能倒」，仍然是這則故事中未有定論的問題。貝爾斯登和摩根大通集團的關係匪淺，謠傳貝爾斯登九兆美元的衍生性金融商品暴險部位中，摩根大通就占了四〇%。貝爾斯登破產會嚴重打擊到摩根大通，而後者從各方面來說都是大到不能倒。我所見過針對貝爾斯登為何馬上獲得拯救的最佳解釋就是，避免貝爾斯登的衍生性金融商品爛帳，拖累到摩根大通集團。

自此展開了長達十二個月，一樁接著一樁由納稅人買單的紓困之年。

下一位是政府贊助企業。房地美和房利美為何在二〇〇八年九月七日獲得紓困，原因還很難說。破產絕對不是原因。前任聖路易聯邦準備銀行總裁普爾（William Poole）在二〇〇八年七月就說過，這兩家企業多年來帳面上都是破產狀態。[1]也不是因為現金流，政府贊助企業通常都會有足以應付八到十二個月的營運資本。還是因為選舉即將來到？替下一任總統解決一項政治難題？左右房貸申請率？這些解釋都出現過，也都令人質疑。

再來，雷曼兄弟。這家公司不算大到不能倒，但雷曼二〇〇八年九月十四日的破產倒是讓美林成了驚弓之鳥，很快投入守候以久的美國銀行懷抱中。雖然好奇，但我們永遠無法得知美林算不算大到不能倒。更重要的是，雷曼的垮台影響了影子銀行體系的大量CDS，其中AIG就承保了上千億美元。所以造成雷曼破產的原因也引發AIG危機，並且助長美國貨幣市場基金「基本準備基金」（Reserve Primary Fund）跌破帳面價值。

很快地，山姆大叔又開始忙著掏出支票簿。

紓困的主要考量不再只有規模和相互關聯。額外押注（side bet），像是針對雷曼債務的CDS交易，也成了考量之一。

貝爾斯登不能倒是因為會傷害到摩根大通。雷曼可以倒，但沒有人想讓AIG獨自承受後果。與其等花旗集團出問題，財政部提前部署，在貨幣銀行巨人遇到難關前出手相助。

看出任何模式了嗎？我也沒有。

一次紓困一間銀行效果不彰，於是二〇〇八年十月十四日，美國財政部挹注一千兩百五十億美元到全美九家最大銀行，還有一千兩百五十億美元則是到其他較小間銀行。紓困設計人是否利用其他銀行做掩護，遮掩政府想幫助花旗集團的企圖？或許花旗處境比外界以為的危險。藉著國會批准備受爭議的七千億美元問題資產紓困計畫（又是國會的另一樁光榮事蹟。原先被眾議院否決的案子，不但在華爾街驚慌失措後通過，而且還多加了一千五百億美元），鮑爾森向銀行提出「無法拒絕的條件」。只要看過《教父》或《黑道家族》（*The Sopranos*）應該都知道，這表示有人強迫你收下根本不想或者不需要的錢。

除了在十月收到的兩百五十億美元，主管單位認定花旗需要更多錢，還有更多保障。雖然看似莫名其妙，美國政府在二〇〇八年十一月二十四日又給了花旗另外兩百億美元。這還沒完。山姆大叔針對花旗名下的問題房貸、商業貸款、次級債券、低評等公司債等等提供了三千零六十億美元的保證。

為什麼花旗集團拿到了超過三千億美元，但通用和克萊斯勒卻得苦苦哀求，才在二〇〇八年下半獲得一百三十四億美元，逃過消逝命運？我毫無頭緒。

這裡的確有種模式，但是隨機模式，完全無法預測。每起事件都是單一事件，對不同公司的回應完全不是來自通盤計畫或整體策略。前法國興業銀行（Société Générale）全球策略主管蒙蒂爾（James Montier）稱之為臨時任務編組（adhocracy）。上兆美元的紓困預算完全缺乏通盤策略，也沒有明確掌舵者。

戰場上靠技巧取勝，但贏得戰爭靠的是策略。

破產、衰退與越來越高的紓困金

紓困案的決策流程，主要被兩種迥然不同的想法和人格主導。聯準會這頭是主席柏南克，他是個學者，對華爾街有深入研究了解。另一頭，柏南克在財政部的夥伴是鮑爾森，前任高盛集團執行長。聰明絕頂的兩人不管在風格和處理方式都南轅北轍。美國政府對信貸危機的初步回應，似乎是兩人風格的混合體。本書付梓時，還看不出來歐巴馬的財政部長蓋特納，會不會改變兩個單位之間的互動狀態。蓋特納過去以紐約聯邦準備銀行總裁的身分，參與了多件二〇〇八年紓困案。

挽救美國金融體系成為鮑爾森和柏南克的共同目標。兩個人都被危機殺得措手不及。第三個共同點：隨著危機越演越烈，兩人都看到領導權的真空狀態。

是的，這時你該發出疑問，為什麼美國史上最大的政府救援行動，是由內閣部會和中央銀行來主導。你可能好奇「政府最高首長跑去哪兒了？」這是個好問題。為什麼小布希在危機期間徹底無聲無息？

是真的，二〇〇八下半年，小布希團隊對整起事件興趣缺缺。這些紓困案完全打臉小布希總統所信仰的每件事。或許他只是無法領導自己徹底反感的行動。小布希的支持率下滑到歷史新低，政績和聲望都面目全非。二〇〇八年下半，小布希政權似乎能拖則拖。隨著最後一任任期即將結束，小布希駕駛的巴士輪胎掉了下來，接著起火，跌落山谷，最後葬身大海。逃避拖延似乎是比較輕鬆的選擇。

十一月四日總統選舉到一月二十日新總統就職這段過渡期間，領導真空變得更明顯。民主黨國會議員法蘭克（Barney Frank）批評總統當選人歐巴馬，沒有在危機期間更「堅定果斷」。「部分問題是這次的總統交接發生在最最糟糕的時間點。」法蘭克告訴政論節目《六十分鐘》（*60 minutes*），「你知道的，參議員歐巴馬說過，『我們一次只能有一位總統。』嗯，他其實多算了一位。」[2]

柏南克和鮑爾森持續堅守防線。平心而論，這場危機的面貌持續改變。一開始是超低利率導致的房地產榮景和暴跌，還有信用跟放款泡沫。這已經夠令人頭大。接著又慢慢變形成全面的信用緊縮，導致商業放款中止。然後，由於全球股市大跌跟殖利率驟減，危機演變成華爾街的接連破產。最後，危機又變成美國乃至全球經濟衰退，通貨緊縮讓大部分原物料價格跌到谷底。

這在美國歷史上前所未見。

從頭到尾，政府的反應總是慢了一步（落後一個危機）。隨著政府猶豫不決，盲目嘗試，而且在缺乏目標的情況下，曲折地找尋這麼多危機處理方案，紓困金額越來越高。

然後越來越高。

然後越來越高。

直到承諾金額來到天文數字：十五兆美元。

這是山姆大叔在邁向紓困之國的路上，截至目前已經花了、答應要花、借出、擔保，或是承擔債務的總金額（見下頁的表14.1）。

二〇〇八年的政府直接援助企業開銷，已經遠遠超過歷史上任何一年，當然也超過其他國家。本書付梓時，財政部、聯邦存款保險公司、聯邦準備系統總共的花費與信用貸款

表 14.1　紓困帳本

	最大金額（美元）	目前金額（美元）
聯邦準備系統 — 5.255兆美元 — 62%		
商業票據市場融資機制（CPFF）	1,800,000,000,000	270,879,000,000
定期競標融通機制（TAF）	900,000,000,000	415,302,000,000
其他資產	601,963,000,000	601,963,000,000
貨幣市場投資者融資機制（MMIFF）	540,000,000,000	0
未命名MBS計畫（2008/11/25宣布）	500,000,000,000	0
定期證券借貸工具（TSLF）	250,000,000,000	190,200,000,000
定期資產擔保證券貸款機制（TALF）	200,000,000,000	0
其他信用擴張（AIG）	122,800,000,000	122,800,000,000
未命名GSE計畫（2008/11/25宣布）	100,000,000,000	0
主要融通貼現（primary credit discount）	92,600,000,000	92,600,000,000
資產擔保商業本票貨幣市場基金流動性機制（AMLF）	61,900,000,000	61,900,000,000
主要交易商融通機制（PDCF）*	46,611,000,000	46,611,000,000
少女巷有限公司淨投資組合（貝爾斯登）	28,800,000,000	26,900,000,000
隔夜證券借貸	10,300,000,000	10,300,000,000
次要融通（secondary credit）	118,000,000	118,000,000
長期公債收購（2009/3/18）	300,000,000,000	300,000,000,000
機構MBS（2009/3/18）	750,000,000,000	750,000,000,000
機構債券收購（2009/3/18）	100,000,000,000	100,000,000,000
聯邦存款保險公司 — 1.788兆美元 — 21%		
聯邦存款保險公司流動性擔保	1,400,000,000,000	0
花旗銀行的貸款擔保**	249,300,000,000	249,300,000,000
GE放款部門的貸款擔保	139,000,000,000	139,000,000,000

續表 14.1　紓困帳本

	最大金額（美元）	目前金額（美元）
財政部 — 1.15兆美元 — 13.5%		
問題資產紓困計畫	700,000,000,000	350,000,000,000
房利美／房地美紓困	200,000,000,000	0
振興方案	168,000,000,000	168,000,000,000
財政部外匯穩定基金（ESF）	50,000,000,000	50,000,000,000
銀行減稅	29,000,000,000	29,000,000,000
振興方案（2009）	787,000,000,000	0
提高屋主負擔能力暨穩定房市計畫（HASP，2009）	75,000,000,000	0
聯邦住宅管理局（Federal Housing Administration）— 3,000億美元 — 3.5%		
購屋者希望計畫	300,000,000,000	300,000,000,000
總計 — 100%	10,502,392,000,000	4,274,873,000,000

* 購買額外 1,000 億美元機構債券，總購買額會上升到 2,000 億美元。

**3,060 億美元的擔保，花旗銀行自行吸收前 290 億美元的虧損。其餘虧損政府承擔 90%，花旗承擔 10%。算式為 306—29 ＝ 277×0.90 ＝ 249.3。

已經接近九．五兆美元。加上房地美和房利美等政府贊助企業進入託管狀態後，納稅人應該要承接的五．五兆貸款組合，就成了上述的天文數字。

好消息是，最後帳單金額會比十五兆美元小很多。多數貸款都會還清，而且房利美和房地美手中的房貸組合也算健全。我估計替華爾街善後的總成本，最多應該是落在這個數字的一〇%到二〇%之間。但這只是依照目前情況的推論，危機情勢及最後總帳絕對有生變的可能。

即使維持不變，這還是很

大很大的一筆錢。

向他人解釋一兆美元是多少其實很難。這是幾乎無法想像的數字，也超出一般人對時間和空間的理解範圍。我們來下列比較來說明。人的平均壽命大概比二十億秒長一些（七十二年等於二十二億七千零五十九萬兩千秒）。一兆秒是三萬一千五百四十六年。天文學界一般認為宇宙的年齡為一百五十億年，也才不過五．五兆天罷了（五兆四千七百五十億天）。兆無疑是巨大數目。

美國歷史上唯一差不多昂貴的事件便是第二次世界大戰。財政部在一九四〇年花了兩千八百八十億美元，通膨調整後，等於是現在的三．六兆美元。這個數字應該會很接近二〇〇八年紓困對納稅人而言的淨成本，十五兆美元是總成本。或許美國政府最後還會賺錢，也或許最後成本會高出二次世界大戰許多。你和我的猜測不分高下，因為沒人知道。

接下來幾章，我們要深入了解二〇〇八年三月到二〇〇九年三月間的所有紓困案。我們或許可以辨別這些瘋狂紓困背後的原因。

第15章
貝爾斯登殞落

買間房子跟買間起火的房子，是兩回事。

——戴蒙（Jamie Dimon），摩根大通集團執行長評論他對貝爾斯登每股兩美元的出價

貝爾斯登垮台時，只有少數人推斷出會在金融圈造成連鎖效應。但這正是住宅貸款紙牌屋樓起又樓塌的原因。

第一個引起注意的亂象是在二〇〇七年夏天。貝爾斯登提報旗下兩個內部避險基金嚴重虧損。事實證明，這次聲明只是接下來國際金融危機的冰山一角，也拉開這家歷經了大蕭條、兩次世界大戰、一九八七年崩盤、ＬＴＣＭ失敗、二〇〇〇年達康泡沫的公司退場

序幕。

貝爾斯登企業文化很獨特。這間公司著重固定收益商品交易和法人客戶，而不是證券交易和個人客戶。它的公司規模比美林和摩根士丹利等對手小得多。一直以來，比起名門學府，貝爾斯登更喜歡雇用腦筋靈活、有手段的交易員。說白了，貝爾斯登不像其他華爾街公司，一窩蜂地雇用白種盎格魯—撒克遜新教徒（WASP）。你可以是從布魯克林學院畢業的猶太人，（後來）也可以是印度或巴基斯坦人，只要能幫公司賺錢就好。

貝爾斯登還有一點和大多數華爾街公司不同：它是唯一一間拒絕參與一九九八年LTCM救援計畫的國庫券主要自營商。雖然，貝爾斯登是LTCM的主要經紀商。這種自私的抗旨行為讓很多華爾街人永難遺忘，或者，很顯然，永難原諒。

對了，還有最後一點，貝爾斯登是MBS的最大承銷商及交易商。

貝爾斯登滅亡的真正原因

貝爾斯登一萬四千名員工和為數眾多的股東，是公司治理不善的受害者。員工紅利包括了股票和選擇權，所以公司垮台、股價一落千丈時，很多員工等於遭受兩次打擊。管理團隊允許（甚至是鼓勵）公司過度暴險於MBS。光這點就是公司倒台的重要因素。當貝爾斯登沒有及時尋求額外的流動性，就已經注定殞落。

摩根大通─貝爾斯登交易條件最終版

- 摩根大通同意以每股十美元的價格，用股票收購，並且額外購買九千兩百萬股，以立即獲得三九％的股權。
- 摩根大通認為貝爾斯登的三百億美元高風險資產中，第一個十億美元的風險最大。紐約聯邦準備銀行擔保了剩下的兩百九十億美元資產，但有收益的話則歸紐約聯邦準備銀行。（截至二〇〇八年十月，聯準會說明這兩百九十億美元有毒資產，已經造成了二十七億美元的帳面損失。）

某種程度上，主要經紀商生意往來的特殊性，也就是避險基金直接寄放資金在主要經紀商，以換取服務這個制度，進一步加深了貝爾斯登的困境。利潤豐厚的避險基金交易服務在二〇〇八年成了貝爾斯登的難題。隨著虧損曝光，很多主要經紀商業務的客戶，像是西蒙斯（James Simons）的文藝復興科技（Renaissance Technology）、城堡投資集團、PIMCO，為了保護自己的資產，把資金從貝爾斯登抽出。每一位客戶離去都是在消耗公司資金，而且還在華爾街滋生更多貝爾斯登可能破產的流言。每一則流言又促使更多主要經紀商客戶清空資金，周而復始。[1]

貝爾斯登的流動資金池（liquidity pool）本來在二〇〇八年三月十日有一百八十一億美元，到了三月十三日已經少了九〇％，來到二十億美元。充分證明華爾街財富變化之快速，尤其是高度槓桿的企業。

「似乎有很多人，想先保護自己不受到流言可能成真的傷害，之後再來看是否真的會實現。」貝爾斯登總裁兼執行長舒華茲（Alan Schwartz），在二〇〇八年三月十四日的電話會議中這麼說。

這是自我實現的預言嗎？基金們離開貝爾斯登是因為害怕後者破產，而賣空貝爾斯登的避險基金也在散布大家都在放空的流言。一些人交易貝爾斯登相關的CDS，然後每個人都不吝和親朋好友分享貝爾斯登的負面評論。

這些是貝爾斯登滅亡的原因嗎？答案是，幾乎不可能。

貝爾斯登是一家用借來資本買進很多、很多不良資產的高度槓桿企業。這些產品的內容資產（也就是次級和次優級貸款），正在急速惡化。看過公司數據的分析師和賣空交易員都會發現，貝爾斯登的時日不多。

傅德、鮑爾森、凱恩（Jimmy Cayne）等華爾街執行長忽略了一點：身為一家銀行，存續關鍵在於客戶、投資人，和交易對手對你的信心。「一間公司的償付能力，只會和外界相信的一樣好。」之前任職於加拿大帝國商業銀行的歐本海默公司（CIBC Oppenheimer）的知名分析師惠特尼（Meredith Whitney）說道。

任何破壞外界信心的舉動都極度危險。如果你打算進行大量槓桿操作、挑戰公司極限，那最好祈禱事情不會出一絲差錯。畢竟，三十五比一的槓桿比例，已經沒有什麼犯錯空間。如果你的營運模式靠的是便宜資本，那這股流動性消失之後會是什麼情況？

這帶出一個問題：為什麼半導體公司或軟體公司不會有抽銀根的情況？為什麼石油或鐵路公司不會因為賣空襲擊而倒閉？簡單來說，這些公司的營運模式不仰賴有關償付能力、流動性、去槓桿化、風險管理等的信心。這些公司只要好好保持別破產就好。

但是，假如你的公司是大型投資銀行，那麼你還要確保自己看起來和破產**相隔十萬八千里**。你需要更大的安全邊際。這就是仰賴他人信心的命運。

貝爾斯登或許是最精采的例子，但這不只是一家投資銀行遭遇信心危機，也是營運能力危機。

只不過不知為何，投資銀行執行長們全都看不清這一點。一間大幅仰賴他人是否相信自己償付能力的公司，根本不應該從事這麼大量的槓桿操作。這些公司故意將自己置身於極端風險中的行為，根本是寡廉鮮恥。執行長責怪做空投資人和流言，卻試圖推卸本身責任的行為，不僅僅凸顯他們的失敗，也顯示他們壓根兒不理解**自己對公司做了什麼**。就是這些人的無能治理有意又無知地把公司推入失敗深淵。

有一位罹患兇猛癌症的病患接受治療。他的頭髮因為化療全掉光，所以買了頂洋基球隊的棒球帽來帶。不幸地，癌症惡化太快，最後他還是走了。如果是貝爾斯登的管理人，他會怪罪是那頂帽子害病人喪命。

爛攤子、替死鬼與顢頇領導

貝爾斯登的垮台，也預告了其他公司接下來會上演的劇情：

- 領導人在公司出現危機時，仍然保持著歡欣鼓舞的公眾形象。「我們沒看見任何流動性壓力，更沒有流動性危機。」舒華茲於二〇〇八年三月十二日說道。四天之後，當摩根大通宣布將以每股兩美元收購貝爾斯登時，他說：「過去一週對貝爾斯登來說異常艱辛。這項交易是目前情況下，對所有相關人士最好的決定。」
- 領導人籌不到資本，或者籌措資本不足：「為了籌措數十億美元，貝爾斯登試了至少六回合，包括出售股份給槓桿收購大戶KKR集團，但最後總是有一方臨陣退卻。」《華爾街日報》報導。雷曼兄弟不幸沒留意到這則警告。

• 領導人看不出自己的愚蠢。前執行長凱恩說貝爾斯登「闖進了颶風」，這只是執行長失敗藉口的另種版本，其他包括「不可抗拒之因素」和「百年一見的災難」等。建築物加入抵抗颶風的設計和人們購買颶風保險是有道理的。領著天價薪水的執行長不能每次都在順風時把功勞歸於自己，逆風時就把一切怪給老天。

在很多方面，舒華茲其實是前任執行長凱恩的代罪羔羊，眾所皆知二〇〇七年和二〇〇八年，凱恩幾乎都在打高爾夫球和橋牌。此外，《華爾街日報》報導過凱恩愛用大麻的惡習。[2]貝爾斯登這艘船早已朝著災難駛去，舒華茲只是接到凱恩的爛攤子。

雖然是正統訓練出身的投資銀行家，但舒華茲對拖垮公司的複雜MBS產品並不擅長，那是另一位總裁史佩克特（Warren Spector）的領域。據說凱恩全權放手讓史佩克特負責這方面的業務（而且這是貝爾斯登很大一塊業務）。二〇〇七年，貝爾斯登旗下避險基金爆出危機後，史佩克特成了替死鬼，不久後被無預警開除。

從危機在二〇〇七年下半開始越演越烈，然後一路延燒到二〇〇八年這段期間，貝爾斯登的領導人一位能力不足，另一位拿錢走人。《華爾街日報》寫道，「資深交易員多次提出警告，包括在貝爾斯登待了五十九年的元老格林伯格（Alan “Ace” Greenberg），認為公司應該脫手那些次等貸款。」但尤其是舒華茲，「不想以低價脫手價值數十億美元的房貸及相關債券，因為會出現嚴重虧損。」[3]任何有經驗的交易員都會告訴你「停損要快，停利要慢」，但貝爾斯登的領導人顯然不懂這道理。

下一個倒楣鬼

貝爾斯登紓困案後，全華爾街都在猜誰會是下一個。還有哪一家過度槓桿的公司會出問題？

答案顯然是雷曼兄弟。貝爾斯登轉售後兩個月，避險基金經理安宏（David Einhorn）在年度慈善活動艾拉松投資研究大會（Ira Sohn Investment Research Conference）上，解釋他為何認定雷曼兄弟是下個倒楣鬼。安宏質疑雷曼的帳目、它的第三級資產（「按幻想值計價」），還有償付能力。這幾項數字都顯示該公司對於其負債的真實數字含糊其辭。[4]

為什麼政府放任雷曼兄弟破產卻救了貝爾斯登？為什麼不紓困？雷曼的歷史比貝爾斯登悠久，規模也更大。巔峰期曾有兩萬五千名員工，而且兩家公司的業務內容非常接近。

對雷曼來說很不幸，當時鮑爾森和柏南克二人組似乎竭盡全力地避免道德風險。他們強調，貝爾斯登紓困是一次性事件。柏南克在談論聯準會資助摩根大通併購貝爾斯登時說道：「這是個特別事件。我苦思了良久……希望這是罕見情況。我希望我們永遠不會再做這種事。」[5]

罕見？一點也不。接下來一年，歷史將不斷不斷地重演。

史上最大宗破產案

貝爾斯登危機爆發後，雷曼管理團隊仔細思量眼前的選項。資深元老級員工試圖籌資。不幸地，公司忠誠度和親密感讓他們看不清雷曼的艱難處境，至少沒那麼快看清。計畫之一是銷售幾十億美元的特別股。由於聯準會一手主導摩根大通併購貝爾斯登，雷曼領導團隊或許錯估了籌措資本對公司存亡的緊急程度。無獨有偶，雷曼的主要經紀商業務客戶也在雷曼放了過多資金，完全沒料到聯準會未來對雷曼的態度。[6]

二〇〇八年四月，貝爾斯登消失不到一個月，雷曼招開年度大會。執行長傅德看起來鬥志高昂，完全不擔心。據說他告訴員工：「我會重傷賣空雷曼的人，這是我的目標。」

他完全搞錯對象。六個月後，雷曼兄弟申請了美國史上最大宗破產案。（附帶一提：我公司就是堅決不讓傅德重傷的賣空企業之一。）

巴菲特向雷曼提出融資條件，遠比後來高盛所接受的條件大方許多。[7]在第十三章〈問題叢生的道德風險〉中我們提過，不難推測就聯準會和財政部來看，雷曼拒絕巴菲特提議的行為，無疑是最後一根稻草。很顯然地，如果他們不願意自救，那我們再放三百億美元下去不就太蠢了。

巴菲特離去，財政部和聯準會又心生不滿，雷曼的選擇越來越少。雖然有潛在買家詢價，但帳面上有毒資產實在太多，吸引不到有誠意的買家。

雷曼申請破產之後，巴克萊銀行（Barclays）很快承接了美國和英國的業務組織，而且還無須擔心任何壞帳。十年前被雷曼併購的路博邁（Neuberger Berman），其領導團隊買下了雷曼的財富管理業務，真的是把自己買回來。野村證券則拿下拉美的業務。

創立一百五十八年後，雷曼兄弟徹底消失。

金融巨獸的血淚教訓

貝爾斯登被拯救，但雷曼兄弟卻被迫宣布破產。為什麼？

以下是貝爾斯登的血淚教訓：

- **要夠大**：別只是冒公司的險，要就要威脅到整個金融世界。普通無能是不夠的，如果只是毀了自己公司，沒人會來救你。你要能威脅到全球金融體系。貝爾斯登倒閉所引發的恐懼和破壞，是它被拯救的原因。（AIG的規模就算合格。）

- **如果不夠大，要搶第一**：如果雷曼比貝爾斯登早一步倒台，那麼對衝擊金融體系的同樣恐懼和排斥，可能會幫到雷曼。但是聯準會已經走過一遭，負面情緒沒有之前那麼強烈，尤其是雷曼的交易關係明顯沒有貝爾斯登複雜（在網路達康泡沫年代，這叫做先發者優勢）。
- **威脅你的交易對手**：貝爾斯登的衍生性金融商品名目帳約有九兆美元，其中四〇％是由摩根大通持有。有些人認為貝爾斯登的紓困，其實是針對摩根大通的預防性紓困。這也是一條好策略，如果你想獲得紓困，記得拖個比你大很多的對手下水。
- **危害重要經濟環節**：如果你的衍生性金融商品帳目上，只是一堆冷門又無關經濟的交易，那絕對是自生自滅。相反地，AIG的四十兆CDS交易可能嚴重危害金融體系。房貸很重要，信用卡貸款和車貸則沒那麼關鍵，一堆證券化的商品存貨則完全無關緊要。講難聽點，雷曼的暴險「有限」，貝爾斯登和AIG的則否。
- **無能比傲慢容易接受**：玩橋牌、抽大麻、打高爾夫球。這些瘋傻行為讓權力核心的人物嗤之以鼻，但也替公司帶來兩百九十億美元的收購協助。傲慢、自大不會有好下場。然而，拒絕巴菲特的合理條件，你就真的完蛋了。
- **資產負債表是關鍵**：你可以在媒體上大聲批評賣空投資人、做公關宣傳，但這些都是無效策略，而且浪費時間。為什麼？因為無償付能力。所有手段都用完後，最後關鍵還是要回歸資產負債表。雷曼的負債大過資產，意味著沒有人想收購。美林處分了很多帳面上的垃圾資產，最後收購價格比現股收盤價多了七〇%溢價。而瑞士信貸在好幾季之前就處理了壞帳，體質始終比同業健康許多。

- **意外後果四處可見**：當聯準會開放一連串融資機制來增加流動性，最大的擔憂是會帶來通貨膨脹。但其實更大的問題是自以為是。傅德曾說過貝爾斯登倒台後，這些機制「平息了流動性問題」。雷曼也因為流動性恢復而心滿意足，於是沒有更快地解決資金缺口。

很不幸，以上就是二〇〇八年來自貝爾斯登、雷曼兄弟、房利美、房地美，還有AIG的慘痛道德風險教訓。

第16章

令人眼紅的達康財

你的行為震耳欲聾，蓋過了言語。

——愛默生，十九世紀美國思想家

華爾街指標性巨人垮台的原因是什麼？為什麼一連串赫赫有名的人物和傳奇企業，都步上貝爾斯登後塵，就此絕跡？

我們沒有一個簡單明快的答案，但如果你願意聽，筆者其實有個理論。聽起來或許很駭人，因為實在是太不負責任。但不論從經濟學或行為學的角度，這是唯一合理的答案。

不，不是賣空者陰謀論，和「按市值計價」也毫不相關。有鑑於近年來的鬆綁風潮，過度監管和法規也不可能是原因。

眼前的問題很簡單：為什麼這些高利潤又穩定成長的公司，死命地想暴露在更多風險之下？到底什麼原因使得這些原本保守、低風險的公司把小心謹慎全拋在腦後，變得好大喜功？

最中肯的解釋，是因為高階主管的獎勵制度不正確並且過度豐厚，尤其是「長」字輩的主管。這個現象可以一直追溯到科技業大好的那段風光日子。

我稱之為金融弊病的「網路股選擇權眼紅」理論。

你有更棒的解釋嗎？我一定洗耳恭聽。但在拒絕我的理論之前，先聽聽無妨。

一九八二年到二〇〇〇年的牛市榮景，讓許多矽谷新創企業的員工獲得豐厚的認股選擇權。這些都是成功機率低、風險高的公司。典型新創公司常常在概念面或執行面失敗。當創投注入的資金用罄，投資人就會把目光轉向下一家新創公司。極少數成功案例則大鳴大放。首先是英特爾，再來是微軟，然後是思科、蘋果、戴爾、甲骨文、美國線上，還有EMC。這些公司的創辦人都成了億萬富豪，元老級員工也多半是千萬富豪。

這件事本身並沒有造成問題。這些家喻戶曉的故事多半都是從車庫或地下室開始。甚至第二波科技公司上市潮也不是問題元凶。舉凡網景、藍博士（Rambus）、微策略（Microstrategy）、環球電訊（Global Crossing）、行動研究公司（Research in Motion）、雅虎等等都成長快速，有龐大營收，業務踏實（好吧，或許網景不算，但其他家都是）。

我個人懷疑是第三波科技公司IPO潮，那些營運模式虛無飄渺、零獲利性的公司，開始讓銀行家蠢蠢欲動。這些超小型公司，多半是幾個大學生用一、兩個學期拼湊而成。銀行家們眼睜睜看著像WebMD、CMGI、eToys、Investor Village、Excite，還有InfoSpace等公司陸續上市，創造大量財富。Pets.com是最後一根稻草。當這些青春期毛頭執行長一個個在IPO後成了億萬富豪，銀行家內心的五味雜陳可想而知。

我打賭這些東岸執行長忌妒到眼紅。大型投資公司、銀行、保險公司眼睜睜看著這些錢遠在四千八百公里之外，於是開始喪失理智。大筆橫財跑進了西岸銀行的口袋，像是華盛頓互惠銀行、印地麥克，和全國金融公司。東岸銀行家看到這一切，可是這對那些充滿多巴胺的腦袋來說，實在太難以接受。於是他們開始籌謀該怎麼拿到一些認股選擇權的甜頭，最後創造出能獲得大量認股選擇權的獎勵制度，依樣畫葫蘆。

不幸地，這套計畫有兩個大問題。當科技創造出所謂的「殺手級應用程式」（能帶來曲棍球桿般飛越性成長的那種），它就能站上科技浪潮。這些新科技產品、突破性的產業生態大幅改變消費者習慣。電子郵件！智慧型手機！線上零售！iPod！這些改變遊戲規則的流行大多數來自科技的進步。開發出這些商品的公司創造出大量財富。隨著這些產品大賣，適合行使認股選擇權的好股價也就自然出現。

然而，銀行、放款、保險、投資等主要金融業務，卻不會出現能製造隔夜億萬富豪的爆炸性成長。你當然可以變得很有錢，只是需要一些耐心。但這樣可不行，這些人可是連一秒都等不及。銀行家需要**馬上**就能升級的辦法，要能夠改變局面的營運模式。

他們需要一顆威而鋼。

這些百年金融老店追不上科技業的成長曲線，嗯，至少舊有的營運模式和保守的風險管理不行。穩定成長和適度利潤可不會令人快速發財。所以他們使用槓桿、擁抱風險，然後自我重塑成新型量化專家。「我們也是工程師，財務工程！我們設計衍生性金融商品和債務證券化！我們可以進行大量槓桿操作！嘿，各位，我們全部都能嘗到甜頭！」

否則該怎麼解釋這些執行長的豪賭行為？

財務工程解決了第一個問題，殺手級應用程式。不管是槓桿或衍生性金融商品或證券化，華爾街高手找到了自己的威而鋼。至少，他們這麼認為。但他們沒考慮到失敗成本。失敗成本在矽谷經過精密計算。在科技界，新創公司不是暴起就是暴落。失敗成本有限，而曾經待過曇花一現的好公司，其實是件光榮的事。二〇〇〇年後的科技崩盤期，「白爛公司」（FuckedCompany.com，按：該網站專門追蹤破產的網路公司，嘲笑其經營策略）是科技宅男最喜愛的網站之一。

這些投入新創公司的人所冒的風險，只是從家人和朋友借來幾千塊美元，在成千上萬個天使投資人前碰運氣。後者拿數百萬創投資金押注新的商業點子。如果最後宣告失敗，嘿，一開始就知道機率微乎其微不是嗎？站起來，拍拍身上的灰塵，繼續找尋下個點子。

但金融大亨的世界不一樣。當你是手握數千億美元的百年企業，退場不是說走就走那麼簡單。大型投資銀行不是拿創投資金來玩，創投本來就知道自己投資的案子九九%會失敗。投資銀行是用客戶的租金、保險費、房貸，還有退休金在玩。

這可不是已知成功率很低，然後按照風險程度所做的適度投資。這完全是拿血汗錢在開玩笑。他們和莊家對賭，然後輸了。

治理危機

很久很久以前，公司最高領導人薪水大約是最低薪資員工的四十倍。過去幾十年間，管理階層的薪水暴漲，有些執行長的薪水是基層員工的兩百、三百，甚至四百倍。

由於大部分的獎勵紅利來自選擇權，老闆們自然會盡全力把股價推高。漲了全進他們的口袋，跌了就是股東還有納稅人的問題。

可別以為過去的不良表現，對這些人的紅利有任何影響。儘管表現奇差無比，但這些執行長還是拿到了給績效優異者的豐厚薪資。付出如此巨額的薪資紅利給那些一塌糊塗的管理人，真是國家之恥。

另外還有三個嚴重的公司治理問題，一直沒有獲得足夠的討論。首先是橫掃全美董事會的裙帶資本主義（crony capitalism）。大企業董事會裡的裙帶資本主義，尤其是金融業，已經眾所皆知。負責蓋章的董事們從來不反對董事長，也不質疑執行長，這是不幸的普遍現象。董事會完全沒有負起對公司或股東的責任。

另一個助長高層貪腐行為的原因，是那些持有公司股票的大型機構，尤其是完全不約束管理團隊的大型共同基金。這些基金有時間、專業知識，也有理由去規範投資銀行。相較之下，個人股東完全無此能力。而且，要持有一百股或一千股的人去監督或責備董事會，也完全不符合經濟邏輯。但這剛好對持有一千萬股的股東有利，也絕對該這麼做。為什麼共同基金沒有保護自己的股東，我們難以得知。或許在金融圈，他們害怕問太多問題以後，會被排除在大筆交易或熱門ＩＰＯ認購名單之外。

再來就是所謂的薪資報酬顧問。他們嚴重損害股東還有公司的利益。這群幾乎沒有道德可言者的唯一作用，就是給荒謬的薪資制度一套光鮮亮麗的說法。我真想看看他們當時對這些薪資方案的評估是什麼。有著真正職業標準和道德的薪資顧問，很快就被驅逐出場。而剩下的那群，只不過是長官用來把股東財富轉移到自己名下的工具。

失敗，反而帶來豐厚回報

不可思議的是，很多拿到納稅人紓困金的企業首長，仍然擁有豐厚的私人財產，感謝那些剛剛垮台的公司。例如，奧尼爾（Stan O'Neal）離開美林時，身價為一億六千萬美元。格林伯格據說賣出了價值一億美元的貝爾斯登股票。而鮑爾森這位前高盛執行長及小布希總統的財政部長，拋售了名下將近五億美元的高盛股票。（而且因為他的公職身分，這些交易的稅也可以延遲繳納！）如果這些人在公司垮台時是合夥人身分，那財務狀態將會有天壤之別。

這才是獎勵制度該有的樣子，做得好拿得多，做不好有風險。但現實中完全不是那麼一回事：[1、2]

- 雷曼兄弟董事長兼執行長傅德在二〇〇七年賺入三千四百萬美元。傅德也在雷曼提交破產申請的前一年靠著出售雷曼股票，大賺四億九千萬美元。
- 高盛一向對「長」字輩主管非常大方：董事長兼執行長布蘭克芬（Lloyd Blankfein）在二〇〇七年拿到七千萬美元。兩位營運長寇恩（Gary Cohn）和溫克里德（Jon Winkelried）則分別拿到七千兩百五十萬美元和七千一百萬美元。

- 當貝爾斯登被聯準會迅速以兩百九十億美元嫁給摩根大通，前董事長凱恩在下台時拿到六千萬美元。
- AIG集團執行長蘇利文（Martin Sullivan）在二〇〇七年賺了一千四百萬美元（他在該年六月被趕下台）。威廉史塔德（Robert Willumstad）擔任三個月執行長的報酬是七百萬美元（利迪〔Edward Liddy〕在二〇〇八年九月接下執行長一職）。到目前為止，AIG紓困案花費累計為一千七百三十億美元。
- 摩根士丹利全球主席麥晉桁（John Mack）在二〇〇七年賺進一百六十萬美元外加股票。財務長凱勒漢（Colin Kelleher）在同一年拿到兩千一百萬美元的薪水。摩根士丹利同時也在四十八小時內申請通過成為銀行控股公司，創下最快紀錄。
- 全國金融公司創辦人兼執行長莫茲羅（Angelo Mozilo）處於次貸危機的前線，在二〇〇七年賣出一億兩千兩百萬美元的股票，該年度總薪酬超過四億美元。
- 帶著美林航向毀滅的奧尼爾在二〇〇七年離職時，收到了一億六千萬美元的補償金。這個數字讓接任執行長的塞恩（John Thain）顯得物美價廉，薪水、紅利，加上認股選擇權也才一千七百萬美元（或許這是為何塞恩花了公司〔也是股東〕一百萬美元，裝修奧尼爾的舊辦公室）。
- 二〇〇七年，美國銀行執行長路易斯（Kenneth Lewis）買下一座兩千五百萬美元的豪宅。美國銀行在二〇〇八年併購了美林及全國金融公司，而且之後收到四百五十億美元政府直撥紓困金，還有另外三千億美元的資產擔保。

- 摩根大通董事長兼執行長戴蒙，在二〇〇七年賺進兩千八百萬美元。在聯準會幫忙拿出兩百九十億美元的情況下，摩根在二〇〇八年順利買下了身陷危機的貝爾斯登。
- 房利美執行長莫德（Daniel Mudd）在二〇〇七年賺了一千一百六十萬美元。他的同業，房地美執行長賽隆（Richard Syron）則賺了一千八百萬美元。二〇〇八年，聯邦政府接手兩家合計共五・五兆美元的房貸投資組合，指派艾利森（Herbert Allison）為房利美執行長，莫菲特（David Moffett）為房地美執行長。
- 美聯銀行董事長兼執行長湯普森（G. Kennedy Thompson）在二〇〇七年進帳兩千一百萬美元。史提爾（Robert Steel）在二〇〇八年七月接手執行長一職。根據 CEO Watch 網站，史提爾的薪水為一百萬美元，外加獲得一千兩百萬美元紅利的機會。二〇〇八年末，在政府幾乎沒有介入的情況下，美聯併入富國銀行。
- 總部位於西雅圖的華盛頓互惠銀行，原本二〇〇九年預計支付新執行長費雪曼（Alan Fishman）一共兩千萬美元的薪水加紅利，感謝他接下這間風雨飄搖的公司。聯邦存款保險公司在二〇〇八年攔截了此計畫，該年十月摩根大通併購了華盛頓互惠銀行。

這些無能領導人的薪資方案，不僅僅是把股東的錢轉移到「長」字輩主管口袋，還大聲喊著：在裙帶資本主義世界裡，失敗會帶來豐厚的回報。

第17章 惡名昭彰的AIG

驚慌不會毀滅資本，它只是揭露了之前資本被叛徒的無用之功毀壞的程度。

——彌爾（John Stuart Mill），英國哲學家，一八六七年

一件驚天大事拉開了二〇〇八年九月的序幕：房利美和房地美在九月七號正式進入聯邦政府託管狀態。再過一週，雷曼兄弟提交了美國歷史上最大的破產申請。放任雷曼自生自滅的後果，遠比鮑爾森或柏南克以為的糟糕很多。併發出來的問題橫跨全球金融體系，也造成交易市場恐慌。這場災難很快就凍結了信用市場。

這個九月還過不到一半，就已經令人永生難忘。雷曼在那個週末香消玉殞，美國銀行

以五百億美元惡意併購美林。在月底之前，財政部會擔保貨幣市場基金，SEC會禁止做空，問題資產紓困計畫會出爐，高盛和摩根士丹利會轉型成商業銀行，然後摩根大通會併購華盛頓互惠銀行。

還有就是AIG。

貝爾斯登出問題後，交易員的第一反應是找出類似風險：誰持有差不多的有毒資產？哪間公司暴露在一樣的風險之下？貝爾斯登消失後，答案顯然是雷曼兄弟。而雷曼兄弟也說再見後，AIG就是下一個。

二〇〇七年，AIG市值為兩千一百七十億美元，是世界上最大的保險公司。[1]公司內部單位眾多，但整體來說是同一集團下的兩家公司：一間是保險公司，一間是結構型商品公司。

AIG保險公司世界聞名。該公司被納入道瓊工業平均指數這個只有三十家公司入選的俱樂部。每一州的業務都受到州保險委員會管轄，有充足的賠償準備金，是企業界的模範公民。它還有一個更難得的身分，是非常少數信用評等為AAA的公司。這間保險公司每年的收入即使不算驚人，但絕對穩定。

藏在精算表格和嚴謹保險業務背後的，則是另一間完全不同的公司：AIG金融產品（AIG Financial Products），或簡稱AIGFP。這是一家大型避險基金，和其他私人投資企業一樣，該公司始終維持在大約三二％的獲利率。可想而知，金融產品公司也大量押注在衍生性金融商品。雖然集團總執行長葛林伯格（Hank Greenberg）曾經協商過AIG和金融產品公司的合夥條件，但兩邊的薪資報酬始終是個大難題。《華盛頓郵報》曾指出金融產品公司「即使交易要三十年後才塵埃落定，還是先發放獲利。如果事情發展不如預期，AIG就有麻煩了。」[2]

不過，屆時有麻煩的不會是金融產品團隊，他們早就拿到獎金了。

金融產品公司業務是在二十多年前，由一批來自德克索投資銀行（Drexel Burnham Lambert）的垃圾債券交易員開始。自一九八七年起，這個部門在AIG集團的規模和重要性都與日俱增。團隊從一九八七年的十三人，膨脹到二〇〇五年的四百人。[3]「該單位營收從一九九九年的七億三千七百萬美元，成長到二〇〇五年的三十二億六千萬美元。」《紐約時報》專欄作家茉金森（Gretchen Morgenson）寫道，「營業收入也成長，二〇〇五年占了AIG集團總營業收入的一七．五％，對比一九九九年只占四．二％。」[4]

賺這麼多錢其實也沒什麼祕訣。AIGFP的做法很簡單：承擔巨大風險。截至二〇〇八年九月，金融產品公司針對五萬多筆交易，和超過兩千名對手做了高達二．七兆美元的交換合約。[5]承擔這麼大筆賠償風險的回報是，金融產品公司可以獲得交易價值千分之一的保費。二〇〇七年塔雷伯出版了《黑天鵝效應》，但對金融產品公司的數學家和電腦天才來說為時已晚。一場（幾乎不可能）的意外即將到來。

不管說過多少次，還是有非常多人拒絕接受經濟學第一法則：天下沒有白吃的午餐。神奇的是，AIGFP還真的有一項產品的內部名稱是「免費的錢」。一九九八年，金融產品公司看上一種新的衍生性金融商品合約：CDS。細節先省略，簡單地說CDS就是在賭公司是否會違約自己發行的債券。根據AIGFP的演算模型，AIGFP不支付CDS違約費用的機率有九九・八五%。

金融產品公司總裁薩發奇（Tom Savage）扼要地歸納出免費午餐的奧義：「模型顯示，風險小到幾乎不可能發生，因此這筆收入幾乎是**免費的錢**，放進自己的口袋好好享用就對了。」[6]那剩下的〇・一五%發生機率呢？根據《華盛頓郵報》，AIGFP相信「唯有美國經濟惡化到全面衰退，才會引發讓金融產品公司賠償違約金的事件。」[7]

接下來的發展，你懂。

壓垮AIG的最後一根稻草

雷曼倒台後，市場上瀰漫著先開槍再說的氛圍。交易員間謠傳雷曼違約的那些交換合約，讓AIG巨額的衍生性金融商品帳目更雪上加霜。投資人大量賣空，雷曼之死成了壓垮ＡＩＧ的最後稻草。

但結果出人意料。針對雷曼債務的衍生性金融商品，ＡＩＧ做了任何聰明莊家都會做的選擇：針對雷曼交易部位平倉，相互抵銷。單就雷曼的ＣＤＳ暴險部位來看，ＡＩＧ其實打平了。[8]

但更大的問題是ＡＩＧＦＰ的巨額衍生性金融商品帳目。本人的公司早在雷曼倒閉很久之前，就開始放空ＡＩＧ股票，原因就是該公司高達八百億美元與次級房貸相關的暴險部位。[9]事實證明，對保險界巨人來說，這部分比雷曼倒閉更可怕。隨著ＡＩＧ的房貸資產快速跌價，公司潛在虧損變得難以控制。[10]ＡＩＧ成為下個紓困對象之前的那個週末，《彭博》針對ＡＩＧ的衍生性金融商品風險給出了一個數字：「五千八百七十億美元的房貸、公司債、其他投資等擔保合約。」房市越跌，這些合約的價值也越低。[11]換言之，額外數十億美元的擔保需求，才是最後一根稻草。

可笑的是，標準普爾和穆迪都在房貸資產跌價時，警告要調低ＡＩＧ的信用評等。那些信評機構分析師似乎看不出其中的荒謬。金融產品公司的虧損來自次級房貸證券，也就是那些機構給出ＡＡＡ評等的證券。諷刺地，幾乎每間相信穆迪或標準普爾評等而投資ＭＢＳ產品的公司，最後反而自己被降級。

屁孩指數

還是搞不清楚貝爾斯登、雷曼兄弟，和AIG有何不同的話，可以試著使用屁孩指數。

雷曼兄弟就像抓著狗尾巴的孩子。你知道他最後一定會受傷，所以狗回頭反咬一口時沒人感到訝異。但受傷的只有屁孩本人，他人無恙，所以大家也懶得關心。

貝爾斯登有點像縱火狂，是喜歡玩火柴的屁孩。他不僅會傷到自己，還會燒掉整間屋子，甚至是整條街。聯準會介入不是為了他，而是要保護街坊鄰居。

AIG則是意外闖入生化武器實驗室，找到一大堆沒貼標籤的藥水。於是這孩子塞了一堆藥水到口袋，然後走向公園遊樂場。

步履蹣跚的保險巨人

很多人大力批評，政府放任雷曼破產是錯誤決定，造成AIG重大損失。這結論並不正確，是典型的相關性與因果謬誤。正確的說法是，造成雷曼破產的原因，也是讓AIG瀕臨滅亡的原因。

起始點是超低利率，於是每個人都覺得自己想要買間房子（而且越大越好）。其中包括很多負擔不起房子的人。這些人向幾乎不受法規限制的新型放款機構申請房貸。基於獨特的營運模式，新放款機構可以貸款給信用不良、收入過低、毫無淨資產的人。它們完全無視傳統放款標準，因為根本不打算長期持有房貸。而專門做高佣金次級房貸的原因，是因為它們是貸款來證券化的房貸發起者。那些放款機構先承貸高風險貸款，轉賣給華爾街公司，後者再重新包裝成複雜的MBS商品。

投資銀行們雖然資本不足而且過度使用槓桿，卻還是不斷購買彼此的MBS商品。沒關係的，標準普爾和穆迪都給了AAA評等，不用擔心。所有交易都建立在美國房價永遠不會下跌的假設之上。

對了，這一連串事件發生時，主流政治思想認為這不可能出差錯，市場懂得自我調節，避免錯誤。

怎麼可能發生任何問題？

問題根本一堆！你應該想得到。步履蹣跚的保險巨人在二〇〇八年上半就虧損了一百三十億美元，但真正的麻煩才剛開始。AIG很快就需要山姆大叔伸出援手，或者該說，柏南克大叔。

雷曼倒台時，帳上充滿各種有毒貸款。雷曼執行長傅德已經大砍手中資產價值。雷曼帳面上每一美元的次級房貸證券都以三十四美分計價，次優級貸款則每一美元以三十九美分計價。雷曼已經將資產降值三分之二。

ＡＩＧ還沒有痛改前非，至少面對房地產衍生性金融商品時沒有。ＡＩＧ手頭上超過兩百億的次級房貸產品每一美元都以六十九美分計價，兩百四十億美元的次優級證券，則每一美元以六十七美分計價。[12]

別再說「按市值計價」。ＡＩＧ拿著和雷曼一樣的資產卻給出兩倍價值，這種做帳手法根本是「按幻想值計價」。

雷曼於二〇〇八年九月十五日倒閉。兩天後，聯準會出手。ＡＩＧ有效地在二〇〇八年九月十七日國有化，山姆大叔拿下了前道瓊成分股七九．九％的股份。

恐怖組合與不能得罪的金主

對於相信「大到不能倒」法則的人來說，ＡＩＧ是一定要救的。該公司將近百年歷史，足跡遍布全球。世界最大保險公司垮台是每一位聯準會主席的最大噩夢。因此，政府官員投入大量心血，設法保住這間貌似有償付能力的公司。到了二〇〇九年三月，政府已經提供給ＡＩＧ高達一千七百三十億美元的貸款、信用額度、資金，和股權收購。沒有任何私人企業願意接近曼哈頓下城松樹街七十號。

一些腦袋不清楚的樂觀主義者相信，這對納稅人來說是筆好生意，筆者則認為不可能。但並不是因為ＡＩＧ手中沒有優質資產，而是因為結構型金融部門對公司帶來的破壞太大了。二〇〇九年第一季末，ＡＩＧ宣布上年度第四季驚人的六百一十六億美元虧損。更多ＡＩＧ相關風險轉移到了聯準會（私人機構）還有財政部，也就是你和我的身上。

了解ＡＩＧ如何走上岔路和之後所發生的事情很重要，不只是因為ＡＩＧ是美國史上最大的紓困對象，也是因為整件事包含了所有導致金融危機的要素：

- 大量槓桿操作。
- 過度暴險。
- 濫用法律漏洞。
- 資產負債表外會計。
- 追求短期獲利（並且貪心）。
- 相互關聯性和複雜性，帶來政府官員無法忽視的「系統風險」。

一旦你看懂ＡＩＧ，那理解紓困之國的亂象就容易許多。ＡＩＧ是太多負面元素匯聚而成的恐怖組合。很多時候，這些風險元素就剛好趕在錯誤的時間點齊聚一堂。

「情況很糟糕，但我們不是為了AIG或它的股東才紓困。」柏南克宣稱，「我們是為了保護金融體系，以及避免全球金融市場發生更嚴重的危機。」[13]

柏南克針對AIG的言論，和前財政部長鮑爾森在二〇〇八年九月七日發表關於房利美和房地美的談話，有異曲同工之妙：「房利美和房地美在金融體系中如此龐大又牽連甚廣，任何一家倒閉都會造成國內、甚至世界金融市場的混亂。」[14]

就像柏南克的發言一般，鮑爾森這番話也是正確扼要，而且毫不相關。兩個人都沒有說出AIG、房利美、房地美國有化的真正原因：保護這些公司的交易對手和公司債持有人，包括主要金融企業及外國機構，像是日本中央銀行、中國主權財富基金，和沙烏地阿拉伯持有部位等等。

為什麼？簡單來說，過去幾十年美國消費者的揮霍無度，其實都仰賴其他國家的金援。一旦你開始依賴他人的善意，最好還是別惹那些人發怒。美國人多年來習慣享受自己負擔不起的生活。我們消費的商品和服務遠遠超過我們的生產，中間逆差總是得找到資金填補。全球經濟成長逐漸仰賴美國的過度消費主義，而我們的回報則是源源不絕的可以填補赤字缺口的外國資金。截至二〇〇八年六月三十日，每日資金流入為十六．五億美元，每一天。

如果美國放任外國人持有的債券商品違約，我們還能獲得大家的幫助嗎？二〇〇九年，美國預計發行兩兆美元的國庫債券，你想想買家是誰？[15]還有截至二〇〇八年第三季，國外單位所持有的四・二五兆美元美國各級政府債，他們還願意繼續持有嗎？忘了核武競賽吧。這些外國政府只要在公開市場上大舉賣出美國債券，就能毀了美國經濟。唯一阻止他們這麼做的原因，其實和冷戰期間沒有核戰的遊戲規則一樣：這麼做只會相互保證毀滅（mutually assured destruction，MAD），兩敗俱傷。

為什麼要救外國交易對手和債券持有人？山姆大叔其實別無選擇。

第18章

大到注定失敗？

任何私人企業都不應該覺得自己「大到不能倒」。任何使用公帑的紓困都不應該令高層或股東懈怠。

——薩菲爾（William Safire），《紐約時報》專欄作家[1]

二〇〇八年九月的尾聲和開始一樣，是無常與驚恐的致命組合。從貝爾斯登、雷曼到AIG，一旦第一張骨牌倒下，接下來便一發不可收拾。當投資人察覺到情況不對，市場更加急速下滑，一週比一週慘。

骨牌一張接一張倒，然後來到一張重要骨牌：花旗集團，全國最大銀行。在我們講過的多則警示故事中，龐大混亂的花旗集團歷史最為悠久。走過長達兩世紀的謹慎風險管理及小心成長，花旗成為最大最富有的銀行，但集團垮台則用不到五年。

紐約花旗銀行成立於一八一二年。一世紀後，花旗在一九一九年成了首家資產超過十億美元的美國銀行。正如股市在一九二九年大崩盤前創下高峰，紐約全國花旗銀行（當時名稱）也躍身為世界最大商業銀行。[2]整個二十世紀中，這個頭銜多次落在這間未來將成為花旗集團的銀行身上。

身為銀行機構，全國花旗銀行推出許多首創業務，像是：旅行支票、儲蓄帳戶複利制度、存款戶的無擔保個人貸款、可轉讓定期存單、無最低結餘的消費性支票帳戶，甚至開發出「個人貸款部」，全都源自於花旗。所有的創新再加上巧妙的風險管理，帶來緩慢但穩定的成長。

當里德（John Reed）在一九八四年接任執行長，他加速推動花旗的併購成長策略。在里德帶領下，花旗成了美國最大銀行，也是世界最大信用卡發行機構和簽帳卡服務行。[3]花旗後來成長到二十七萬五千名員工，在全球超過一百個國家擁有兩億名客戶。[4]

從《反托拉斯法》到《格拉斯—史蒂格勒法案》，花旗逐漸在發展規模上面臨法規限制。大數法則逐漸體現，花旗成長陷入停滯。

但情況只持續到一九九八年，花旗和旅行家集團（Travelers Group）高達一千四百億美元巨型合併案發生的那一年。這筆交易被視為花旗董事長暨執行長魏爾（Sandy Weill）的加冕時刻，大家都認為他一手制定了花旗「金融超市」策略。當我們檢視花旗到底從哪裡開始走錯路，該筆交易就是那個轉折點。就在那一年，花旗從大型銀行正式轉變成無法控制的史詩級巨獸。

自從聯邦存款保險公司在一九八〇年代拯救了伊利諾大陸銀行後，紓困的主要考量一直是紓困目標是否「大到不能倒」。[5]而花旗和旅行家合併後，問題則是花旗集團是否「大到不能成功」。接下來會看見，答案絕對是肯定的。

擺脫法案束縛的戰鬥

在銀行同業中，花旗是個獨特存在，不只是因為它的歷史和規模，也因為花旗在廢除《格拉斯—史蒂格勒法案》這部在一九三三年大蕭條時期制定、區隔商業和投資銀行的法案上，比起其他銀行出力更多。我們先重回一九八九年，當時《紐約時報》報導花旗「在銀行業擺脫《格拉斯—史蒂格勒法案》束縛的戰鬥中，又跨出了一步」：

> 上週所公告的證券交易中，銀行控股公司花旗集團宣布將透過花旗德拉瓦分公司

（Citibank Delaware Inc.）發行四千七百萬美元ＭＢＳ。此舉旨在避免（有人認為是故意規避），聯邦法院下令禁止總部在紐約的花旗銀行，發行以花旗住宅房貸為基礎的證券商品。[6]

一九九五年，當時的財政部長也是未來花旗董事的魯賓，在眾議院的銀行與金融服務委員會前作證。他建議國會修改或廢除《格拉斯—史蒂格勒法案》。魯賓始終朝此方向前進，就在卸下財政部長一職後不久，他終於取得勝利。一九九九年下半，《ＧＬＢ法案》取代了《格拉斯—史蒂格勒法案》，某些人稱之為「花旗集團授權法案」。[7]

禁止銀行控股公司擁有另一家金融機構的法規終於廢除了。「今天國會投票修改了自經濟大蕭條以來，管理著金融服務業的法條，以適合二十一世紀的規定取而代之。」當時的財政部長，同時也是魯賓門生的薩默斯如是說。「這項歷史性法案，將增加美國企業在新經濟世界中的競爭力。」[8]

呃，**其實沒有**。雖然廢除《格拉斯—史蒂格勒法案》並非二〇〇八年信貸危機的主要成因，但絕對助長危機的嚴重程度。如果法案還在，許多銀行蒙受的損失會減少很多。它們根本無法買進這麼多有毒資產。如今納稅人掏出上兆美元，就為了剔除銀行資產負債表上的有毒垃圾。儘管金融體系的潰敗也有薩默斯一份功勞，但他還是歐巴馬總統的國家經濟委員會（National Economic Council）成員。還真是逆勢成長。

至於魯賓，廢除一九三三年的《格拉斯—史蒂格勒法案》是他的「至高成就」。[9]魯賓在一九九九年七月卸下財政部長一職，過不到半年，他宣布了自己的下一步：花旗執行委員會主席。年薪為四千萬美元。

真是份好工作！

不顧一切踏入衍生性金融商品世界

廢除《格拉斯—史蒂格勒法案》，政府其實犯下和二十年前差不多的錯誤。當時儲貸危機的善後不完全算是紓困，而是由聯邦儲蓄貸款保險公司（Federal Savings and Loan Insurance Corporation）擔保支付銀行存戶，花了大約兩千億美元。[10]然而，下一場危機的成本絕對更加昂貴。

如今花旗集團是一頭怪獸，大過任何一家華爾街企業。除了是巨型商業銀行，還併購了美邦投資銀行（Smith Barney），還有所羅門兄弟這間巴菲特幾年前拯救過的投資銀行。

二〇〇〇年代初期，花旗高層開始推動一套新的高風險策略。集團執行長魏爾和極富影響力的資深顧問魯賓帶著集團，全力衝向前景看好的房地產市場。花旗業務擴張到風險更高的衍生性金融商品，尤其是CDO的發行。二〇〇〇年，花旗集團所發行的CDO商品總值是全球第七名，在總共六百八十億美元CDO商品中，占了四十億美元。到了二〇〇七年，花旗已經成了世界最大CDO發行商，占了全球CDO商品的一〇%以上：四千四百二十億美元中的四百九十億美元。[11]

問題不再於結果，而是方法。花旗不顧一切地踏入衍生性金融商品的發行世界，過程如此草率不負責任，幾乎沒有任何監督機制，更別提風險管理。

律師出身的花旗集團執行長普林斯，在二〇〇三年從魏爾手中接下執行長一職，因為後者身陷檢察官史匹哲（Eliot Spitzer）針對花旗分析師不當行為的調查案。普林斯歸納出集團的心態：「一旦流動性的樂章停止，事情將會非常棘手。但只要音樂還在演奏，你就得站起來跳舞。我們還在跳著舞。」

連管理高層都懷抱這種心態，全國最大銀行迎來審判之日也是遲早的事。

達許（Eric Dash）和克雷斯威爾（Julie Creswell）在《紐約時報》發表的文章，詳細記載花旗如何（被自己）絆倒：

> 曾經一度，花旗集團的巨大銀行模式帶來豐厚報酬。舉凡信用卡、房貸、併購顧問、

交易業務等，為每一季度都帶來數十億美元的收入。但當花旗交易機器氾濫製造幾十億美元的房貸相關證券商品，災難聞風而至。隨著相關業務越做越大，花旗利用會計操作將數十億美元的問題資產從帳面上移除，騰出資本來做進一步擴張。由於會計變更尚未執行，花旗和其他銀行不斷認列這些資產到公司帳上，引起市場擔心將會有下一波潛在損失。[12]

對絕大多數公司和領導人來說，安隆案明白警示了什麼**不能做**。但花旗學到的教訓恰恰相反：它學會像安隆一樣把高風險資產從資產負債表移除，藏到其他口袋。這辦法就是如今惡名昭彰、花旗大力提倡的結構性投資機構（structured investment vehicle，SIV）。只要短期信用可以支持公司的資金流動，ＳＩＶ市場讓公司的資產負債表可以不納入投資資產。

本質上，ＳＩＶ的操作方法就是簡單的利差套利。花旗販售利率較低的短期商業票據，然後用所得來購買殖利率較高的資產，像是銀行債、ＣＤＯ、ＭＢＳ等等，以此獲利。

雖然是顯而易見的道理，但我還是要再說一次：**天下沒有白吃的午餐**。殖利率高的資產風險也大。殖利率就像是獎勵，在其他條件相同下，賣方只能利用獎勵來吸引投資人購買風險較大的資產。在這個例子裡，獎勵就是高殖利率。

所有的賭場荷官都會告訴你，孤注一擲的下場通常都是慘輸。這也是花旗ＳＩＶ的寫照。因為所有的高風險都噩夢成真，當信用市場凍結加上長期債券的價值下跌，SIV的經營模式也隨之瓦解。

SIV設計者漏算了很重要的一點。如果公司有充足的信用，SIV的確可以將垃圾資產從資產負債表中移除。但他們顯然沒想到簡單的連鎖反應：那些讓資產越來越垃圾的原因，也一樣會影響信用市場。到了二〇〇七年，房價下跌，違約貸款開始增加。美國某些地區的貸款拖欠率急遽飆高。一旦短期融資用罄，公司唯一的選擇就是認列SIV的資產。花旗的資產負債表上開始出現這些虧損高達數十億美元的資產，惡性循環就此展開。到了二〇〇七年十二月，花旗為了「挽救」四百九十億美元的資產，而承擔下五百八十億美元的債務。[13]

二〇〇七年七月，花旗SIV手中的有毒資產、房貸相關CDO商品，和其他長期票據等共計八百七十億美元。到了二〇〇八年底，這些資產削減到了一百七十四億美元。政府必須花上巨額紓困金，才能幫花旗註銷那麼多的SIV壞帳。

山姆大叔虧大了，花旗賺翻了

不管從哪方面來看，花旗集團都是引火自焚。從拼裝成為龐然大物，到推動廢除重要法令，再到公司的營運方式，花旗絕對是「小心你的願望成真」的經典示範。

花旗身陷危機的期間，華爾街交易員間流傳著一則笑話：「今天早上我去花旗銀行提款機領錢，結果螢幕顯示『餘額不足』。真不知道是在說我還是它自己。」

對柏南克和鮑爾森來說，這可不是笑話。一想到全國最大、最知名的銀行跌個狗吃屎，簡直是美國兩大金融首長的噩夢。後頭的漣漪效應根本無法預測，不管是對整體經濟、對投資人信心，或是對市場皆然。讓花旗集團自食惡果？有誰希望美國最大銀行在自己的任內垮台？這絕對是無法自豪的政績。這一次，政府決定採取預防性措施；撐住花旗，傳遞訊息，領先情勢。

你可能以為政府會給全國最大、最蠢、最不負責任的銀行嚴格的紓困條件，尤其那些損失根本是花旗咎由自取。恰恰相反，財政部簡直是白白送錢上門。銀行巨獸獲得非常優惠的條件，至今原因不明。

花旗新執行長潘迪特（Vikram Pandit）的確很會做漂亮買賣。首先，他把自己的避險基金 Old Lane 賣給了愚昧的花旗銀行。接著，他以花旗執行長的身分，成功說服政府吸收集團大部分的損失。過去十年來所有錯誤決策累積而成的債務，如今從花旗公司債和股東身上轉到了納稅人身上。山姆大叔虧大了，對花旗來說則是賺翻了。

潘迪特的妙計

花旗紓困案內容結構非常複雜，但總的來說，就是政府負擔大約兩千四百九十億美元的有毒不動產抵押相關資產，換來兩百七十億美元、股利八%的花旗特別股。這是三千零六十億美元貸款的條款。[14]

- 投資組合的第一個兩百九十億美元損失，由花旗全額吸收。
- 接下來的五十億美元損失，財政部會承擔九〇%，剩下由花旗吸收。
- 接下來的一百億美元損失，聯邦存款保險公司會承擔九〇%，剩下由花旗吸收。
- 剩下的部分，則是由聯準會吸收九〇%損失。

以數學算式來表達，三千零六十億美元的擔保，306—29＝277×0.90＝249.3，也就是兩千四百九十三億美元。

花旗手中有三千五百億美元的投資組合資產，有些是垃圾，有些不是，卻能讓美國社會大眾給出三千零六十億美元的估價。其他銀行投資組合被打了六折、五折，甚至是三．

五折。塞恩為了籌措提供給 Long Star 私募基金的七五％資金融資，而拋售部分美林資產時，甚至把每一美元算成五．四七美分。[15]

花旗究竟如何爭取到僅僅一一％的折價？難道它手中的資產比其他公司優質許多？還是柏南克和鮑爾森對於花旗垮台異常地害怕？

如果其他持有和花旗相同垃圾票據的銀行白痴必須同一時間拋售資產，會是什麼光景。或許這場荒謬的送錢項目背後，是聯準會想要維持市場信心。

更糟糕的是，花旗紓困沒有截止日期。政府實際上給了花旗一筆無限期擔保資產的信用貸款，完全不用拋售或擔心「按市值計價」。

糟糕透頂的併購

花旗銀行花了一世紀的時間緩慢成形，而美國銀行（我們今天知道的版本）的擴張則是倉促許多。我們先跳過早期的有趣歷史[16]（美國銀行可以追溯至一九〇六年舊金山地震，而且最後創造了 Visa），直接快轉到一九九〇年代。此時美國銀行展開長達二十年，並且結局不甚美好的併購行動。[17]

自從聯邦存款保險公司救了伊利諾大陸銀行後，「大到不能倒」的概念就此問世。伊利諾大陸銀行在一九八四年被聯邦存款保險公司接管，一直到一九九一年才脫離接管狀態，而且諷刺地在一九九四年遭美國銀行併購。[18]沒錯，美國銀行早在幾十年前就開始了做出愚劣的併購。

到了二〇〇〇年代，美銀高層對殺手級併購的敏銳直覺開始大放異彩：

- 二〇〇五年六月：美國銀行以三十億美元拿下中國建設銀行九%股份。中國股市在二〇〇七年來到高點，接著大跌七二%。
- 二〇〇六年一月：美國銀行以三百五十億美元併購MBNA銀行，後者為世界最大的信用卡發行機構。併購之後馬上發生全球最大信用緊縮危機，然後戰後最糟糕的經濟衰退正要開始。（唉呀！）
- 二〇〇七年八月：美國銀行對全國金融公司這個美國最大房貸放款者和貸款公司，注資二十億美元。這是筆糟糕透頂的投資，在短短幾個月內虧損了五七%。
- 二〇〇八年一月：美國銀行加碼，宣布要以四十一億美元併購全國金融公司。宣布的時機非常完美，就在當代最大房市危機越演越烈的時候。
- 二〇〇八年九月：美國銀行花五百億美元買下美林，包括美林的有毒資產組合（還有一堆之前未公開的錯誤交易）。

二〇〇九年二月二十日，美國銀行的股價跌到二・五三美元。在全國金融公司破產前，美銀的股價是五十二美元（二〇〇七年十月）。

這些併購案雖然看起來很差勁，但有幾件甚至比表面上看到的還糟糕。摩根大通執行長戴蒙同意從聯準會手中接下貝爾斯登時，他成功說服柏南克拿出兩百九十億美元來替交易收尾。這是個高招，因為這意味著貝爾斯登的次級貸款和衍生性金融商品損失不歸摩根大通，而是屬於聯準會。同樣地，戴蒙也一直等到華盛頓互惠銀行進入聯邦存款保險公司的接管狀態，才在二〇〇八年九月低價買入。

美國銀行執行長路易斯則沒這麼精明。他在完成全國金融公司交易時，沒有拿到政府的擔保，而且購買美林岌岌可危的資產時，也買得太貴了。沒有聯準會的擔保，路易斯手中岌岌可危的資產果然沒有奇蹟。他其實可以等上二十四小時，在全國金融公司破產後再用低價買入，就像巴克萊買進雷曼的資產管理部門一樣。

結果，路易斯原封不動地買下整間全國金融公司，帳目上滿是毫無績效的資產。你不需要先見之明也能看出，大難即將臨頭了。

銀行金童的拯救計畫

二〇〇八年九月就在股市潰不成軍的狀態下結束。當眾議案否決七千億美元的銀行紓困法案，本來就疲弱的股市在二〇〇八年九月二十九日大跌。道瓊工業平均指數以史上最大下跌點數作為回應，下滑七百七十七點，也就是七%。標準普爾五百指數則重創八・七五%，自一九八七年崩盤以來最大跌幅。那斯達克跌幅超過九%，Google在兩年內首次跌破四百美元，而蘋果則掉了一八%。接下來一週（十月十日結束的那週）是市場歷史上最糟糕的一週。道瓊暴跌二〇%，摜破八千點。一年之前，這個藍籌股指數可是超過一萬四千點。

當市場震盪，不管你是兩百年來小心翼翼擴張而成的巨型銀行，或者是只用二十年倉促成型的巨型銀行，結果都一樣。它們的**過去**已經不重要，**現在**要竭盡腦汁面對次貸衍生性金融商品崩盤，**未來**則是黯淡無光。資金那麼少，債務那麼多，管理階層根本無計可施。

在這一片混亂局勢中，問題資產紓困計畫出爐了，這是財政部長鮑爾森的銀行拯救計畫。注入資金、買下垃圾資產，花幾千億納稅人的錢來幫銀行收拾自己造成的殘局。一開始預估成本是七千億美元。到了二〇〇九年三月，整個計畫成本已經來到兩兆美元。

為什麼花這麼多錢來拯救那些輕率又管理無方的金融機構？或許了解紓困計畫發起人的背景能幫助解答疑問。

紓困年代兩任財政部長的故事，分別都是未來總統的警世寓言。鮑爾森為了財政部長一職離開高盛。在高盛三十年間，他從基層一路做到集團執行長。鮑爾森的繼任者蓋特納，則是前紐約聯邦準備銀行總裁（或者，信用交易員稱他為「TurboTax 提米」〔TurboTax Timmy，按：蓋特納曾欠繳三萬四千美元的稅金，理由是他不知道如何使用報稅軟體 TurboTax〕）。紐約聯邦準備銀行是私立德拉瓦公司，大部分股份由銀行的主要交易商持有，也就是二十多家購買政府國庫券的銀行。[19]而蓋特納也是另一位財政部長魯賓的門徒。鮑爾森和蓋特納兩人都是銀行圈出身，也是達特茅斯學院的校友。他們的心態似乎還停留在私人銀行受雇期，而非受雇於總統來為民服務。

任用銀行金童的危險很快一覽無遺。財政部長滿腔熱血地拯救**銀行**，而不是掃除障礙、挽救**銀行體系**。鮑爾森所有的精力都放錯地方。不過看看他（還有蓋特納）的背景，不算意外。他們是銀行家，自始至終都是。因此，他們做了所有專業人士發現產業瀕危時都會做的事情：保護企業。如果剛好需要花掉納稅人一大筆錢才能做到，那就花吧。

最明顯的解決辦法，像是安排無償付能力銀行接受聯邦存款保險公司託管、辭退主管、清算控股公司、販售資產、收回股份，還有以剩餘資產償付公司債持有人等等，全都不予考慮。

鮑爾森最早的問題資產紓困計畫提案充分反映這種思維。整份文件驚人地缺少細節，要求大舉擴張財政部長的權力，卻不受任何監督也不須負責。[20]

> 在諮詢過聯準會主席後，財政部長針對是否購買其他資產，作為有效穩定金融市場的手段，有裁量權。移除問題資產將能恢復金融體系的健全，帶來下一波經濟成長。購買資產的規模和時間點將由財政部長及其轄下機關決定，總金額將維持在計畫預算之內。[21]

針對七千億美元，全國上下**真的**只收到一頁通知：毫無細節，幾點聲明，還有一張巨額價格標籤。不論是傲慢還是刻意為之，這張文件充分代表了鮑爾森對銀行危機的回應。其中，決策毫無一致性，也沒有清楚的思考模式。每一次決定似乎都是隨性而為，臨場發揮。整個財政部似乎只是鮑爾森的「臨時任務編組」。

這就是紓困之國的管理之道？

「全面，有力，富變革性」的失序

十月初，加上些修飾的改良版問題資產紓困計畫被送到眾議院和參議院，小布希總統很快簽署成為法案。[22]財政部長鮑爾森稱政府的紓困計畫「全面，有力，富變革性」。[23]

問題資產紓困計畫通過後不久，鮑爾森又在原本目標「用基金購買銀行手中有毒資產」之外，加上一堆雜七雜八的方案，包括：

- 投注兩千五百億美元到美國各大銀行。
- 三年內銀行發行的債券都將由政府擔保。這是為了鼓勵銀行恢復彼此借款以及放款給民眾。
- 聯邦存款保險公司將擔保無利息戶頭裡的存款，通常是小型企業的戶頭。
- 財政部將持有國內各大銀行的特別股，像是高盛、摩根士丹利、摩根大通、美國銀行、花旗集團、富國銀行、紐約梅隆銀行（BNY Mellon），和道富集團（State Street）。

除了這些巨大開支，山姆大叔打算「暫時擔保高達一．五兆美元銀行新發行的優先債，並擔保無利息戶頭中，高達五千億美元的存款，主要為企業戶頭。」[24]全部加總起來，「紓困計畫的成本為二．二五兆美元，是原先所說七千億美元的三倍。」[25]

現在，重點來了：這全是精心策畫的計謀，只為了掩飾花旗銀行破產的事實。

二〇〇八年十月時，其他銀行雖然狀況也不好，但多半不想要或者不需要資金挹注。沒有一家的問題和花旗一樣麻煩。就算是美林帶給美國銀行的問題，也要到二〇〇八年十二月才開始白熱化。華盛頓互惠銀行是名單上最慘的，也已經在一個月之前進入聯邦存款保險公司接管狀態。[26]摩根大通以不到二十億美元的價格，從聯邦存款保險公司手中買進華盛頓互惠銀行，而美聯則被富國銀行以一百五十億美元掃購。多虧了稅法變更，富國銀行的七百四十億美元利潤無須納稅。所以聯邦存款保險公司省下了美聯幾十億不良資產的損失，但納稅人損失的金額大約是這的三十五倍。[27]

鮑爾森出手時，只有花旗處於絕望深淵。鮑爾森顯然害怕其他人發現花旗竟然在市場崩盤的時候，爆發償付能力問題。與其羞辱單獨一間草率、管理不善、過度槓桿的銀行，財政部決定來個齊頭式平等。

償付能力夠的銀行，對最新版的問題資產紓困計畫大表不滿。鮑爾森召集了一場會議，請各大銀行首長參加。這讓人聯想到之前在紐約召開的LTCM會議，只是多了點電影《教父》的氣氛。財政部長提了所有銀行都無法拒絕的提案。「你的選擇除了接受，還是接受。」一名會議參與人說，由於是私下討論，我不能公開對方身分。「在場每個人都知道答案只有一個。」[28]

和《教父》中的馬頭恐嚇事件相比，這還真是個詭異的改編版本：「收下這兩百五十億美元，不然走著瞧。」

到了二〇〇八年後期，政府大型方案混亂失序的問題也浮現。聯準會拒絕說明誰收到了將近兩兆美元、來自納稅人口袋的緊急貸款。[29]（《彭博》以《資訊自由法》〔Freedom of Information Act〕為由，對聯準會提起訴訟，要求全面揭露資訊。）[30]美國國會會計總署發表報告，批評問題資產紓困計畫的內部控管。[31]

但真正令人髮指的是，金融機構開始用問題資產紓困計畫的紓困金，來支付高級主管的分紅。這些公司當然是宣稱發出去的不是紓困金，而且紅利是慰留頂級員工的必要條件。但如果你的公司到了需要政府伸出援手的地步，難道主管不該放棄額外分紅嗎？或者，效法歐洲，政府把取消分紅列入領取紓困金的條件？

更進一步引發眾怒的是，獲得紓困金的機構還有新的減稅方案。財政部減免了銀行併購案的稅金，總免稅額或許高達一千四百億美元。《華盛頓郵報》爆料，正當國會為了七千億美元的問題資產紓困計畫法案吵得不可開交時，國稅局悄悄地變更了九月三十日發布的稅法。[32]

與此同時，花旗和美國銀行的領導人不斷回來要求更多紓困金。他們可能不懂得如何管理風險，倒是很快學會紓困門道。第一輪問題資產紓困計畫紓困金發放後，銀行籌措資金的方法明顯受限。所以在收到第一筆兩百五十億美元的問題資產紓困計畫現金後，花旗又回去要了兩百億美元，再來是一筆大錢，由美國政府全面擔保兩千五百億美元有毒資產。美國銀行，「美國政府持有的銀行」，也敲了三次門：兩百五十億美元、兩百億美元，然後是三千億美元的資產擔保。伸手次數最多的大贏家（而且還在討錢）仍然是AIG，一共是四次，要到了一千七百三十億美元的資金。

你說，這些主管是不是很值得「獎勵」？

新開始，繼續以毒攻毒

二〇〇九年是個新開始……我們有了新總統、新財政部長，還有一套新紓困計畫。本書即將付梓之時，財政部長蓋特納終於提出了大家引頸盼望的問題資產紓困計畫取代方案。蓋特納選擇延長紓困期並且以「公私合營投資計畫」（Public-Private Investment Program，PPIP）取代問題資產紓困計畫。新計畫由聯邦存款保險公司主持，重點是將有毒資產從問題銀行的資產負債表中移除，通常是CDO、MBS，還有商業房地產貸款。

公私合營投資計畫有兩點不同。首先是加入私人合夥概念。聯邦存款保險公司將借款給合格基金高達七倍的融資金額，來購買銀行資產。這些基金只需要拿出十二美元，就能透過競標買進價值八十四美元的拋售資產。顯然美國政府打算以毒攻毒，用更多槓桿融資來解決過度槓桿造成的問題，就像是，喝更多酒來醒酒。

第二個不同是，解除了國會對公私合營投資計畫的管轄權。既然計畫由聯邦存款保險公司主持，而且嚴格來說政府只是進行擔保貸款，計畫不再需要國會同意。[33]財政部早已經有過巧妙規避國會干涉的例子。薩門（Felix Salmon）在《紐約時報》的評論版中寫道：

> 這已經不是財政部第一次為了逃避國會審查，轉而從祕密口袋中掏出幾十億美元。一九九五年，魯賓甫入主財政部不久，副部長薩默斯還有次長蓋特納雖然遭到國會反對，仍然想要金援墨西哥。他們成立了所謂外匯穩定基金，表面上的目標，是穩定美元在全球外匯市場的價格，實際行動卻毫不相干。[34]

又是魯賓劇本的另一齣好戲，這還真符合美國的需要。一起來見見新老闆……和舊老闆一樣的新老闆。

還剩下誰？

下一個是誰？說來諷刺，這個部分我已經重寫了六次。最早是房利美，但後來得換成雷曼兄弟，再來是AIG，接著是通用汽車，然後是花旗。

這是最後一根稻草。我甚至懷疑是不是因為我有動筆的念頭，所以詛咒了這些公司。底特律紓困案發生時，我決定別再用「下一個是誰」來做標題。況且，這句話也不合時宜了，應該要問的是「還剩下誰？」與其猜測下一個是誰，然後毀了那間可憐的公司，我建議你翻到下一頁，一起來看看當初到底怎麼把事情搞砸的。

插曲

失心瘋的跳梁小丑

有時候我懷疑那些主掌世界的，到底是裝笨的聰明人，還是真正的白痴。

——馬克・吐溫，美國幽默文豪

過去兩年紓困期間，無知、政治操作，還有（我們就直接坦白講）愚蠢等行為持續上演，而且越演越烈。

雖然共和黨因為管理無方、激進立場，還有賭場資本主義而備受指責，但這群跳梁小丑似乎打定主意，要躲開任何闖禍應該要負的責任。他們反過來指著每件事和每個人破口大罵，唯獨漏掉自己的駭人疏失。

這次金融挫敗的規模，堪稱幾世紀以來未曾見過。

堂堂一個國家，許多部門機構卻辜負社會期待。在葛林斯潘帶領下，聯邦準備系統為了保持意識形態的正統，而對有史以來最不負責任的銀行擴張放款悶不吭聲。事實上就在二〇〇九年三月，葛林斯潘還投書《華爾街日報》否認針對房市泡沫的所有指控。[1]除了前所未見的貨幣政策外，他在執行聯準會法定角色的失職，早就已經達到過失犯罪程度。歷史對這位大師自有公斷。

從國家角度來看，我們必須抉擇：如果不制定合理的銀行和投資機構法規，就要放手讓自由市場懲罰金融公司交易和資產配置的錯誤。

如果最後是用納稅人的錢來買單金融產業的損失，難道納稅人沒有堅持禁止極度投機行為的權利？如果某種生意的缺陷大到會造成全球經濟崩潰，難道不應該禁止會造成崩潰的行為？

這件事沒有灰色地帶，非黑即白。但是看在老天的份上，我們不應該同時承受兩種選擇的苦果，不可以一邊放任銀行犯下可怕、但其實可以預防的錯誤（像是，放款給根本還不起的人），卻又期待納稅人會在出紕漏時大方掏出幾兆美元。納稅人沒有義務扮演所有交易對象的擔保人，保證所有避險基金的交易，還有每一筆華爾街的買賣。

鬱金香狂潮根本比不上

這不是資本主義，也不是社會主義；這不是法治規範，也絕對不是自由市場精神。現有語言不足以形容這套四不像系統，這塊由賭場資本主義、裙帶主義、政治操作拼湊而成的破布。意識形態白痴是我所能找到，唯一稍微吻合這瘋狂日常的字眼。

我們不能既享受私有化利潤，又要有群體化風險。

美國出現了歐威爾式瘋狂。美國的資本家，長期在全球宣揚自由市場主義的資本家，成為社會主義者。地球的另一端，中國共產主義則當仁不讓，飛快地發展出某種資本主義。諷刺的是，正是中國和俄羅斯這些前共產國家，持有最多房利美和房地美的跌價票據。

同志們，你說現在是在誰拯救誰？

或許政府救下招搖撞騙的ＡＩＧ、美國銀行、花旗集團等等，並不是為了美國企業，而是為了和親近美國的國際金融家維持良好關係。身為世界最大發債國，我們仰賴陌生人伸出援手。不管來自日本、歐洲、中東石油富國，或甚至前共產國家，都好。

美國境內則發生了比認知失調還誇張的事情，一場大規模失智症四處蔓延。日後回過頭來看這段荒唐無度的年代，我猜最常被提出的問題不是那些人為什麼沒有坐牢。未來歷史學者想問的應該是，為什麼那麼多人沒有按時服藥，接受保護性監護。因為只有徹底的瘋狂，才能合理解釋那些人的一字一句、一舉一動。

過度槓桿操作企業？賣空投資人的錯。

嚴重資金短缺的金融機構？謠言的錯。

慘不忍睹的拙劣公司治理？傳令兵的錯。

印地麥克銀行光是在二〇〇八年就虧損了九億美元，宣告破產。印地麥克的股價在二〇〇七年跌了八七％，在二〇〇八年又掉了九五％（去年的下跌不算）。到了十二月中，印地麥克的股票已經擠身粉紅單市場（pink sheets，按：交易未上市股票的OTC市場，投資風險較高），以美分計價。

有人估計印地麥克的不良貸款，大概是在三百億美元左右，而儲蓄機構監理局局長竟然譴責某參議員調查聯邦存款保險公司的五百三十億美元紓困金將會用掉多少！儲蓄機構監理局的顢頇無能已經難以想像，但如此明顯的厚顏無恥才真正令人嘆為觀止。

或許有人手持鐵鎚在華盛頓特區流竄，專門攻擊資深政府官員的腦袋。比起其他說法，頭部受創可能是眼前所見所有荒唐亂象比較好的解釋。後人會著書討論這段歷史，好奇這一切究竟怎麼發生。**鬱金香狂潮連我們一根小指頭都比不上！**

群體式瘋狂

重點甚至不是這次危機的損失金額，已經超過全球其他金融風暴的加總，而是怎麼會有這麼多人忽視這麼多警訊，長達這麼久的時間。未來作家和史學家勢必懷疑：那些人到底有什麼毛病？食物裡添加的抗生素使人陷入瘋狂？高果糖玉米糖漿破壞了大腦思考能力？還是某種病毒浩劫？類固醇中毒？否則怎麼可能不光是一般人，連領導人和各大單位都一起發瘋？曾經引以為傲的投資機構變成賭場，風險管理和保本保值的想法全被丟到水溝裡。而且，把神話當成智慧，把捷徑當成知識。

亞當．斯密如果還活著，不知道是憤怒抑或傷心。

第五部

後紓困時代

自由市場的確發威了，
那些風險管理不善的公司被市場力量摧毀。
問題出在，之前大力捍衛自由市場精神的人，
根本沒膽子吃一口市場先生端上桌的
創造性破壞。

第19章
麻煩製造者

人的智力無法理解現象發生的所有原因，然而尋找原因的渴望又烙印在靈魂之中。人類的理解力，沒有能力檢視錯綜複雜的現象條件，而且每個條件單看都像是原因，於是緊抓住第一個並且也是最能夠理解的那個，然後大喊：「這就是原因！」

——托爾斯泰，《戰爭與和平》，第四卷第二部第一章第一段

現在我們來到本書最大快人心的章節：檢討批評、追究責任。喜歡看好戲的人，聽清楚了：該對造成房市泡沫、信貸危機、金融崩潰負責的人實在太多，很難說是哪一個人的錯，這是一起牽連甚廣的集體犯罪。

很多人怪罪某個政黨、某位人士，或者是某件不法行為。事實上，情況遠遠複雜許多。責任牽連甚廣，大部分是共同責任。諾貝爾獎得主、哥倫比亞大學經濟學教授史迪格里茲（Joseph Stiglitz）稱此為「系統失靈」。不是單一個錯誤決定，而一連串決定所導致的悲慘結局。[1]

大家似乎同心協力地一起草率魯莽、顢頇無能。因為沒有所謂的最終大魔王，我怕漏掉一些對這場全球經濟浩劫有所貢獻的人物或事件。

我們還是能試著點出那些對危機「貢獻」特別卓著的角色。仔細梳理災難始末後，我依照肇事責任大小列出以下名單：

- 聯準會主席葛林斯潘。
- 聯邦準備系統（制定貨幣制度一職）。
- 參議員葛蘭姆。
- 穆迪、標準普爾，和惠譽國際（信用評等機構）。
- SEC。
- 房貸發起者和放款銀行。
- 國會。

- 還是聯邦準備系統（銀行監管人一職）。
- 貸款人及購屋者。
- 華爾街五巨頭（貝爾斯登、雷曼兄弟、美林、摩根士丹利、高盛）及其執行長。
- 小布希總統。
- 柯林頓總統和雷根總統。
- 財政部長鮑爾森。
- 財政部長魯賓和財政部長薩默斯。
- 聯邦公開市場委員會主席柏南克。
- 房貸掮客。
- （詐欺的）估價師。
- CDO經理人（製造一堆垃圾）。
- 購買圾垃的投資機構（退休基金、保險公司、銀行等等）。
- 金融管理局和儲蓄機構監理局。
- 全國法治機構。
- 購買垃圾的SIV和避險基金。

我們來瞧瞧名單上幾位頭號人物。

助長危機的「大貢獻家」

許多直接導致當前危機的貨幣政策或法規錯誤，都可以歸功於曾經一度被稱為大師的那位男子。在葛林斯潘的帶領下，聯邦準備系統濫用貨幣政策、無視關鍵放款問題，而且完全不監管新型、不負責任的金融產品。

好幾項葛林斯潘的政策已經證實嚴重偏差，像是：不斷保護資產價格並且拯救投資人，二〇〇〇年崩盤後不合理的低利率，還有，從未執行監管放款的職責。最嚴重的是，他打從心底深深相信一切法規都是壞的，應該要不計代價避免。**我們現在知道代價多大了，超乎想像的大。**

葛林斯潘執掌聯準會的期間奉行著錯誤的哲學見解，這位前聯準會主席二〇〇八年十月二十二日在國會作證時承認：「我犯的錯誤是相信金融機構，尤其是銀行等，會為了自身利益而保護好自己的股東。」[2]

根據葛林斯潘的世界觀，現在這場危機，還有許多之前的危機根本不可能發生，因為自由市場的智慧會預防這種事。但全都發生了。葛林斯潘的信念完全錯誤，然後納稅人為此大失血。如果我們非要指出房市崩盤、信用危機、經濟衰退、有毒資產背後的單一思想謬誤，那絕對是認為市場能自我調節的錯誤信念。前英國首相迪斯雷利曾說過：「他因為無知而聞名。因為他只有一個想法，而且是錯誤的想法。」[3]

鑒於葛林斯潘對自由市場的迷戀，他採取的許多行動越來越不協調。自由市場頭號擁護者不斷干預市場內部運作這件事，本身就是巨大的矛盾。完全是海勒（Joseph Heller）所著《第二十二條軍規》的現實版。

我無法理解葛林斯潘是如何合理化自己的內在衝突，但至少他日後承認自己的主要信念「有瑕疵」。很不幸，這份瑕疵的經濟信念，扭曲了他擔任聯準會主席時的每一項政策。今天的危機大部分都起源於這些政策。

一八三六年，羅斯柴爾德（Mayer Rothschild）寫道，「讓我控制一國的錢財，我不在乎制定法律的是誰。」要是聯準會將警告銘記在心就好了。這句話對時任聯準會主席柏南克也是很好的警惕。

葛林斯潘年代長達二十年（一九八七年到二〇〇六年）。無條件追隨葛林斯潘決策的聯邦公開市場委員會，尤其是後面那幾年，也要負起責任。只除了葛雷林奇，他及時提出對次級貸款和掠奪式放款必須小心，正中問題核心卻被忽視。還有前聖路易聯邦準備銀行總裁普爾，多次警告政府贊助企業房利美和房地美有問題。非常可惜，葛林斯潘或聯邦公開市場委員會都沒把他們的話聽進去。

聯準會犯下的最大錯誤，是完全不履行其銀行監管者的職責。聯準會不僅沒有監督放款機構，甚至也無視人類金融史上規模最大的放款標準崩壞。結局非常慘烈。

作為政府組織，聯準會辜負了美國。它直接鼓勵大型投機行為，不監管新創形式放款。通貨膨脹趨勢讓油價從二〇〇一年每桶十六美元，七年後飆升到一百四十七美元。其他原物料和食品價格也不斷上漲，這都是因為聯準會的激進利率制度。

主席柏南克也該為聯準會在這段通膨期怠忽職守，負起部分責任。身為著名經濟大蕭條研究家，時任聯準會理事的柏南克在科技泡沫崩盤後，提出通貨緊縮的警告。葛林斯潘從二〇〇一年到二〇〇三年的超寬鬆貨幣政策的架構和立論，就是由柏南克提供。

身為聯準會主席，柏南克拖了太久才了解到，次貸危機根本沒有「受到控制」。等到二〇〇七年八月終於覺醒時，他的一系列回應方案挑戰法律界限、大幅擴張聯準會資產負債表，而且置中央銀行信用於風險之中。

所有助長了當前危機的政府機構中，聯準會的貢獻絕對拔得頭籌。

催生貨幣毀滅武器的葛蘭姆

世界上第一封電報的內容，「上帝的傑作」，反映出摩斯對於自己行為所帶來的後果深深不安。真希望葛蘭姆也能這樣反省自己。

雖然國會也應該被罵，但是沒有任何民選官員造成的破壞勝過葛蘭姆。他是一手促成《商品期貨現代化法》的參議員，也是提議廢除《格拉斯—史蒂格勒法案》的前鋒。替代《格拉斯—史蒂格勒法案》的新法案甚至有他的名字（《GLB法案》中的G即是他）。這兩項法案都是貨幣毀滅武器，這些定時炸彈最後導致大型金融浩劫。

美國消費者聯合會（Consumer Federation of America）的投資人保護業務主管羅珀（Barbara Roper）說：「自從金融崩潰，大家都在問『國會在哪裡？為什麼沒看見危機逼近？為什麼沒有加強監督？』我們現在知道，原因是國會成員全忙著法規鬆綁大計。比起保護投資人和捍衛國家經濟，他們更關心怎麼讓華爾街過得更開心。」

一九九〇年代晚期的法規鬆綁年代，共和黨掌握著眾議院和參議院，而葛蘭姆則是負責法規鬆綁的大將。這位德州共和黨員在追求鬆綁的道路上，也獲得了紐約市民主黨參議員舒默（Chuck Schumer）的部分協助。或許舒默爭取華爾街利益的表現實在太出色。

直到今天，葛蘭姆**仍然**宣稱法規鬆綁，對房市崩盤和信用危機毫無影響。根據葛蘭姆，移除所有衍生性金融商品的規範，包括州政府保險監督、保證金要求、清算資訊，完全和之後的問題無關。他毫無悔改之意，認為所有對法規鬆綁的指責只不過是「一時誤解」，這位退休德州參議員如是說。二〇〇八年十一月，葛蘭姆聲明法規鬆綁在這場延燒全球的經濟風暴中，「沒有扮演任何角色。」[4]

多麼無恥的胡說八道。這絕對是我這輩子聽過最大的認知失調經典示範。葛蘭姆無法認清自己立法動作帶來的後果，但那只不過是在保護自己，拒絕面對殘酷現實。葛蘭姆的困惑大腦，無法以合理邏輯來解釋自己根深蒂固的哲學立場，還有隨之而來的後果。如果他承認這是事實，應該會徹底崩潰，陷入瘋狂。

所以我必須稱讚葛林斯潘這一點，至少他最後承認了自己哲學上的「瑕疵」。葛蘭姆則恰恰相反，還是死守著那塊自由市場純粹主義的招牌。這場悲劇發展至今的所有角色中，葛蘭姆最為冥頑不靈。他是紓困之國中，智商破產最嚴重的市民。和葛林斯潘一樣，他只有一個想法。但跟葛林斯潘不一樣的是，葛蘭姆無法明白自己想錯了。

忽視警訊的白宮

從雷根到小布希，過去二十五年的歷任美國總統，也或多或少助長了市場可以自我管理的信念。

四名總統當中，小布希的過錯最大，並不是因為危機在他任內發生，雖然這理由本身也夠了。更嚴重的罪過是他和葛林斯潘及葛蘭姆有一樣的激進想法：市場能管理自己，所有的法規都不好（大部分的政策的確是）。小布希對關鍵監督單位的人事任命，還有所推動的法案，充分反映他的觀點。

前總統柯林頓、老布希，還有雷根每位都各有責任，但遠比不上小布希。老布希總統罪狀最輕。雷根則是選擇不留任原聯準會主席伏克爾，讓葛林斯潘取而代之。先不管其他政績如何，光是這點就是雷根永遠的汙點。不過，雷根在很多方面，都可以說是激進鬆綁運動的精神之父。正如《華盛頓郵報》在一九八六年所言，「雷根對自由市場的堅定信念，還有阻撓創業家發展的法條的厭惡，慢慢地感染了全體政府。『美國相信我們對世界繁榮的最大貢獻，就是持續宣揚市場的神奇力量。』雷根這麼告訴一名聯合國人員。」

有些政黨人士試圖將危機全算在共和黨頭上，歷史證實並非如此。是的，共和黨的確在一九九四年到二〇〇六年控制國會，但是民主黨柯林頓總統也要負起很大的責任。他和他的財政部長——魯賓及薩默斯，全都是鬆綁的信徒。這三人在肇事責任的位階上，和小布希不相上下。

雖然魯賓在擔任財政部長時支持廢除《格拉斯—史蒂格勒法案》，而且身為花旗長期董事，但他卻躲過了眾人批評，直到最近矛頭才指向他。[5]花旗大力支持《格拉斯—史蒂格勒法案》的廢除，而魯賓在一九九九年卸下財政部長一職後，很快加入花旗董事會，吃相著實難看。[6]

在財政部期間，魯賓強烈支持《商品期貨現代化法》。他積極駁斥商品期貨交易委員會主席波恩（Brooksley Born）的顧慮。一九九七年，波恩警告國會衍生性金融商品交易不受監管會有問題，像是CDS。[7]不受監管的衍生性金融商品可能會「威脅到受監管的交易市場，或者，在聯邦機構一無所知的狀況下，危及美國經濟。」她作證說道。波恩呼籲採取不同補救措施，包括提高交易透明度、透過中央清算公司來揭露交易內容，並要求虧損準備金。現在問題爆發之後，上述措施終於一一生效。但當時，波恩的呼籲被葛林斯潘、魯賓、薩默斯等一票人壓制下去。

柯林頓總統眼看著災難法案通過。他簽署了取代《格拉斯—史蒂格勒法案》的可怕《GLB法案》，和免除衍生性金融商品監管的《商品期貨現代化法》。這兩個法案或許是由葛蘭姆正式提出，但都是由柯林頓總統簽署成法。這種錯誤行為不應該拿到免死金牌。

但是，小布希的人事任命才是真正把「自由主義，開放市場為王」教條鼓吹到震天價響。他指定的SEC主席糟透了，其他許多首長也是，像是儲蓄機構監理局、聯邦準備系統、財政部長和其他關鍵監管單位首長，都一樣差勁。

問題：當一名不信任政府的總統，任命了一堆和他想法一樣的人，擔任重要監管機構官員？答案：沒有監督，也不會有管理。

「錯失良機」似乎是小布希總統任期的主旋律。隨著不同危機逼近，其實都有可以阻止事態繼續惡化的關鍵點。但小布希政府從未採取任何行動，直到危機全面爆發。

二〇〇一年，估價師在白宮前請願，抗議貪腐的房產稽查員故意灌水房屋估價，政府拒絕回應。當州際銀行監管機構發現放款詐欺的跡象，小布希阻止他們進一步採取管制行動。白宮堅持只有聯邦機構（而不是州政府機構），才有聯邦特許銀行的管轄權。這個說法也沒錯，直到聯邦機構也發現問題，然後想要著手管理。然而，後者也被白宮打了回票。被拒絕的可不是州政府機構，而是白宮宣稱有特別管轄權的聯邦機構。

美聯社歸納了這些本來應該負起監管責任的政府首長，最後一敗塗地的原因：「行政團隊對於即將發生的危機視而不見，象徵了背後的治理哲學，也就是信任市場力量並且貶抑政府干預經濟的價值。諷刺的是，這套想法反而迎來了自一九三〇年代以降，規模最大的政府干預行動。」[8]

讓我們一一列出白宮忽視的警訊：銀行監管機關在二〇〇五年，提議一套新的高風險貸款承貸規定。這些是承辦貸款的基本規定，如果當年順利實施，房市和信用危機或許不會如此嚴重。小布希政府不願採納任何壓制次級房貸、無自付款貸款、只付利息貸款的措施，這些貸款正是房市和信用危機的主要成因。

根據美聯社，背後原因是銀行（包括後來垮台的那些）施壓：

監理機構屈服於強大的遊說團體，還有銀行對不良貸款的保證，拖延將近一年才採取動作。等到二〇〇六年末新規定頒布時，條款中最嚴格的內容已遭刪除，而崩潰也步步逼近。「這些貸款對持有貸款的放款機構來說，比許多固定利率房貸還要安全。」華盛頓互惠銀行的住家貸款總裁史奈德（David Schneider），在二〇〇六年這樣告訴聯邦監察員。兩年後，華盛頓互惠銀行成了美國史上最大宗的銀行破產案。[9]

那些大力遊說反對監管提案的銀行名單，簡直就是之後的破產及聯邦存款保險公司接管名單，其中包括印地麥克銀行、全國金融公司、華盛頓互惠銀行、雷曼兄弟，還有唐尼儲蓄貸款銀行（Downey Savings）。

真正令人氣憤的是，把建議條款從新行政規定中移除的，就是小布希白宮團隊。這些動作全都無須國會同意，甚至不需要總統簽名。被移除的行政規定提議如下：

- 銀行必須加強查證購屋人確實有工作。

- 放款人必須評估借款人是否有還款能力。
- 監察機構將通知銀行家，特殊房貸通常不適合信用不佳的買屋人。
- 從經紀商處購買房貸的銀行，必須查證買家是否有能力負擔所購房屋。
- 監管機關建議設立高風險房貸上限，控制違約程度。
- 打包並販售房貸的銀行，必須明確告知投資人所購商品內容。
- 監管機關要求銀行協助購屋者做出合理決定，並且明確告知利率有升高可能。

償還款項如大幅增加必須明確揭露，包括告知貸款利率重設後的金額。根據美聯社針對監管機構文件的調查報告，小布希行政團隊也完全忽視金融崩盤的明顯預兆。

無獨有偶，金融管理局「在房貸崩潰上扮演關鍵角色，一方面積極善用聯邦政府優勢來擋下州政府的消費者保護法，另一方面又無力適當監管轄下的國家特許放款機構。」二〇〇八年十月，責任貸款中心（Center for Responsible Lending）資深副總史坦（Eric Stein）在參議院聽證會當中作證說。而聽證會的主題是「美國信用市場動亂：當今經濟危機的起源」。[10]

史坦作證表示，金融管理局屈服於銀行控股公司國民城市（National City）和其他次貸放款公司第一富蘭克林財務公司（First Franklin）的壓力，排除了喬治亞州通過的「全面性房貸改革法案」。[11]金融管理局也阻撓了好幾項能夠阻止部分高風險銀行貸款的法案，包括掠奪性放款。

雖然小布希宣稱自由市場精神遠勝政府干預，他最後卻眼看著美國史上最大的私人產業國有化在任內發生。麥德羅維茲（Allan Mendelowitz）精準觀察到小布希政權紓困潮的可笑：「小布希政權以社會保守主義姿態入主白宮，再以保守社會主義姿態離去。」[12]

SEC醜聞

在兩任任期內，小布希認命了三位完全不適任的SEC主席，每一任都德不配位。他們是名符其實的無能監管人小隊，沒有一人真正做到保護投資人利益。

小布希任命的第一位SEC主席皮特（Harvey Pitt），是證券產業的辯護律師。說他完全不適任簡直是太便宜他了。皮特不僅沒有代表投資人權益，他根本是業界出了名的狗腿子。他在一連串嚴重不法行為發生期間，堅持打造一個「更溫和、更友善」的SEC，完全和人民真正的需求背道而馳。

更糟的是，在企業會計弊案猖獗的年代，皮特和會計產業關係匪淺。身為華爾街律師，皮特曾經「建議客戶銷毀不利於自己的敏感文件，這建議似乎和SEC的安隆調查案，和愛用碎紙機的稽核單位安達信雷同。」[13]皮特經常必須從SEC投票案中退出，因為案主往往是他擔任辯護律師時的客戶。奇怪的是，每當SEC展開調查案時，皮特總是會和這些受調查公司的負責人會晤。[14]

毫無意外，皮特擔任SEC主席期間，整個SEC士氣大受打擊。對投資人代表團體來說，皮特擔任SEC主席「就像叫賓拉登擔任國土安全部部長一樣。」[15]二〇〇二年七月，參議員麥侃要求皮特辭職。[16]在一連串醜聞爆發後，皮特終於遞出辭呈。

小布希欽點的下一任SEC主席是唐納森（William Donaldson），前紐約證交所董事長。他還是後來被瑞士信貸併購的DLJ投資銀行創辦人。

唐納森的任務，是協助SEC在皮特辭職後站穩腳步。前紐約證交所董事長注定和大型華爾街機構關係深厚，所以接下來的發展也不出所料。在唐納森任內，前五大投資銀行的淨資本規則在二〇〇四年被豁免。這些銀行現在的融資和自有資本比例不再限制為十二比一，可以提高到三十、三十五，甚至四十比一。如果說金融危機的規模，因為唐納森領導的SEC同意該豁免而嚴重了三倍，並不誇張。

再來是考克斯，小布希的第三位SEC主席。他和葛林斯潘及葛蘭姆一樣，對法規監管抱持敵意。「考克斯長期支持市場鬆綁並且親近業界人士，使得他在錯的時間成為錯的

SEC主席。」[17]

二〇〇七年七月，考克斯廢除了所謂「漲檔放空規則」（uptick rule，按：規定賣空不得在股票下跌時進行），在信用緊縮即將展開之時，移除了對空單的價格限制。股市在幾個月之後來到高點。當股市開始失守，空頭市場已經沒有任何漲檔放空規則，來阻止無差別賣空。就算單看心理因素，移除自一九二九年大崩盤以後就出現的漲檔放空規則，實在也不是聰明之舉。

接著在二〇〇八年九月，危機已經全面爆發，考克斯禁止做空金融股。他顯然不了解，市場激烈拋售通常會以賣空者平倉來收尾，確保做空利潤。現在沒人可以賣空，市場反而跌跌不休。二〇〇七年十月股市高點的十二個月內，標準普爾五百和道瓊工業平均指數都腰斬了一半，跌幅有一大部分發生在不能賣空規則生效**之後**。

身為共和黨二〇〇八年總統候選人，參議員麥侃要求考克斯下台。

本書付梓之際，SEC最新醜聞正發展到關鍵：主持大型龐式騙局並詐欺投資人共五百億美元的馬多夫（Bernie Madoff）終於入獄。雖然不斷有人向SEC提出警告，但馬多夫還是詐欺客戶長達數年之久。

幾年來許多人，包括避險基金經理人卡斯（Doug Kass）和選擇權軍師馬可波羅（Harry Markopolos），都不斷警告如此穩定、不尋常的豐厚回報通常是詐騙，而不是投資。[18]

馬可波羅尤其以揭發馬多夫騙局為志業。根據《華爾街日報》報導，他寄出無數封匿名檢舉信到SEC，而且也在二〇〇一年和SEC波士頓辦公室的官員會晤，說出他的擔憂。值此同時，「《霸榮周刊》和避險基金交易出版品《MarHedge》也推斷，馬多夫替重要客戶做搶先交易（front running）。」[19]

雖然在這麼多檢舉之下，SEC和其他機構十六年間調查了馬多夫的公司至少八次，但一直要到客戶贖回在即，馬多夫才承認公司幾乎破產，騙局也才就此曝光。

二〇〇九年二月四日，馬可波羅在國會作證時，痛批SEC和其他金融監管機構在馬多夫一案「嚴重失職」，「即使我已經親手奉上這一樁數十億美元的弊案證據。」[20]

馬多夫認罪後不久，SEC又身陷另一樁關於史丹佛金融集團（Stanford Financial Group）的大醜聞中，集團掛名創辦人史丹佛爵士（Sir Allen Stanford）被控詐騙客戶八十億美元。直到二〇〇九年三月，史丹佛仍然拒絕配合政府關於這樁SEC宣稱「令人震驚」詐欺案的調查。[21]SEC這麼多年都沒發現弊案，則一點也不令人震驚。

全面房貸詐欺

追究名單上的下一位，則是房貸掮客和房貸發起者。不過，聯邦銀行監理機構對於放款標準轉移有什麼看法呢？答案是，幾乎沒有，即使ＦＢＩ早在二〇〇四年警告這是一場「全面」房貸詐欺。[22]

監管鬆散的貸款業充滿了野心勃勃的業務員，一心只想找到賺取最多佣金的方法。房貸發起業務中，抽佣最高的商品應該是2／28浮動利率房貸，也就是前兩年是便宜的優惠利率，後面二十八年還款期則重新調整為高出許多的市場水準利率。這種貸款商品現在已經聲名狼藉，因為掮客總是用低月支付額，來鼓吹不合格的貸款人申請高額貸款。

很多房貸機構張開雙臂迎接這些不顧後果的高違約率產品。第十章談過，參與其中的每一方都知道違約率非常高，但他們揚棄傳統放款標準，因為等到違約發生時，貸款早已賣出脫手。是的，只要貸款不會在九十天內違約，這些公司心甘情願地裝瘋賣傻。對那些房貸發起者來說，貸款從第四個月起就已是其他人的燙手山芋。現在則演變成全民問題。

對大家來說，數百家這樣的房貸機構已經破產，或許是種聊勝於無的安慰。

不管利率多低，事實就是很多借款人仍然不考慮自己的還款能力，就申辦貸款。這純粹是草率衝動，和數學能力沒關係。

說到底，為了對股東和存戶負責，銀行應該只放款給合格的借款人。所以，銀行要為放款危機負較大的責任，尤其是那些**明知未來會違約**、卻「貸款來證券化」的房貸發起者。

然而，「放款人不負責任」並非這些借款人連簡單算數都不做的脫罪藉口。借款人有義務弄清楚自己每個月到底能負擔多少貸款，不讓自己出現財務漏洞。或許公立學校應該開始納入基礎財務能力課程。

再來是房地產翻修投資客、投機分子，自比為川普但被市場打敗的那些人。貸款違約的人聽好了：恭喜恭喜，如願以償！你現在跟川普一樣。二〇〇八年末，川普遲不償還積欠德意志銀行（Deutsche Bank）的一筆四千萬美元商業不動產貸款。[23]

在大風吹遊戲裡最後找不到椅子坐下的投機分子，必須受到應有譴責（意想不到的是，川普在這次危機中並未出什麼大紕漏）。

國會愚行錄

除了通過《商品期貨現代化法》和廢除《格拉斯—史蒂格勒法案》之外，我不會指責立法機關所通過的其他法案。這些法案是政治選擇，我沒有妄加評論的資格。反倒是，我要指出國會近來處理人民事務時，應該受到譴責的兩種新做法。

第一個令人深惡痛絕的是，法案未讀先通過。任何稍有理性的人應該都無法接受，對於人民選舉產生代議政府更是一種嘲笑。如果民選代表從未閱讀投票法案的內容，那和獨裁政權到底有何實質不同？

不只是《商品期貨現代化法》沒人讀。《愛國者法案》（Patriot Act）、《數位千禧年著作權法》（Digital Millennium Copyright Act）、問題資產紓困計畫，還有其他法案，基本上都根本未讀先過。如果提出的法案甚至連一讀都沒有就通過，那我們乾脆選些不識字的國會議員算了（搞不好我們已經選了）。兩者差別該如何分辨？

國會的第二項愚行是「不投票」風潮。國會不但不針對法案投票，反而授權第三方代替國會決定。總統和財政部長都分別獲得授權，雖然他們宣稱不需要也不會使用。「如果你拿到了火箭炮，別人手上也知道你有火箭炮，那或許無須拿出來亮相。」鮑爾森在二〇〇八年七月的名言，解釋國會賦予他進行房利美和房地美國有化的原因。[24]

實在很難判斷這種荒謬做法是愚蠢還是懦弱，但這十年來出現過「不投票」決定的事件包括以下：

- 伊拉克戰爭授權。
- 房利美資產重組。
- 問題資產紓困計畫。

如此怯懦。不面對問題勇往直前，反而推託再三。每一次行政機關獲得國會授權處理事情（參戰、花錢紓困），其實和通過法案無異。而這代表著，沒錯，事情最後絕對會進行。宣布授權主管機關，只不過顯現出國會根本懦弱到，不敢直接針對法案投下贊成或反對。授權式投票或許讓法案的政治運作更流暢，但也很明顯是想避開社會關注。別自欺欺人了，這根本就和贊成通過沒兩樣。

馬克·吐溫曾說過，「假設你是個蠢蛋。然後，假設你是名國會議員。但其實我說重複了。」

給豬擦上唇膏的信評機構

從RMBS到CDO，結構型金融商品是這場國際信用金融風暴的問題核心。這些產品的發行、評等、銷售都很複雜。事實證明，信用評等機構（自稱）並非是不小心低估了未來違約風險的被動角色。它們在各種抵押貸款相關的證券商品上，蓋上珍貴的AAA評等時，根本是積極的參與者，《華爾街日報》稱其為合謀者。[25]

這些最後一文不值的次級市場票據最後出現在各大銀行、基金、企業的資產負債表上。要是這些產品「一開始就獲得應有的評等」，眾多退休基金、信託、共同基金「應該早就被限制購買」。[26]

諾貝爾得獎人、哥倫比亞大學經濟學教授史迪格里茲的觀察是：

> 我視信用評等機構為重要罪人之一。他們施展把F評等商品變成A評等的煉金術手段。沒有信用評等機構狼狽為奸，銀行無法闖下如此大禍。[27]

二〇〇八年，美國眾議院監督暨改革委員會（House Committee on Oversight and Reform）展開針對債券評等機構在信用危機扮演什麼角色的調查，國會針對主題舉行聽證會，其中一項簡訊證據傳遍大街小巷：「我們什麼東西都評。」某標準普爾分析師告訴另一位質疑評等過程有效性的人，「就算是一群牛隻推出來的結構型商品，我們也可以評。」[28]

等到手上沒有牛類商品可以評等時，信評機構終於開始慢慢地調降垃圾商品等級。二〇〇九年三月，穆迪推出新的評等名單：末段班（Bottom Rung）。

「穆迪估計末段班公司中，約有四五%會在明年出現違約。」《華爾街日報》報導。[29]或許形容分析師的俗諺，更適合用在信評機構身上：長紅的時候不需要它，長黑的時候更不想要它。

雖然販售垃圾商品的是投資銀行，但是信評機構做的整形手術。像是給豬擦上唇膏：

要不是因為AAA評等，這些商品永遠沒有跳上優質投資人大腿的機會。

但相較於它們直接造成的巨大損害，信評機構簡直可以說是全身而退。想想它們在這場危機的重要戲份（究竟是腐敗、愚蠢，還是都有），你還以為這些公司有可能迎來和安達信會計事務所一樣的倒閉命運。巴菲特應該覺得慶幸，他是穆迪的最大股東，但幸好名聲沒有受到醜聞波及。

賭客、管理不善與豬油蒙心的政客

當然，如果避險基金和投資機構（包括外國中央銀行）沒有吃下這麼多的可疑票據產品（中國顯然買了一百億美元的次級房貸），上面講得這些事也就無關緊要。AAA等級垃圾商品的購買人，其實也要負起相當責任，罪名是盲目槓桿操作，還有不查證購買商品的內容。

為什麼有這麼多投資人忽略商品問題？難道沒有任何人在投資前善盡調查責任？還是這一切只是賭場們想要持續不斷地證券化？我和CDO發起者和基金經理人談過，他們都表示：「我們知道自己買的是定時炸彈。」

所以這不是單純的無知大意。很顯然只要有交易費用，華爾街會二十四小時生產

CDO商品。

再來談談錯誤的薪酬制度。這完全就是葛林斯潘堅信自由市場不可能出現的自我毀滅行為。葛林斯潘的誤解是，並非自由市場能阻止這種事發生，而是殘酷的競爭會把這些公司淘汰出局。這就是二〇〇八年發生的事。自由市場的確發威了，那些風險管理不善的公司被市場力量摧毀。問題出在，之前大力捍衛自由市場精神的人，根本沒膽子吃一口市場先生端上桌的創造性破壞。

這就是法規過度鬆綁的風險。預防系統風險的法規能鬆綁，但市場不聽令行事的時候，自由市場派就大發牢騷。管理階層的錯誤決策導致失敗。失敗造成全球經濟衰退，導致超過三百家美國貸款公司破產，也讓好幾間最大的銀行和投資公司成為收購對象。

允許高度風險投資和槓桿操作的公司，這才發現自己原來是在達爾文演化論的另一頭，恰恰是他們應該在的位置。

好幾個違約問題最嚴重的州政府，其實有機會在問題早期就著手處理，但這些州現在的房屋查封數量傲視全國。州政府的監管單位收到海量投訴，卻從未採取任何行動。

二〇〇八年《邁阿密先鋒報》一篇報導，揭發佛羅里達政府允許數千名出獄的前罪犯，在無執照條件下做房貸發起者，其中許多人有詐騙前科。當時佛羅里達承貸房貸的人有超過一半沒有做過任何身家背景調查。雖然許多產業龍頭反覆籲請政府篩檢從業人員品質，但佛州監管機構一口回絕。[30]

而在加州，民主黨立法代表為了保護正在高速成長的產業，持續打壓監管次級房貸放款者的訴求。如今，加州和佛州是美國產量最大的查封工廠。

再來是亞利桑那。當房地產網路商 Zillow 開始在線上公布房屋估價時，公司收到了亞利桑那估價委員會（Arizona Board of Appraisal）的停業命令。Zillow 的網站其實清楚標示內容純屬預估，而非真實估價。但是，豬油蒙心的亞利桑那政客，不希望線上公司來插手當地房地產市場。也難怪根據 RealtyTrac 的資料，亞利桑那州貸款違約和查封數量位居全美第四。[31]

市場先生也會犯錯

把市場奉若神明是美國淪為紓困之國的主要原因。市場可以、也一定會犯錯，而且不只是小錯。有時候，市場錯得離譜。

想一想二〇〇七年六月，貝爾斯登旗下出問題的避險基金。標準普爾五百指數在二〇〇七年八月因為信用危機前兆而震盪。但是智慧無雙的市場，最後認定信用沒什麼嚴重問題。標準普爾五百和道瓊工業平均指數仍然在幾個月後、二〇〇七年十月時，衝上歷史新高。第二年這兩個指數都腰斬一半，真令人納悶怎麼會有人認為股票市場有先見之明。

這不是市場先生唯一一次鑄下大錯。例子太多，不勝枚舉。

最後，放任市場來制定政策完全是**非民主**做法。自由人有權力投票選出代議政府，讓後者代替人民制定法律。這些民選代表齊聚華盛頓特區，體現人民意願。如果人民的意思是，不讓罣固酮衝腦的交易員浪費上兆美元稅金來善後，那也是人民的選擇。

美國人始終認同經濟自由的優點。我們希望市場能自由運作，但也不允許人類最卑劣的行為在其中肆無忌憚。埋怨市場監管其實是在反對禁止這些惡劣行徑。我們要市場聰明運作，但不是殘暴地輾壓一切。這是那些堅持用市場智慧，來取代代議政府的激進自由市場分子的錯。事實證明，他們的想法完全是對市場的誤解。

市場導向決策的真正成果是，消滅了那些希望透過代議政府來表達自身意志的投票人。到最後，自由市場狂熱信徒不只是反監管，也是反民主、反代議政府。如果走向極端，這些人會創造出市場導向的獨裁政權。

一半是糟糕意識形態，一半是暴民統治。這就差不多總結了二〇〇八年到二〇〇九年的金融市場。

第20章
錯誤指控

無知比知識更能帶來自信。

——達爾文，英國博物學家

二〇〇八年美國總統大選選戰中，最奇怪的現象就是，各大陣營為了逃過造成經濟危機的責難，紛紛丟出一連串不實指控。政客不去談激進鬆綁、聯準會，或是所謂忍者貸款的問題，反而把焦點轉移到幾十年前的舊政策。

有些論點還算有道理，至少是合理的政策評論。但是沒有任何說法，正確地點出這場危機真正的成因。

本章將討論其中五項不實控訴：房貸利息扣抵、無券放空（naked shorting）、《社區再投資法》（Community Reinvestment Act，CRA）、證券化，還有最後的，房利美和房地美。

房貸利息扣抵：破綻滿滿的論點

美國《憲法》第十六條修正案在一九一三年獲得批准，重新恢復被推翻的一八九四年稅法，將所得稅合法化。自此之後，所有的利息都可免稅，包括房貸利息。

這條稅則的確對背負房貸的屋主來說，是頗為可觀的福利。畢竟，課稅收入額可以扣除全部利息。所以，如果某位租屋者的房租和某位購屋者的房貸金額相當，前者的稅後住房費用比後者高了三五%。[1]

多位評論家批評這項規定，甚至連哈佛經濟學教授格雷瑟（Edward L. Glaeser）都認為這是房市崩盤的主要原因。[2]格雷瑟最近發表了以下文字：

> 補貼利息支付額會鼓勵人民在房地產市場大量融資。免稅額和貸款額度成正比。扣抵會在本質上鼓勵我們趁著房市震盪時，拉高融資金額。而這種槓桿操作會導致更多人受到

房市價格震盪的傷害。如今我們正在品嘗政府補貼房市賭博行為的苦果。[3]

雖然教授提出的假設頗為有趣，但結論卻充滿破綻。沒錯，補貼房貸利息的確是在鼓勵民眾購置自有房產。但補貼額度有高到值得冒險一賭嗎？我們能從這項補助得到最大的好處嗎？這是改日值得好好討論的議題。

但這種說法的融資部分就有待商榷。大量購屋者從事魯莽的高融資購買行為是近期才有的現象，利息扣除規定實施一個世紀以來，絕大多數的屋主都很謹慎行事。

把歷史上的利息扣除規定拿來當成目前危機的主要成因，實在是太過強詞奪理。如果這項規定一百年來都沒出什麼差錯，那我們最好還是把追究目光放在比較近期的事件。以房市來說，超低利率和放款標準廢除才是真正原因。

無券放空：行之有年的陋習

二〇〇八年再度成為話題的，就是無券放空在貝爾斯登和雷曼兄弟垮台事件中，所扮演的角色。這又是一項錯誤指控。

要合法放空股票，必須先借入股票，然後再賣出。回補空單（「買回股票」）的時候，再把借來的股票還回。無券放空則是省略了借券過程。

「不用借券」其實是華爾街行之有年的陋習，不過有充分理由：獲利豐厚。不只是因為增加的交易量可以多收佣金，交易本身的佣金費也高。此外，空單的買賣是發生在融資戶頭，經紀自營商可以收取年費率高達九%的融資費。

這對那些指責無券放空毀了公司的銀行執行長們來說，根本是一大諷刺，因為這些公司過去幾十年來都靠著無券放空大賺特賺。

雖然無券放空是非法濫用行為，卻和貝爾斯登或雷曼消失沒太大關係。這些公司之所以有跳樓般身亡的下場，完全是因為自己的違法行為，無券放空充其量只能算是路人在墜樓過程中上丟的石塊罷了。比較確切的死因是過度槓桿、資本不足、缺乏風險控管、錯誤的貸款相關投資，喔，還有整體償付能力，而不是無券放空。

二〇〇八年六月，敝公司開始放空雷曼時，雷曼股價超過三十美元。當時借券很容易，完全不需要無券放空，我們只要打給股票貸款部門拿授權碼就好。我對雷曼兄弟感到最遺憾的（除了那些因為公司倒閉而失業的可憐靈魂外），就是竟然沒想到買進賣權。如此一來，槓桿程度更高，獲利更大。

怪罪《CRA》：最詭異的指責

> 我問你，《CRA》裡面到底哪裡寫著要放款給付不出錢來的人？根本沒有。
>
> ——貝爾（Sheila Bair），聯邦存款保險公司董事長[4]

隨著房地產和信用市場危機在二〇〇八年總統大選期間越演越烈，瘋狂攻擊行動隨之展開。政客急忙撇清自己和危機的關係，兩個黨都想把罪名安在對方頭上。所有不分青紅皂白的批評和指責當中，最詭異地應該是怪罪《CRA》：

> 國會中的共和黨成員、右傾金融媒體（其實就是金融媒體），還有某些社論專欄人士之間逐漸出現一種看法，認為整個金融危機的禍根，便是房利美和房地美這兩間失敗的房貸巨獸，還有卡特總統時期通過的《CRA》。《CRA》曾經在一九九〇年代和當代做過修正，要求過去長期以來始終不願放款給少數族群的銀行，進一步拓展該方面業務。[5]

《CRA》的目的，是鼓勵銀行貸款給自家的商業客戶和存戶。《CRA》承襲了許多其他法案的精神，包括一九六八年《公平住房法案》（Fair Housing Act）、一九七四年

《公平信貸機會法》（Equal Credit Opportunity Act），還有一九七五年的《房屋抵押貸款揭露法》（Home Mortgage Disclosure）。聯準會、聯邦存款保險公司、金融管理局這幾間主管機關的銀行例行檢查中，就包含了《CRA》落實情況，而且採用柔性評分制度，並沒有明確放款目標。這部含蓄的法案主要是為了消弭歧視。當時的銀行會違反法規，用紅色奇異筆在地圖上圈起某些地區，而圈起區塊內的居民不論收入或信用分數高低，都拿不到貸款。

《CRA》明白表示如果銀行在哈林區開設分行，他們不能拿到了當地商家和住戶的存款現金之後，只把這些錢借給住在翠貝卡區豪宅的人。政府不會強迫銀行到哈林區開設分行，但如果銀行選擇開設，就必須把部分的錢回借給自己的客戶。但法條中沒有提到規定額度、最低金額、特定條件，只要求銀行秉持良心來放款。

那些堅持《CRA》是罪魁禍首的人，真的要想想該怎麼解釋如此明顯的邏輯謬誤。為何一九七七年到二〇〇五年間，沒有發生過房市崩盤或信用危機？為什麼從英國、歐洲各國，再到紐澳等十幾個國家並沒有類似《CRA》的法案，但還是發生了和美國類似的房市泡沫和破滅呢？那些自詡為專家的人提不出合理解釋。莫非《CRA》的效力竟然可以突破時間與空間的限制。

仔細研究貸款違約的集中地點，就會覺得更加可笑。加州的房貸違約、欠繳、查封數量居全美之冠，再來是南佛羅里達、亞利桑那，跟拉斯維加斯。二〇〇八年十二月，加州的房屋查封數量比去年同期成長五一％。被查封的物件多半位於聖地牙哥、洛杉磯等城市的住宅郊區。這些可不是一般人知道的《CRA》區域。

從某方面來說，佛羅里達表現更糟：二〇〇八年，查封數量比去年同期成長六八％。罪魁禍首是超量開發的住宅公寓。正如格羅斯在《新聞週刊》（*Newsweek*）中所言，這些都不是都市內部發放給少數族群的貸款，而是，比方說，「佛羅里達高級豪宅建商WCI社群（WCI Communities）的產品（不歡迎次級貸款購屋者）……邁阿密上萬戶供給過剩的豪宅中，只有非常少數是賣給次級借款人或少數族裔，除非你把有錢的委內瑞拉和哥倫比亞人算進去。」[6]

對了，WCI社群在二〇〇八年八月申請破產。

「怪罪《CRA》」理論還有一個破綻。《CRA》只適用於儲蓄銀行，但是那些爭先恐後跳進次級貸款市場的，其實是新型房貸發起者，並不受《CRA》管轄。像亞濬（Argent Mortgage）和美國住房抵押貸款投資公司（American Home Mortgage）等機構，並不需要遵守《CRA》。而這些公司和貝爾斯登及雷曼兄弟攜手合作，把手中貸款證券化。然而，不管是貝爾斯登或雷曼兄弟，也都不在《CRA》範圍內。[7]

《CRA》當然沒有強迫貸款公司把錢借給信用不良，或收入不足以支付貸款的人。

而免頭期款、免收入證明等新噱頭，也和《CRA》無關。把承貸手續丟進垃圾桶的是貸款發起者自己。就我所知，《CRA》也完全沒有要求信用評等機構，在違約率爆高的次級房貸產品上，打上AAA評等。[8]

多份研究報告已經證實《CRA》和當前危機無關。聯準會理事克羅斯納（Randall S. Kroszner）[9]和聯邦存款保險公司主席貝爾，[10]也都分別在各自的演講中提出相同的結論。

自從貝爾斯登在二〇〇八年三月垮台，就有大隊銀行家、房貸發起者、放款人、基金經理人、投資銀行執行長在國會面前作證。好玩的是，沒有一個人怪罪《CRA》：

> 很顯然，在最近所有控訴之中，金融界領袖並沒有提到《CRA》。這是因為《CRA》並未造成這場危機的核心問題，也就是高風險放款。次級貸款遍地開花，《CRA》卻失去效力和影響力。不法放款行為最嚴重的那些獨立貸款公司根本不屬於《CRA》，或是任何聯邦機構的管轄。法律沒有要這些公司放款，而是背後的利益能使鬼推磨。[11]

根據麥克拉奇公司（McClatchy Company）所彙整的聯準會資料：

- 二〇〇六年，超過八四%的次級房貸，由私人借款機構承辦。
- 同年，私人機構貸款占了中低收入戶次級貸款總金額的八三%。
- 二〇〇六年，前二十五名次級房貸放款機構中，只有一家直接適用《CRA》。
- 只有商業和儲蓄銀行需要遵守《CRA》規定。投資銀行不需要，像新世紀金融機構（New Century Financial Corporation）和 Ameriquest 這種承貸了大部分次級貸款、但如今已經破產的非銀行放款公司也不需要。
- 絕大多數的次級貸款都是由不受聯邦法規或《CRA》管轄的房貸掮客發起。

「怪罪《CRA》」梗似乎找到了新舞台（房利美和房地美也是），成了政治話題。比方說，二〇〇八年的總統大選活動中，便隨處可見其蹤跡。

這件事提供了可貴的省時服務。不經思考就一直重複這些話題的人，無論是在報章雜誌、電視、電台，都自認為是黨員，而不是嚴謹的分析家。因此有經驗的讀者或聽眾能快速略過那些人的言論，不用浪費時間。

房利美和房地美：詐騙二人組

和輿論所說的恰恰相反，政府贊助企業其實並不是房貸或房市危機的關鍵肇因。不過，這些企業絕對是混亂的化身。

要理解政府贊助企業的故事，必須先明白它在房地產市場的角色。房利美並不是政府機關，而是獨立公開上市公司。房利美和房貸美因為是政府贊助企業，能以較低利率向銀行借款。為了市占率和利潤，他們買了現在手中的產品。而在二〇〇二年到二〇〇七年的房地產泡沫與荒唐放款期，這兩間公司也做了很多蠢事。

幾十年以來，房利美和房地美利用半官方身分帶來的便宜現金，穩定賺取利潤。但大體來說，他們都遵守公司章程，只購買符合規定的房屋貸款。房利美和房地美最後改變了購買房貸的原則，開始購買品質不好的貸款。這時房地產泡沫已經快要到達巔峰，崩盤指日可待。

可笑的是，許多政治打手根本放錯重點。次級貸款並不是政府贊助企業最大的問題，而是手中那些中等品質貸款突然飛快地惡化。根據《霸榮周刊》，次優級房貸（介於優級和次級貸款之間的貸款）才是毀滅的原因：

房利美和房地美很大一部分信用損失，是來自於兩家公司之前為了提高市占率，而草率購入或擔保的次優級貸款，前者持有三千三百七十億美元，後者持有兩千三百七十億美元。這些貸款當初承貸時，幾乎或完全沒有查證借款人的收入或身家淨值。貸款的本金餘額，比起一般低收入貸款人能拿到的貸款高很多。簡言之，次優級房貸是拉斯維加斯或洛杉磯遠郊地區房地產投機行為的代表現象，而不是都會中針對低收入戶的掠奪性放款。[12]

當然，政府贊助企業絕對是偉大房貸證券化機器的重要零件。或許有人以為，像房地美這樣自一九三八年就開始從事貸款證券化的公司，能夠看清貸款市場的騙局。但沒這麼一回事。

這兩家企業對危機的最大貢獻是，基於公司專業，他們身處於見證大型信用泡沫成形的最佳位置，然後完全錯過機會。

我從來沒有喜歡過房利美，而敝公司在二〇〇七年，房利美股價還是四十二美元左右時就開始做空（現在它已經是美分股，真希望當時我們一路空下去）。房利美沉痾滿滿：詐欺、無能、貪汙還算小事。在房貸走入量化分析的年代，這兩家的電腦系統完全無法有效分析貸款風險。除此之外，二〇〇四年到二〇〇六年，房利美甚至在沒有正職風險長的情況下營運。

災難早已等在前方。

想要把罪過推到房利美和房地美頭上的人，似乎只關注旁枝末節，甚至無關緊要之處。這可不是極右派所宣稱的「大型社會工程」，而是一家以營利為目的的私人企業，不但管理無方，還非常短視近利。

當房利美在二〇〇四年聘請莫德擔任執行長，他發現自己接手了一間雜亂無章的爛攤子。當時，房利美還在擺脫之前浮報數十億美元利潤的會計醜聞陰影。因為這筆假利潤，高階主管靠著不法選擇權交易賺進數百萬美元。[13]

這是政府贊助企業的真正罪行：詐欺。房利美從二〇〇一年到二〇〇三年，虛報了六十三億美元的利潤，而在二〇〇八年，聯邦住宅企業監督局控告前房利美執行長蘭恩斯（Frank Raines）。聯邦住宅企業監督局最後收回了這筆假帳所帶來的兩千四百七十萬美元非法選擇權紅利。[14] 蘭恩斯在一九九八年到二〇〇四年間，以七十七·一美元的高價行使選擇權。房利美如今處於聯邦接管狀態，股價在三十七美分。

甚至，莫德在二〇〇四年上任時發現「公司腹背受敵」，正如《紐約時報》在二〇〇八年十月剖析房利美失敗原因時寫的：

> 競爭者節節占領房利美利潤豐厚的市場。而國會要求莫德幫忙承接更多低收入借款人

的貸款。放款人則威脅房利美，如果不連帶購買更多高風險貸款，就要把貸款直接賣給華爾街公司。所以莫德做出了致命決定。他不顧旗下主管警告這些貸款很多都無法清償，帶著房利美航向房貸市場更波濤洶湧的區域。[15]

這些放款人之中包括了全國金融公司。該公司執行長莫茲羅要求房利美購買放款人風險較高的貸款。房利美拒絕的話，莫茲羅就威脅中止雙方合作關係。

這可不是虛聲恫嚇。全國金融公司當時是全美最大房貸放款人，失去這間公司的生意將重創房利美。因為在二〇〇四年左右，房利美原本的貸款轉售業務已經被華爾街搶走了五六%。

當莫德說「跳」，房利美說「多高？」

二〇〇五年到二〇〇八年之間，房利美購買或擔保至少兩千七百億美元的高風險借款人貸款。根據《紐約時報》，從公司報表和產業資料看來，這數字約是過去此類貸款加總金額的三倍。「我們其實不知道自己買了什麼。」房利美前貸款償還部主管高特（Marc Gott）告訴《紐約時報》，「公司系統是專為單純的香草冰淇淋貸款設計，而我們卻試著生產出巧克力聖代。」[16]

與此同時，房利美的小兄弟房地美這邊則是：

根據超過二十幾位現任或前任高階主管指出，房貸龍頭房地美的執行長拒絕聽取原本能減輕公司受傷程度的警告。執行長賽隆在二〇〇四年收到了房地美風險長的建言，表示公司注資的可疑貸款，會威脅到公司財務健康。[17]

不良風險管理配上更不良的時機，絕對是危險組合。

右翼支持者堅決相信，房利美和房地美是在國會民主黨成員的幫忙跟縱容之下胡搞瞎搞，其中又以眾議員法蘭克為首。右派把房市和信用危機怪罪到政府贊助企業上，認為自由派為了推廣人人有房產的理念，尤其是少數族裔，而濫用政府贊助企業。

許多「都怪民主黨」論點擁護者指出，二〇〇四年住宅金融聽證會上，聯邦住宅企業監督局局長佛康（Armando Falcon）因為批評了房地美和房地美會計內容，而被叮得滿頭包。這段聽證會的 Youtube 影片在本文撰寫時，已經有將近三百萬人點擊。[18]

諷刺的是，房利美和房地美可是花數千萬美元，賄賂兩個黨的國會成員。二〇〇八年十二月一篇美聯社報導，詳細載明了房地美「在受到當時主導國會的共和黨壓力下，為了維護自己幾乎不受監管的狀態，而花費了數百萬美元。」比方說，著名保守派金瑞契（Newt Gingrich）就是房利美的收禮人之一。[19]

是的，房利美和房地美是說客雲集的K大街上，成績名列前茅的遊說者。長期以來，兩家公司成功抵擋了更嚴格的監督和法規。比起民主黨，共和黨或許和這兩家機構交情沒那麼好，但宣稱共和黨和政府贊助企業的罪行無關則是以偏概全。就像紓困之國中的很多事件，這是兩個黨共同的失敗。

危機的根本事實

房利美成立於一九三八年，房地美則是一九六八年，而《CRA》是在一九七七年生效。房地產市場在二〇〇六年一夕之間風雲變色，信用市場則在兩年後崩壞，結果有些人能想到的最佳解釋竟然是這三者？天啊，這不是怪透了嗎，尤其時隔了七十年？

雖然把複雜的經濟史簡化成幾句海報口號，的確有其政治效果，但卻對了解問題的根本原因毫無幫助，而且也妨害我們找出未來的對應之道。這就是我唾棄那些試圖扭曲事實、重寫歷史之人的原因。

對無黨派門戶的人，對真正有興趣了解危機原因和補救辦法的政府官員、學者、經濟學家，根本事實就是：《CRA》和眼前危機無關，而房利美和房地美只是龐大複雜金融機器中的小齒輪。

它們稱得上引發危機的主因嗎？還差得遠。

第21章

舉足輕重的房地產

住宅銷量正從最高峰下滑，但仍會維持在穩定高量，甚至超過之前房市景氣循環時的高點。

——勒瑞（David Lereah），全國房仲協會首席經濟學家，二〇〇五年十二月[1]

我不知道，但我想最壞的時機應該過去了。

——葛林斯潘，二〇〇六年十月[2]

寫到這裡，你可能已經注意到房地產在紓困之國的角色舉足輕重。它是整個紓困故事中不變的主題。

房地產是二〇〇一年到二〇〇八年經濟循環的主要推力，它創造了多到不成比例的新工作機會。房屋增值抵押貸款大大助長了一般性消費支出。二十一世紀的消費貸款有一大部分是房屋貸款。在華爾街，房貸證券化是營收和利潤的主要來源。華爾街將RMBS搭配起來，重新包裝成CDO。所有的CDO商品上都保了假保險，也就是讓貝爾斯登、雷曼、AIG走向滅亡的關鍵——CDS。

但那是**往事**了。現在的後紓困時期，房地產又在經濟體起了什麼作用？

經濟學家的禁忌話題

今天，房地產出現了進退兩難的局面。請容我先扮演一下兩面經濟學家。一方面來說，房地產相較於過去仍然售價過高，從各大房地產指標來看，房價都尚未回落到正常水準。另一方面來看，隨著房價下跌，越來越多房屋遭到查封，讓已經虛弱的銀行業難上加難。

能否解決目前的信用市場、經濟、銀行產業、有毒衍生性金融商品等危機，靠的是一個幾近不可能的目標。最理想的對策需要找出讓房價正常化，又不會讓查封率飆高的辦法。這是相當棘手的平衡動作。

尤其以下各項因素彼此層層疊疊，錯綜複雜：

• 房地產是經濟體的重要部位。購買住宅及再融資會推動其他耐久財的銷售，像是家電、家具，還有車輛。當房地產銷量像過去幾年一樣大幅低於水準，對經濟的負面衝擊很明顯。經濟想要加溫，房地產勢必要穩定。

• 二〇〇二年到二〇〇七年這五年間，在超低利率和消失的信用標準兩者組合作用下，創造出五百萬到七百萬的額外住宅買主。住宅自有率從一九六〇年的六二%上升到二〇〇〇年的六六%，二〇〇四年到二〇〇七年間更來到接近六九%的高點。[3]到了二〇〇八年第四季，住宅自有率下滑到六七．五%。[4]

• 新買家大量湧現讓房價推升了好幾個標準差（代表比正常房價昂貴）。就算根據凱斯—席勒房價指數，[5]之後全國房價已經下跌超過二五%。但從多方面來看，房地產價格仍相對過高。

• 截至二〇〇八年底，美國已經有超過兩百萬宗房屋查封案。許多購買了負擔不起的房屋之人開始重回租屋生涯。接下來幾年，可能還會出現一百萬到四百萬不等的查封屋。雖然查封對當事人家庭和鄰里是很大的打擊，卻能幫助房價回穩到正常水準。

• 房產資料分析機構 First American CoreLogic 的一份近期報告判定，有房貸的住宅中約有二〇％（八百三十萬件）資不抵債，代表房貸高過房屋價值。這些人還真是「住宅自有」。另一方面，這些資不抵債的物件，通常也比較容易出現棄繳、叮噹郵件（把房子鑰匙寄給放款人），和強制查封。[6]

- 二〇〇七年十二月的經濟衰退開始以來，已經有五百一十萬個工作機會消失。[7]由於就業率通常是經濟循環的落後指標，所以就算經濟開始復甦，就業率還是會持續低落一段時間。在衰退結束以前，我估計還會有兩到三百萬的工作機會消失。
- 隨著衰退持續，最明顯的或許就是工作機會持續消失和住宅查封數量上升。銀行和保險公司手中書面價值上兆美元的商品，隨著經濟下探越來越不值錢。更多住宅查封等於更多銀行失靈，也等於更大的聯邦存款保險公司／聯邦政府負擔。

這解釋了聯邦準備系統和財政部為什麼不顧一切地阻止查封，同時也是白宮願意掏出七百五十億美元給查封減量計畫的原因。雖然立意良好，但主要問題依舊存在：住宅還是太貴了。這就是美國進退兩難的關鍵。對許多經濟學家來說，這也是個禁忌的話題：**房地產市場因為住宅價格過高，而無法回穩或形成底部**。

正如圖21.1到21.3所示，房地產市場的斷垣殘壁，把房價從幾年前過度高估的數字拉了下來。但是從很多估價計算法來看，房價還是太高，像是收入中位數和房價中位數的比例、

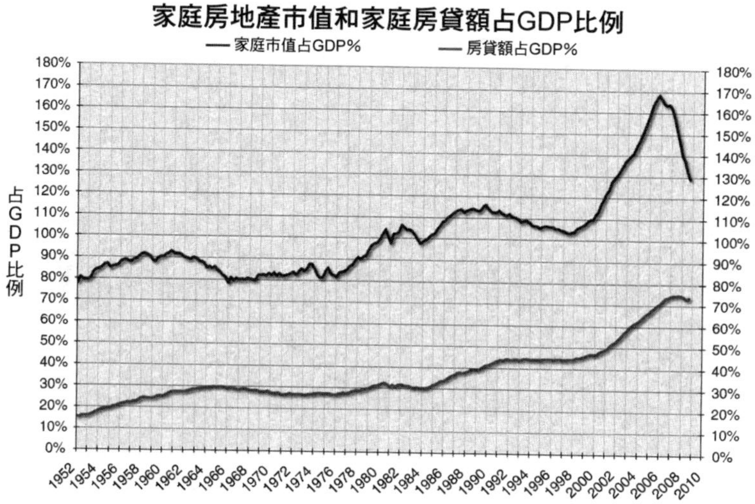

圖21.1　住宅價格占GDP比例

資料來源：圖表來自 Calculated Risk，www.calculatedriskblog.com。

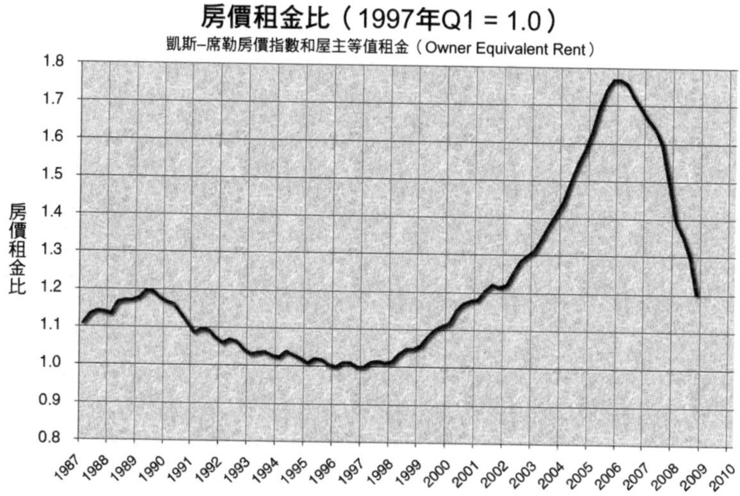

圖21.2　房價租金比

資料來源：圖表來自 Calculated Risk，www.calculatedriskblog.com。

圖21.3　住宅價格相較於家庭收入中位數

資料來源：圖表來自 Calculated Risk，www.calculatedriskblog.com。

租屋成本和購屋成本比對，還有房屋市值占GDP比例。從上述幾項數據來看，房價還是遠遠高於過去正常值。

以上所有圖表中，屋價都在高點之後下來一半，甚至三分之二。但關於未來房價的殘酷現實是，市場鮮少回穩到中間點。幾乎所有不當劇烈擴張的資產例子（股票、原物料、債券，還有房地產），回檔力道總是大到直衝谷底。

這正是為難之處。支撐房屋價格或是阻止查封發生，可能只是在拖延時間，該來的還是會來。要做到真正的回穩，像是市場真正觸底然後復甦，這些溢價資產應該會跌得更多

（要不然就是市場突然出現幾百萬名購屋者）。

房價跌夠了，轉機就會出現。泡沫最嚴重的地區，如加州、南佛羅里達、亞利桑那、拉斯維加斯，全都出現高達八〇%到一二〇%的查封成長率，隨後，房價大跌四〇%到五〇%。現在這些州涵蓋了全美少數幾個住宅銷售量出現成長的地區，主要來自查封住宅的銷售。

買家並非不想在美國買房地產，只是不願意買貴了。

這也是大多數救助方案的核心矛盾。救助計畫的設計是阻止房市持續下跌，但很不幸，下跌正是房市所需。超低利率和放款標準鬆散所造成的人為購屋需求，把房價推高到難以維持的程度，讓上百萬人背負了自己負擔不起的房子。隨著這些屋主售屋，市場逐漸修正不正常的數量。這是消化泡沫的典型過程。

美國大部分地區的房價仍然過高，而且標價過高的房子無人問津。這情況反映在待售房屋的庫存量上（見下頁的圖21.4）。而且住宅庫存數據並不包括「影子庫存」，比如：翻修客買的投資標的、度假屋，或是出租屋等。這些庫存的屋主都在陰影中等待房屋脫手的機會，一旦房市出現任何復甦跡象，這些額外供給隨時會湧現。

直到房價回歸到歷史正常水準前，過量庫存無法消化，查封不會停止，住宅銷量也會停滯不前。華盛頓越快想通這個道理，對美國經濟和住宅持有人越好。

房市樂觀的條件

房地產很獨特。它的購買不像其他商品和服務一樣，只需要和賣方交涉。不管你買的是股票、二手車，或者罐頭湯，關係人只有兩個：買方和賣方。但購買一棟房子（八五%是現有住宅）的整個交易過程，絕對牽涉到四、五，甚至六個相關人。

假設一對新婚夫婦打算買起家厝，賣方是即將迎來第一個小寶寶的家庭，打算搬到更大的房子。而賣家的賣家，則有兩個成天吵鬧的青少女，也想換到更大的房子，然後把房子賣給青少女的人，可能打算搬到有水景的房子，以此類推。房地產市場

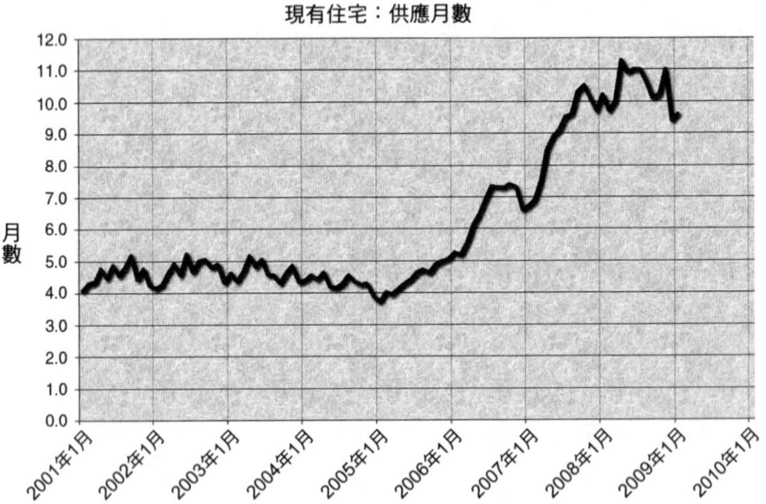

圖21.4　現有住宅庫存

資料來源：圖表來自 Calculated Risk，www.calculatedriskblog.com。

是由一筆筆換購動作組合而成，買家換屋的坪數會越來越大，價格也越高（稅也更多）。但如果任何一個環節出差錯，整條供應鏈也會崩壞。

問題來了。

不管是哪個住宅郊區，甚至你現在住的那個。這對新婚夫妻可能會考慮的典型起家厝應該是：小型鱈魚角風格住宅，或者兩到三房的牧場式風格建築。假設這對夫妻的年紀大約三十歲上下，收入不俗（但年薪不超過十萬美元）。我相信有八〇%以上的首次購屋族符合上述形容。

這些首購族負擔得了起家厝嗎？如果不能，那房地產交易鏈就出現部分凍結。基本上，多數的住宅交易來自於降級換屋、等值平行購屋，還有因為搬遷而產生的購屋。因此，只要房價一直超出大部分首購族的能力範圍，房地產整體交易量就上不去。

住宅成交量在二〇〇七年來到最高點，超過七百萬戶。目前每年成交量約是四百二十五萬戶。成交量的正常值應該落在五百萬到五百五十萬戶之間，但只要起家厝市場沒有起死回生，這個目標很難達成。如果新婚夫婦無力買下第一棟房子，那整條供應鏈就陷入僵局。

該如何在降低查封率的**同時**，調低住宅價格？

假如政府官員能認清以下三點，房地產市場將會樂觀許多：

一、住宅價格下跌能幫助房市回復正常。

二、政府應該協助無法負擔自置住宅（資不抵債、價格過高、收入過低）的人，遷居成本較低的居住地（租賃或購買皆可）。把人留在無力負擔的房子裡反而適得其反。

三、政府最應該出手紓解查封的對象，是經過貸款調整或協商後，能夠負擔住宅費用的人。

如果可以，銀行絕對傾向不查封，因為既昂貴又耗時。透過查封而來的房產既麻煩又花錢。任何能合理預防更多查封的方案，應該都能讓銀行自願配合調整房貸內容。我相信這會是可行計畫。

搶救房市大作戰

我曾經在二〇〇八年九月提出一套房市方案（「搶救房市與金融：三〇／二〇／一〇方案」），[8]提出能同時減少查封率**並且**降低住宅價格的辦法。取名為三〇／二〇／一〇方案是因為：

三〇：任何符合條件、款項欠繳的房貸，將貸款總額的三〇%從貸款額中抽出，轉成第二份無息的期末整付型貸款。第二份貸款依然記在當時貸款持有人的帳上，不管是貸款發起者（銀行）或MBS商品投資人皆可。

二〇：三〇%貸款分割的目的，是為了挽救二〇%目前已經欠繳、可能面臨查封的住宅。在五百萬戶房貸遲繳（這是邁向欠繳、違約、查封的第一步）的住宅中，上述做法應該能幫助二〇%的家庭（一百萬戶）重回正軌。

一〇：期末整付貸款的期限為十年，而且應該視為第二份貸款。利息從二〇一九年九月一日開始計算，到時借款人可以選擇重貸或全額繳清。

所有手中房屋資不抵債、但仍然有現金的人，應該都符合參與以上方案的資格。這項計畫能讓房地產價格正常化，避免仍然有救的貸款走向違約，也沒有道德風險疑慮。請注意，這麼做幾乎用不到納稅人的錢。不過，如果真心想鼓勵銀行配合，政府必須擔保部分貸款，或提供參加的放款人低利率貸款。

政府還需要採取一些其他行動，包含：無息期末整付貸款應該免稅，放款人也應該將這些貸款獨立於資產負債表之外，不需要馬上折價計算。違約（如果有的話）損失只會在十年後體現。銀行應該要有權利將這些期末整付貸款，視為當期正常繳款貸款（也就是資產），而不是負債。

嘗試阻止一切查封發生只是適得其反。畢竟，查封潮是價格過高的市場回歸正常的過程。這就是美國目前的情況，而過度干預只會拖慢我們恢復健康經濟的時間。

第22章
賭場資本主義

投機者在企業穩定發展的洪流中就像泡沫，沒有什麼傷害。但是一旦企業變成投機漩渦中的泡沫，問題就嚴重了。當國家的資本發展變成了賭博式行為的副產品，資本發展勢必不樂觀。

——凱因斯，英國經濟學家

貝爾斯登打開了防洪閘門。紓困一旦開始，就看不到盡頭。花旗拿了兩百五十億美元，回頭再拿兩百億美元，然後還有兩千五百億美元的有毒資產擔保。如今真是名符其實的美國銀行也申請了三次，和花旗一樣拿到四百五十億美元，外加三千億美元的擔保。

AIG找了政府四次（還沒結束），截至目前拿到了一千七百三十億綠油油的美元。

我們學到另一個難忘教訓：一旦管理高層嘗到了企業福利的滋味，再也停不下來。你知道要在一年之內賺三百億美元有**多難**嗎？搭飛機，甚至開車到華盛頓特區，然後花一個下午回答一些帶有攻擊性的問題，遠比讓公司賺三百億美元容易多了。這一日之旅的投資報酬率真是**高到破表**！

企業福利之王非AIG莫屬。除了多次被紓困以外，AIG也有意無意地威脅政府，如果沒拿到更多錢，會引爆全球經濟問題。在遞交給財政部，名為《AIG：是系統風險嗎？》（*AIG: Is the Risk Systemic?*）的特別報告中，AIG宣稱如果沒有第四次紓困，公司將垮台，並且造成有可能「破壞整個體系」的「巨大的連鎖反應」。喔，如果你不給我們更多錢，我們也不會償還已經欠納稅人的一千三百五十億美元。

這是賭場資本主義的巔峰。丟出正面，我們贏；丟出反面，你們輸。

遏止貪得無厭的金融大口

財政部不斷餵食的金融機構這張大口，顯然貪得無厭。首先是鮑爾森，現在是蓋特納，財政部支付上億美元紓困金已經不只是荒唐，根本是愚蠢。

美國前幾大銀行的體質正在快速惡化，政府不能只是像現在這樣把五千多億美元丟給前十大銀行。目前光是丟進前兩大金融機構黑洞的錢，就已經遠遠超過兩間的淨值，而這筆白痴投資的回報就是一小部分股權：初期，六％的美國銀行和七．八％的花旗集團（最後轉換成三六％）。高達公司市值一二〇％的投資，怎麼會只換回**低於一半**的所有權，這完全超出我的理解能力。

這場信用和金融災難一定有更快、更公平、更便宜的有效解決辦法。確實是有，就是破產接管，或者你聽過更常使用的稱呼，國有化。

解決銀行問題和這種荒謬投資狀態的辦法其實相對簡單，那就是找出已經破產的銀行，然後暫時國有化。接著，任命新管理團隊，要求他們在六個月分割出公司各項有望成功的業務一〇％，其他部分則由納稅人以被動投資人的狀態持有。舉例來說，美國銀行可以分割出五大部門：美國銀行、美林證券、全國金融公司、一家有毒資產控股公司，還有剩餘業務。所有有毒資產都放進有毒資產控股公司下，從銀行的資產負債表上消失。如此，衍生性金融商品的暴險程度能獲得舒緩（因為交易對手是無擔保債權人，不過ＡＩＧ例外，原因很可怕，不要問。）

股東被迫退場，因為這本來就是投資到破產公司的下場。債券持有人必須承受點損失，最後會拿到新公司的股票。為了吸引新資金，或許可以讓債券持有人優先購買新公司的債券。與其拿到公司清算時按比例賠償的股票，他們可以獲得新成立無債公司的可轉換優先債，也有機會以優厚的浮動利率借錢給新銀行。

二〇〇九年一月，彼得森國際經濟研究所（Peterson Institute for International Economics）副所長波森（Adam S. Posen）指出：

現在完全國有化的理由比起幾個月前強烈許多。如果政府不持有過半數股份，就無法開除管理階層、減少股東，也無法宣布你就是要認賠，然後重頭來過。這是日本在一九九〇年代所犯的錯誤。[1]

這似乎是能遏止美國大型金融機構繼續向下沉淪，最不麻煩又最溫和的方法。現在的紓困計畫很明顯既昂貴又沒有效果，還會帶來道德風險。我們不只浪費大筆金錢，還獎勵了搞出這一大堆爛攤子的無能管理人。本書即將付梓前，根據《華爾街日報》報導，財政部被迫出手阻止ＡＩＧ發放將近四億五千萬美元的紅利獎金，給「去年帶領公司走向毀滅邊緣的各大業務單位領導人」。[2]

到底為什麼，捅下大樓子的這一批金融白痴不但繼續在ＡＩＧ任職，而且還認為自己理應獲得**績效獎金**？

效法瑞典，還是師法日本？

或許我們應該參考一下瑞典的例子。喬農（Lars Jonung）在一九九二年到一九九四年間擔任瑞典首相比爾特（Carl Bildt）的首席經濟顧問。「瑞典方案」就是在此時實施。這位前斯德哥爾摩經濟學院（Stockholm School of Economics）教授認為，美國眼下有兩種選擇，一是效法瑞典，二是師法日本：

全球銀行都陷入困境。於是瑞典在一九九〇年代早期成效卓著的銀行政策，引起了各國興趣。但過去的瑞典模式適用於各國目前的狀況嗎？

瑞典在一九九一年到一九九三年遭遇金融危機時，政府的回應包括了以下七項重要特徵的組合：

一、迅速政策行動；二、政治立場統一；三、政府對所有銀行負債全面擔保（包括客戶存款，但不包括股東資金）；四、基於開放式政府注資的適當法律架構；五、尋求政府協助的銀行必須揭露完整資訊；六、量身訂做的應對政策，銀行依據金融實力分成不同等級，並適用不同方案；七、一套能協助銀行應對政策的全面貨幣和財務政策。

當時瑞典兩家大銀行被收歸國有。它們的資產被分割為一家好銀行和一家壞銀行，後者的「有毒」資產由資產管理公司（AMC）處理，以拋售資產為重點。而銀行將資產轉移給AMC時（其中大多數為房地產），是以保守市價計算，因此也為此類資產的估價設定下限。這套辦法修復了需求和流動性，也終止了跌跌不休的資產價格。[3]

另一條路是日本模式。一九八九年日本經濟崩盤，房地產泡沫破滅後，政府允許銀行持續將不良資產留在帳面上長達數年。銀行不願忍痛減值或籌措足夠資本。隨之而來的便是日本的失落世代。

或許**國有化**這個詞讓某些人害怕，以為美國會因此變成受支配的香蕉共和國。我們何不用個更親切的字眼？「聯邦存款保險公司管理、事先配套、政府出資的《破產法》第十一章重組」怎麼樣？

這就是發生在華盛頓互惠銀行和美聯銀行身上的事，前者現在成為摩根大通的一部分，後者則併入富國銀行。聯邦存款保險公司介入後，流暢地將資產控制權轉移到新東家手上，同時一邊清除債務和股東，還把債券持有人手上的債券大幅折價。

我們來仔細說明上面三個詞彙的意思：

- **聯邦存款保險公司管理**：依法，聯邦存款保險公司必須處理破產銀行機構的清算或重組。為了阻止這件事發生，我們借出幾兆美元的紓困金。

- **事先配套**：為了確保快速流暢，事前就擬定好整個流程。在聯邦存款保險公司接管、按照《破產法》第十一章規畫、政府出資的銀行重組週末期間，華盛頓互惠銀行的存戶完全沒有察覺任何改變。唯一看得出的不同是，現在華盛頓互惠銀行的存戶在摩根大通ATM提款時，不用付手續費了。
- **政府出資的《破產法》第十一章**：全面破產保護，意即員工仍然拿到薪水、擔保債權人損失最小，而且銀行可以選擇擁有控制權的債務人（Debtor in Possession，DIP）融資，DIP融資的錢則來自山姆大叔。
- **重組**：就是字面的意思，像是新管理階層進駐、業務移交給新團隊、公司資產重組、壞帳從帳面上拿出，並且切割有毒資產。

最後，一間清爽無債務的銀行就此誕生，資本適足，帳上無致命有毒資產。**為什麼有人覺得這種情況難以接受？**

如果我們眼前的道路不是瑞典就是日本，讓我去瑞典吧。

現實世界裡，國有化議題其實意義不大。米勒塔巴克資產管理公司（Miller Tabak）的市場策略師布可瓦（Peter Boockvar）就發現，目前關於國有化的爭論僅僅是紙上談兵：

關於花旗集團或美國銀行是否該國有化的激烈爭論，在此時只不過是語義之爭。華盛頓的政客一手決定高階薪水、行銷支出、員工旅遊、股利政策等等，還有將近五千億美元的資產擔保，這兩家其實都已經在政府的掌握之中。

但無論政府的下一步為何，直接解決銀行問題仍然是治標不治本。病灶是「槓桿過度的消費者和不斷下跌的房價」。治好這個病，問題銀行的症狀自然也會痊癒。將銀行的不良資產轉移給政府只是金蟬脫殼的遊戲，最終還是要以某種方式付出代價。現在的關鍵問題是債券持有人會怎麼樣……[4]

情況或許會更糟。如果經濟衰退加劇，可以預見裁員上升、零售業績下滑，然後是更多的住宅查封。本文撰寫的同時，美國的非農就業數據已經連續五個月公布大約六十萬、甚至更多的失業件數。如果這項數字沒有盡快改善，查封只會越來越多。由於銀行手中的有毒資產主要都是房貸類證券商品，查封越多銀行勢必越需要紓困金援。

尋找免費午餐的冒牌資本家

要了解美國的賭場資本主義帶來的後果多麼荒謬可笑，我們來看看ＡＩＧ。這間保險巨人的紓困案引發一個令人不安的問題：為什麼納稅人要拯救避險基金的爛交易？

ＡＩＧ本質上是兩家公司，只不過擠在一個屋簷下。一家是受到高度管理，由國家監督的保險公司，事實上，是全球最大保險公司。ＡＩＧ保險經年維持穩定成長與獲利，管理良好，而且賺錢方法老派：老老實實地賺。

這半邊的公司握有許多家庭財務規畫裡最重要的保險：壽險。當ＡＩＧ保戶過世，ＡＩＧ會支付保單額度，這些錢可以用來支付房貸、孩子大學教育費，還有未亡人的生活費用。由於這筆費用如此重要，政府自然對公司是否有足夠準備金以支付保單非常重視。計算準備金的實際報表很謹慎，過程透明。保單支付金堅如磐石，絕對可靠。

ＡＩＧ保險公司營運良好，收入穩定並且提供客戶可貴的服務。保險業務也有足夠償還能力，完全不須紓困。

ＡＩＧ公司的另外半邊，則是完全不受法規監管的結構型金融公司，專做ＣＤＳ及其他衍生性金融商品。直到公司摔跤以前，很多人都不知道這間公司的存在。結構型金融的這半邊和保險是南轅北轍。既沒有監管也不透明，只在影子銀行界活動，屬於金融地下世界。這部分的ＡＩＧ和來自全球的避險基金、銀行、投機分子、賭徒做交易。巨額的衍生性賭注，後果動輒幾十億美元。這間公司除了賺錢之外，對社會毫無貢獻。

這一部分的ＡＩＧ就是一間大型結構型金融避險基金，只不過這家基金並無信用評等，缺乏任何監督或法規管理，而且也沒有準備金，卻又能沾光公司另一半的良好聲譽（AAA評等）。交易對手似乎認為它也是AAA等級，受到政府監督保證。

AIG「利用監管的疏失，在核心業務之上經營一間避險基金」，聯準會主席柏南克於二〇〇九年三月三日的國會聽證會上如此表示。

這就是一場大型騙局，罪犯是AIG結構型商品部門的高級主管。因為有《商品期貨現代化法》，AIG的這半邊業務完全免受任何法規約束或監督。

看到這裡你或許已經猜到，這半邊正是AIG破產的原因。身為納稅人，你該問問自己：為什麼要花一千七百三十億美元，來替這些投機行為和衍生性賭注善後？

鮑爾森在擔任財政部長時所做過的許多恐怖決策中，一千四百三十億美元的AIG紓困應該是最糟的一次。他的繼任者蓋特納也不遑多讓，如今已經掏了三百億美元給AIG。

這筆錢政府不太可能拿得回來。資金挹注的主要原因，似乎是為了拯救AIG的交易對手，那些AIG提供所謂保險的公司，擔保的是CDO和其他衍生性金融商品。因為這些CDO幾乎無法回到原先價值，而且有些保單的期限是三十年，表示我們拯救AIG和保戶的旅程才剛剛開始，有的人預估保單的理賠額很可能高達四千五百億美元。

本來應該怎麼做？當AIG國有化後，應要立即獨立出完好、有償付能力的人壽保險公司，後者本來就是獨立運作單位。避險基金則應該按部就班的縮減規模，盡力平倉，砍掉其他部分。到此為止。

除了下注的公司，CDS賭徒並不期待其他人伸出援手。如果這些人下注的公司剛好有一群無能經理人，那麼，這是賭徒的問題，不是政府的。如果這些人選擇的對作避險基金沒有留一些虧損預備金，於是無力賠償，那麼，自己的選擇自己承擔。納稅人絕對沒有承接風險的義務。截至二〇〇九年三月，AIG的帳單已經累積到一千七百三十億美元，每一分錢都是無意義的浪費。

至少對納稅人看來完全是浪費。但是對各交易對手而言，這無疑是從天而降的大禮：

「在立法者施壓下，AIG公布了紓困金的用途，在三月十五日公開一千零五十億美元如何流向各州政府和銀行，前幾名分別是高盛、法國興業銀行，和德意志銀行。」《彭博》報導。

「AIG表示，向AIG購買CDS或是證券商品的銀行，一共獲得兩百二十四億美元的擔保，一間美國機構付了兩百七十一億美元來贖回衍生性金融商品，然後有四百三十七億美元是用在證券借貸計畫。包括加州、維吉尼亞州等州政府也因為擔保投資方案，拿到一百二十一億美元。」[5]

其他一起收到山姆大叔厚禮的，還包括高盛、美林、摩根士丹利、美聯銀行，和美國銀行。你可能想不到，還有一些善款接受者是海外銀行，像是：德國德意志銀行、法國興業銀行、法商東方匯理銀行（Crédit Agricole）、丹麥銀行（Danske Bank）、香港匯豐銀行、蘇格蘭皇家銀行（Royal Bank of Scotland）、西班牙國際銀行（Banco Santander）、英國駿懋銀行集團（Lloyds Banking Group）、英國巴克萊銀行，還有荷蘭合作銀行（Rabobank）。

美國納稅人不僅贊助本國高階經理人闖的禍，還買單世界各地的爛投資決定。

雪上加霜的是，「美國政府拿給AIG的幾十億美元紓困金中，有部分資金反而幫了押注房市衰退的避險基金一把。」《華爾街日報》寫道。[6]

簡單地說，紓困表面上看起來是政府透過AIG做中間人，來偷偷紓困其他大型金融機構，某部分其實是紓困了私人投機分子。有些人主張避險基金與這次美國金融體系的崩盤無關，但它們真的有資格花納稅人的錢，趁機在房地產崩盤時再撈一票嗎？

所以，呼籲國有化並不是邁向社會主義，而是為了阻止賭場資本主義導致美國破產（見下頁的圖22.1到22.5）。

真正的資本家國有化；冒牌的資本家則四處尋找免費午餐。

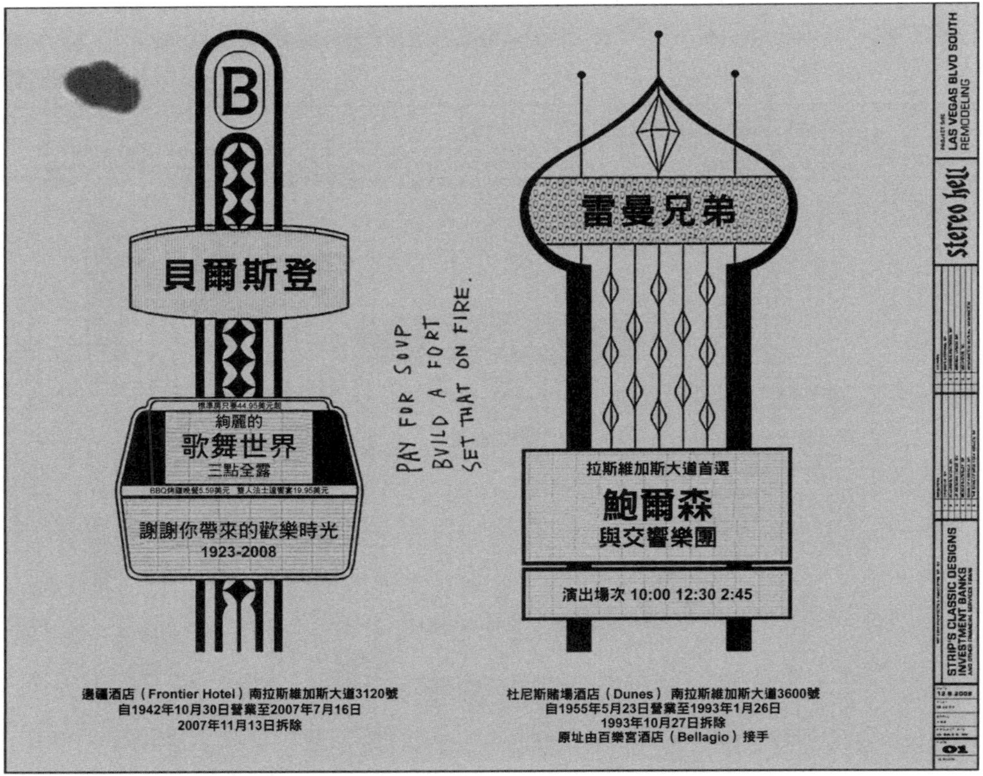

圖22.1

資料來源：拉斯維加斯大道經典看板設計 © 2008 Stereohell/JCC

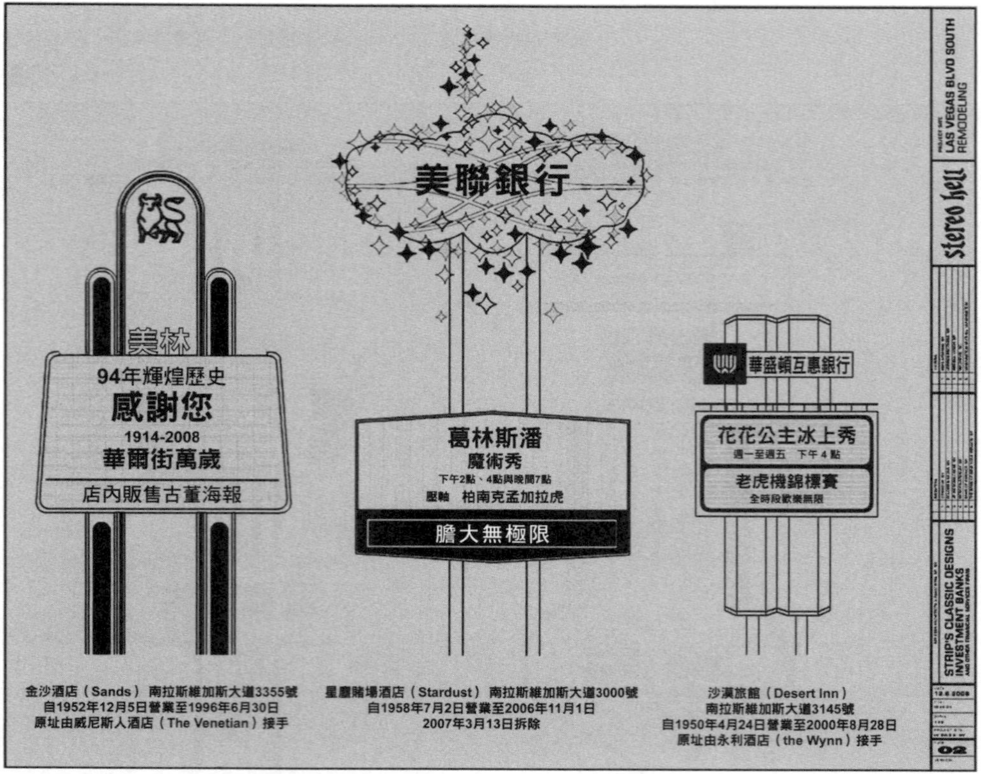

美林
94年輝煌歷史
感謝您
1914-2008
華爾街萬歲
店內販售古董海報
美聯銀行
葛林斯潘
魔術秀
下午2點、4點與晚間7點
壓軸 柏南克孟加拉虎
膽大無極限
華盛頓互惠銀行
花花公主冰上秀
週一至週五 下午4點
老虎機錦標賽
全時段歡樂無限
金沙酒店（Sands） 南拉斯維加斯大道3355號
自1952年12月5日營業至1996年6月30日
原址由威尼斯人酒店（The Venetian）接手
星塵賭場酒店（Stardust） 南拉斯維加斯大道3000號
自1958年7月2日營業至2006年11月1日
2007年3月13日拆除
沙漠旅館（Desert Inn）
南拉斯維加斯大道3145號
自1950年4月24日營業至2000年8月28日
原址由永利酒店（the Wynn）接手
LAS VEGAS BLVD SOUTH
REMODELING
Stereo hell
STRIP'S CLASSIC DESIGNS
INVESTMENT BANKS
02

圖22.2

資料來源：拉斯維加斯大道經典看板設計 © 2008 Stereohell/JCC

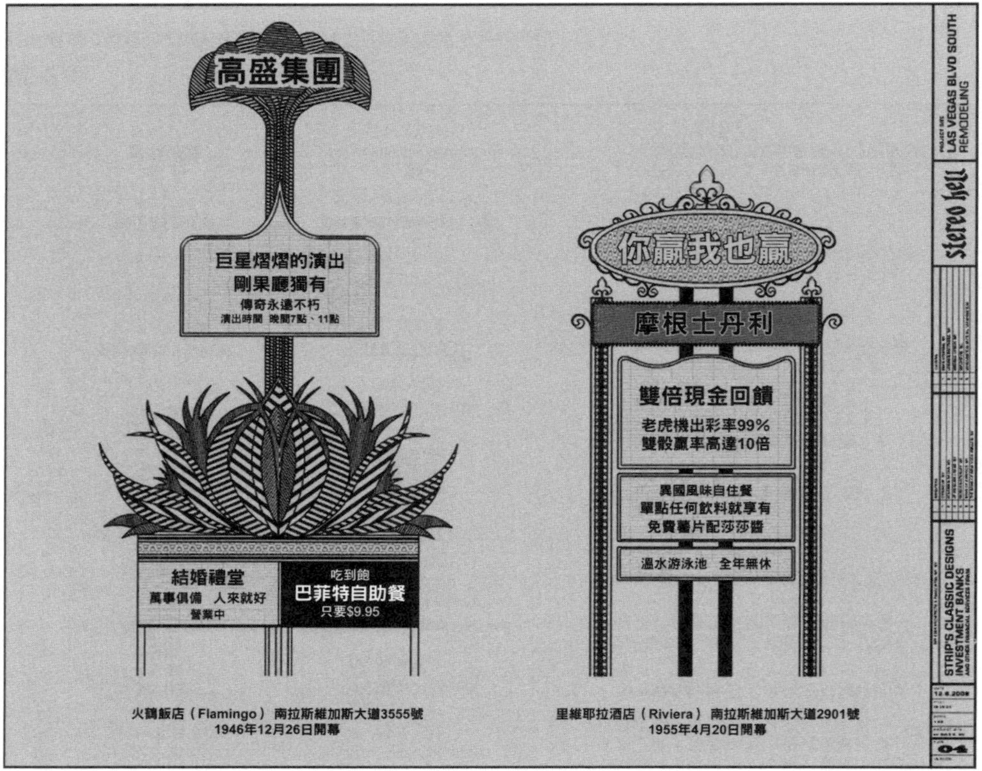

圖22.3

資料來源：拉斯維加斯大道經典看板設計 © 2008 Stereohell/JCC

圖22.4

資料來源：拉斯維加斯大道經典看板設計 © 2008 Stereohell/JCC

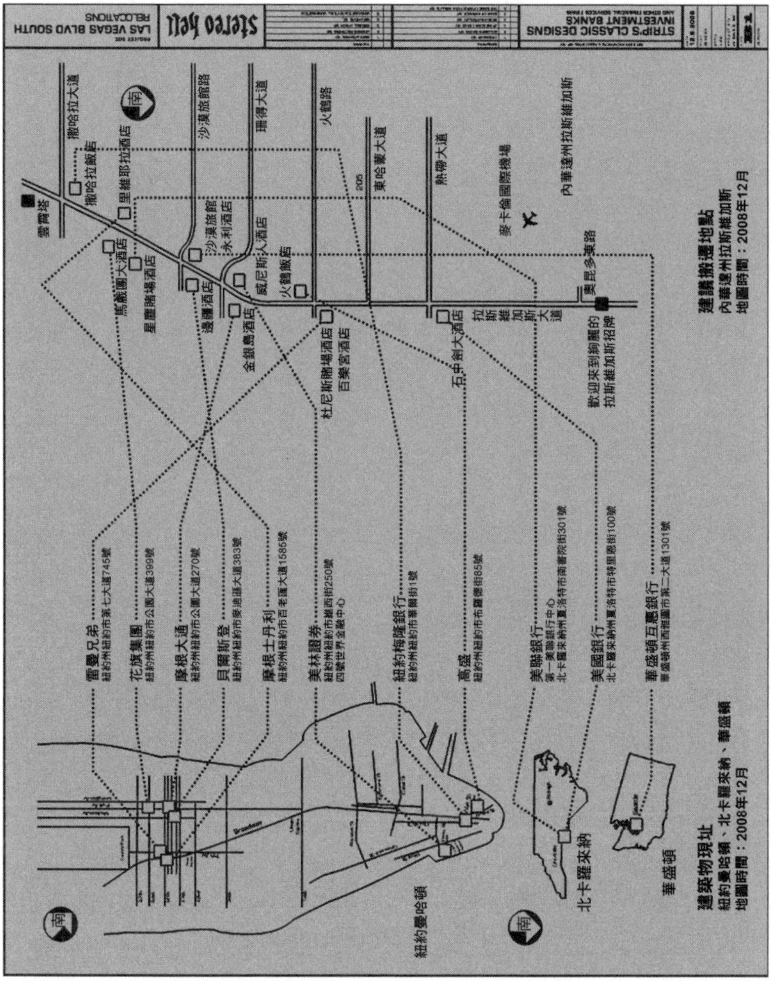

圖22.5
資料來源：拉斯維加斯大道經典看板設計 © 2008 Stereohell/JCC

結語

在危局中找到曙光

專業領域裡，像金融界一樣幾乎視過去歷史為無物的，極為少數。過去經驗，也算是眾人回憶的一部分，被置之不理，被認為是那些無法欣賞眼前驚人奇蹟之人的逃避。

——高伯瑞（John Kenneth Galbraith），美國經濟學家

我的想法都已經在這本書中詳細說明，只除了兩點。第一點很簡單：美國必須開始在公立學校納入財務知識課程。這麼多人願意簽下自己根本無法負擔的貸款合約，顯然民眾基本財務知識驚人地匱乏。

第二，量化分析在華爾街的角色已經不容小覷。今天的金融界成長最快的領域，就是

以量化分析反常模式，進而找出交易機會。SEC可以輕易地使用量化分析來辨別證券詐欺。或者SEC可以挑選業界人士、學者、數學家，還有量化分析師組成委員會，研究如何使用量化分析工具來戳破馬多夫之流的龐氏騙局，在後者導致許多人家破人亡之前，阻止悲劇發生。

本書用了數百頁篇幅來針砭、譴責紓困之國中最劣等的居民。最後這一章，我想換個角度來談。

在華爾街工作的驚喜之一，就是你會遇見許多機敏有創意的聰明人。在華爾街工作的人並非人人都想成為莽撞的投機分子、領取過高薪水，或是主持龐氏騙局。其實很多都勤奮工作，並且對自己的產業被人把持，還有這一切對美國的影響感到憤怒。他們對信用危機、房市崩盤、巨額紓困，還有跌跌撞撞的經濟復甦，有許多寶貴見解。接下來你會看見，他們也毫不吝於分享自己對於解決目前難題的看法。

與其給這本揭發各種惡意無能的書一個令人喪氣的結尾，我打算趁機提出我所知最聰明的人的絕妙點子，提供新總統建設性意見。

他們的建議可分類成幾大主題：解決房市和信用混亂、修復經濟、改善貨幣政策、能源創新，還有（暫時想不到其他說法）總統領導能力。

正面迎擊！房市與信用危機救援

卡斯管理一家空頭避險基金（但他的樂觀讓他最近也設立了一間只做多頭的基金）。卡斯很早就警告槓桿操作、衍生性金融商品，還有股價高估這三者組合的危險。現在針對他所說的最糟情況，卡斯有個很有趣的想法。既然房地產市場的問題是因為過度供給，也就是太多房子太少買家，那何不帶動更多買家進場？

卡斯寫道：「長期以來美國有項政策是，加速發放綠卡給願意投資國內的外國人。如果美國制定新政策，發放綠卡（通過所有安全檢查後）給願意購買二十萬美元以上房屋或公寓的移民者，並且免除這些人十五年的海外所得稅，絕對會有大批優質移民湧入，帶來技術和資產，提供消耗房地產庫存屋的直接催化劑。這些政策的成本很低，而且會直接引進投入房市及就業市場的資本。相較於全球益發不穩定的局勢，美國居留權和公民身分（刪去邪惡的海外所得稅）對於希望居住在安定社會的外國人來說，絕對有高吸引力。」

克萊斯蒙市場研究（Crestmont）總裁伊斯特林（Ed Easterling）解釋這個主張為何可行：「目前最明顯的經濟過渡問題就是房屋供給過量，亦即房子數量超過合格房屋買主。既然我們無法在短期內改變房屋供給，那麼就必須提高合格房屋買家的數量。其中一項辦法，是提供有大學文憑或願意開公司（並且有資金證明）的外國人十年工作簽證。這兩類人士都將具備購買所有過剩屋型的資格，可對經濟做出極大貢獻。」

而紀錄片《破產》（*Broke: The New American Dream*）製作人卡威爾（Michael Covel）補充說明：「想辦法增加人口是解決問題的唯一辦法。我們需要更多人。趕快給那些符合經濟條件的人減稅及雙重國籍。對錢開放國界。」

電子報撰稿人墨爾丁（John Mauldin）同意：「帶進一百萬名富裕、合法的移民，就能止跌不同等級的房地產市場（或許有些還會回升）。這些移民會找到工作並繳稅（美國所需）。很多移民還會創業，帶來工作機會。一旦房屋庫存消化完畢，新建案會再次出現，同時帶動新房子所需要添購的耐久財消費。這還只是一百萬新移民帶來的效果，如果我們開放兩百萬甚至三百萬呢？」

CNBC主持人拉提根（Dylan Ratigan）有個新點子：他想要更新《退伍軍人權利法案》。拉提根呼籲政府提供五萬美元的房屋稅減免，給所有參加伊拉克／阿富汗戰爭的退伍老兵，還有現任美國軍人。目的是為了同時幫助房市和老兵。而且他建議允許買賣這些權益。如果老兵不想買房子，他們可以把房屋稅減免賣給想購屋的人。這麼一來不只會振興房市，也能造福報效國家的軍人。

資產經理人威爾許（Jim Welsh）建議阻止貸款證券化的問題捲土重來。以後，任何發起貸款的機構想證券化必須：首先，保持所有證券化貸款的一〇％（或某顯著比例）；

其次，吸收固定金額以內的損失，不能將損失全額轉嫁給購買證券化貸款的客戶。在有虧損風險的情況下，放款人才會確實維持完善的放款標準。

威爾許進一步說明美國面臨的規模問題。信用危機造成了金融巨頭之間的大合併潮，最後超過一半的非金融性債務（家庭、非金融公司、政府所背負的債務）把持在前十五大機構的手中。SEC在國會和聯邦存款保險公司的協助下，應該強制要求前二十大金融機構，在十年內分散成較小的公司。擺脫巨獸型公司能大大有效地避免下一場金融危機到來。

多空策略型避險基金洛津翰資本（Rockingham Capital Partners）的合夥人富利（Scott Frew），比大部分經濟學家和政策官員都還要早遇見信用危機的發生。那他的對策是什麼?答案是，「正面迎擊。找出無償付能力的銀行，強迫它們接受聯邦存款保險公司的接管（比國有化好聽許多的說法）。與其拖延（像日本），不如盡早面對苦果。」

這麼做的結果會很可觀，像是：清理掉所有的一般股東和特別股股東，還有次級債務。而且這個動作也會激起極大的漣漪效應，甚至帶來更多破產。

但富利解釋這是必要之惡：「強迫大型銀行（包括AIG）進入全國有化模式，完全無法解決現有問題，這僅僅是第一步而已，但不踏出這一步，就沒辦法繼續往這條艱難的旅途邁進。美國必須實行的去槓桿化不僅是針對銀行，還包括家庭及非金融企業。就算是最好的情況，也得花費數年的時間。我的目標是讓銀行有朝一日能夠重新開始放款。」

順帶一提，《富比士》的蘭茲納（Robert Lenzner）建議：「在SEC下面設立類似財務會計準則理事會（FASB）的組織。任用聰明人才以及無相關利益的業界大咖，像是伏克爾、羅哈丁（Felix Rohatyn），和懷特漢德（John Whitehead），然後決定處理銀行損失的應對方式。」

讓能源產業改頭換面

《股票操盤手年鑑》主編赫希（Jeffrey Hirsch）的建議，則是能源科技界的曼哈頓計畫。目前在能源技術方面出現的都是小幅改善，像是電池儲存技術、太陽能轉換，還有內燃效率。我們需要在基礎物理層面的重大突破，而這種計畫只有政府有能力長期注資。

矽谷高階經理人懷茲曼（Jeff Weitzman）補充說明，「光是丟到AIG的數十億美元就可以，比方說，讓整個太陽能產業改頭換面。而補貼太陽能面板的裝設，能在短期直接把錢一次注入經濟體，有效降低美國中期對進口能源的依賴，而且促使太陽能輸送的成本和一般電力相同，在美國國內創造出能夠**出口**能源生產設備的產業，並且帶來研發、工程、製造等更多工作機會。我們必須投入足夠金錢讓這些產業進入超速狀態，如此就能在相對快速的時間內，轉換經濟體質。」

貢戈（Brian Gongol）是一名業務工程師、小型企業主，以及電台談話節目主持人。他認為我們可以透過獎勵競賽，來刺激國內的新創能源創業家。他要政府（或是有錢的私人贊助者），針對以下能源新創項目，個別提供十億美元的現金獎勵：

- 大規模生產成本和普通屋頂相近的太陽能屋頂板。
- 成本在一千美元以內，能讓每加侖汽油多跑十六公里的汽車引擎改裝法。
- 提升住宅保溫／降溫效能的壁紙型絕緣材料。
- 減少一〇％以上電網輸送的損耗，但技術成本必須低於所省電力。

每一項十億美元，保證會有人或公司興致勃勃地開始尋找這些問題的答案。發展成果能凝聚分散的社會利益。

最簡單的點子則來自資產管理公司資本方程式（Formula Capital）的阿圖徹（James Altucher）。他建議：「免除一年的所得稅。這是最快讓人感覺有錢的辦法，也能拉高民眾對經濟的信心。結果會是新企業出現，經濟再次出現乘數效應，最後不斷帶來更多稅收。」

向經濟衰退宣戰

奈德戴維斯研究機構創辦人戴維斯（Ned Davis）解釋，「如果歐巴馬總統想要實踐他所承諾的基本改變和逆滲式（trickle-up）經濟理論，我會說政府應該針對乘數效果明顯的科技，提高固定投資金額，並且和其他國家合作改善貿易及金融穩定度，而不是不斷提供紓困。只要政府營造出新工作機會的前景，未來就顯得充滿希望。」

戴維斯的部分想法如下：

- 裝設能提高政府效率的現代設備及軟體，包括五角大廈。
- 改善運輸基礎建設，包括橋梁、道路，還有能讓美國交通更安全、有效率且快速的大眾運輸工具。
- 發展核能、太陽能、風力，及其他替代能源中心，降低美國對外國能源的依賴，也可能會減少能源價格動盪，並且逐漸調降成本。升級輸電網絡。
- 改善水資源基礎建設，包括飲用水、廢水處理、水壩和港口。

戴維斯的立論基礎是，國內投資和名目GDP之間有強烈正相關（見下頁的圖PS.1）。

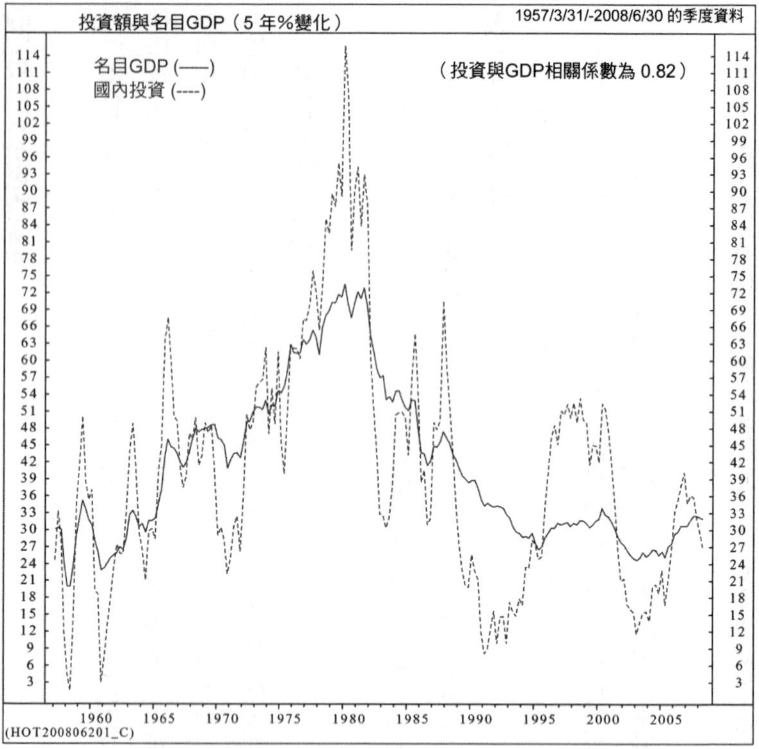

圖 PS.1　投資額與名目GDP變化（5 年比例變化）

資料來源：奈德戴維斯研究機構。

如果我們需要更多經濟刺激，那麼請直接把錢拿來投資，不該用在紓困。

有一項被忽略的經濟對策，是協助急需現金的州政府和地方政府。這是美林證券北美區經濟學家羅森伯格的主張。在近期的致客戶信函中，羅森伯格提到：「美國經濟迫切需要一次巨大的正向外部衝擊。」他的點子：「白宮應該吩咐國會發放一兆美元的長期零利率貸款，給進退兩難的州政府和地方政府，它們被迫在這最糟糕的時刻削減服務及加稅。目前的經濟狀態已經很明顯，在近期連串的負面就業報告出爐後，我們不能再以傳統經濟衰退視之。政府必須立刻宣戰……對抗這場現代衰退。」

威爾許持相同意見，他指出所有聯邦政府計畫的焦點，應該是把錢花在能帶來最大乘數效應的專案上。二〇〇八年第二季，政府花了超過一千億美元在個人退稅支票上。最樂觀的預估是，消費者每收到一美元退稅只會消費二十美分，經濟刺激其實不大。然而，若把這筆錢花在橋樑或道路等基礎建設項目，從過去經驗來看，每花費一美元所激發的經濟活動一定超過一美元。我相信經濟學家們一定能替歐巴馬政府，找出乘數效應最大的預算項目。

投資組合經理海夫林（Carl Haefling）建議聯準會和財政部，「允許國內任何目前有貸款的人，免費以四．五％三十年期的條件重貸。這對大多數人來說，效果等同於減稅，能穩定房地產市場並阻止更多庫存屋出現。此外，重貸只限一次，而且只能在特定期間內申辦。」（既然提到政府擔保貸款，我們也可以將低利率貸款條件，推展到符合資格的汽車買主。或者，提供兩千美元的新車購車稅減免，兩者都會提振疲弱的汽車市場。）

虛擬國度基金（Virtual Country Foundation）的執行總監理查．朗（Richard Lang）建

議美國，「資助每一位平均成績乙等以上的高中生四年的大學學費。總成本幾年前有算過，是三百五十億美元。當時這筆錢聽起來很多，現在簡直是九牛一毛。這能激勵學生在學業上追求合理目標，而且每一個有孩子的家庭都能馬上獲得經濟幫助。」

單純就財政來看，BP石油退休顧問艾格登（Bob Agdern）點出一個關鍵歷史教訓：我們應該要注意那些軍事過度擴張、而自取滅亡的帝國。我們需要一套適合下個世紀、而不是上個世紀的軍事情報體系。同樣地，我們也要把計畫控制在能力範圍之內。美國不能再繼續以世界警察之姿，花錢補貼整個自由世界。

包括《葛林斯潘的泡沫》協作者錫漢（Fred Sheehan）在內，好幾個人都建議解散聯邦準備系統。然而，就像單方解除核武一樣，我很懷疑發生的可能性。研究分析師丹尼爾斯（Seth Daniels）寫道：「有趣的是，沒有任何人提出自由放任派建議。」

好些人對聯準會提出頗有意思的問題。Finacorp 證券首席經濟學家梅柯爾（David Merkel）有個 Aleph 部落格，他指出有時候我們必須自食苦果：「葛林斯潘執意不讓適度的經濟衰退出現，反而導致國債占GDP的比例，增高到無法負荷的地步。」雖然我們可以緩和經濟起伏帶來的衝擊，但想要完全消滅週期循環絕對是愚蠢之舉。

市場策略師布可瓦又更進一步，提議採用接近歐洲央行的模式：「讓聯準會只剩下價格穩定這個單一責任，拿掉就業最大化這條，因為兩者相抵觸。經濟成長的最佳環境應是在財政和法規方面。市場應該要設定合理利率，而且貨幣穩定和價格穩定直接受到貨幣政策的控制。經濟體循環震盪的源頭，其實是不穩定的貨幣政策，即靠著聯邦資金利率來操縱經濟活動，少了這件事，經濟泡沫出現的可能就少了許多。」

索羅門（Gene Salomon）是音樂產業律師，也是比佛利山的律師事務所 Gang, Tyre, Ramer & Brown 的合夥人，客戶有戴蒙（Neil Diamond）、粉紅佳人，還有電台司令（Radiohead）。他指出，「很顯然，美國需要更嚴密的法規制度，這我同意。但是關於此事的討論經常忽略一點，那就是我們也需要重新建立起過去法規單位的人力規模。自從一九八〇年代雷根政權開始，我們就不斷削減法制系統所需要的專業政務官員。外包的亂象叢生，毫無作用，效率低落。因此，應該以最快地速度招聘最好的人才（就算要付出較高的薪水）。」

最後，資產管理公司 QB Partners 老闆布洛德斯基（Paul Brodsky）和奎坦斯（Lee Quaintance），做出下列大膽建議：以健全貨幣為美國最高經濟原則。如果美元是全球公認的合理保值物，不只強過其他貨幣而且能世代保值，那麼這麼做將能改善全球經濟。更重要的是，過去不斷發生的不當金融行為都會銷聲匿跡。那該怎麼做？答案是，改回金本位制度。（但兩人承認「我們的想法目前應該是行不通。」）

最高領導力

德美利證券（TD Ameritrade）董事長莫格利亞（Joe Moglia）的想法是，總統（還有蓋特納跟柏南克）**怎麼做**自己的工作，其實比**做什麼**還重要。莫格利亞最大的不滿便是那些人的溝通。

這是美國人第一次面對如此狀況，而它是那麼地複雜難懂。雖然拔尖菁英能想出解決方法，但是向一般家庭解釋時，用字遣詞必須簡單扼要。如果足球教練在黑板上寫下厲害戰術，但沒辦法化繁為簡讓球員透徹了解，戰術也無法徹底執行，戰敗機率也就大增。

我們的總統雖然能言善道，卻眼睜睜看著手下團隊用哲學家或學者的口吻，來解釋市場狀況以及相對應的商業計畫。他必須以人民能夠理解的方式來談話，民眾才會相信美國命運掌握在對的人手中。

索萊證券（Soleil Securities Group）的首席投資長法瑞（Vince Farrell）提出以下建議：「每月（或每季）舉辦白宮晚餐。從紐約市長彭博旗下的媒體買個版面來報導，定期和不同產業的人舉辦晚餐會。每場晚餐都要包括金融人士，還有學者、社工、實業家，跟醫護人員。每人都有兩分鐘左右的時間，來談談自己認為最重要的議題。」

以上全是非常好的建議。我希望白宮裡有人能聽進去。

謝詞

每一本書都是集眾人心血之結晶，《大撒錢》尤其如此。因為有來自許多人的支持，這本書才能夠脫穎而出，一路上克服許多困難。

過去一年，我一邊寫作之外還任職於資產管理公司、管理一間市場研究公司，而且非常積極地經營我的部落格。這本書得以問世真的要感謝眾人幫忙。

書中大部分內容是隨事件發展即時撰寫，有些內容的概念最初發表在我的部落格「The Big Picture」（www.ritholtz.com）上。我會先放上數百字的想法，讓讀者批評指教，然後一邊沉澱思考。為此我永遠感激這些勇敢的靈魂。書中許多看法、引言、機密資料，還有插畫都是他們的功勞。

多位專業記者和作家無私地和我分享資源、點子，還有看法。尤其是格羅斯、艾辛格、佛西斯（Randall Forsyth），和賀伯・格林伯格（Herb Greenberg），這四位對本書有莫大影響。如果你發現本書和格羅斯的著作有些相似之處，是因為我們彼此來回辯證過好幾個想法。特別感謝《霸榮周刊》的唐藍（Thomas Donlan），他把我支離破碎的胡言亂語〈街邊撿到的備忘錄〉編輯成簡潔優美的小品（〈華爾街備忘錄：致幕後功臣山姆大叔〉）。

寫書過程不僅獲得多位作者的幫忙，我自身的研究和寫作技巧也獲益良多。要特別感謝魯賓尼（Nouriel Roubini）、佛萊克斯坦和潘茲納的建議和鼓勵。好幾位基金經理人及分析師大方地分享自己的看法，尤其是卡斯、必安科（James Bianco）、富利、華倫（Chris Whalen），和科托克（David Kotok）。

在我成長過程中，股票和房地產始終是晚餐桌上的話題。已經退休的母親曾是名成功的房地產仲介，她不斷告訴我們關於房地產界腐敗和黑暗犯罪故事（尤其是商業精華地段）。她對自身產業的顛覆性見解絕對改變了我。（謝啦，媽！）

書中的插畫來自好幾位傑出藝術家：原文書封面的精美畫作來自《巨石每日攝影報》（*Boulder Daily Camera*）的雪菲爾斯（John Sherffius）。雪菲爾斯有著尖刻幽默和生動的筆觸，每幅畫作傳遞的訊息遠勝我千言萬語。錢普唐德（J. C. Champredonde）是將投資銀行畫成賭場的鬼才，你可以在〈賭場資本主義〉一章的後頭，以及 www.stereohell.com

網站上欣賞他的作品。他的作品完美捕捉到過去十年間的賭場資本主義。WallStats.com 的貝克曼畫出了神奇的危機解剖圖。而馬特森（R. J. Matson）則出借了一則企業福利的漫畫。

特別感謝「風險預測」（Calculated Risk）的版主麥博萊德（Bill McBride）提供了精闢的房地產圖表，還有圖表商店（The Chart Store）的葛理斯（Ron Griess）提供歷年的市場圖表。

很少有作者喜歡作品遭到編輯修改。我很幸運地在 TheStreet.com 和塔斯克合作過。他是罕見能大幅提升作品水準的編輯（不是單純修訂）。當麥格羅希爾（McGraw-Hill）第一次和我洽談本書時，我馬上知道該把我的作品託付給誰。塔斯克的投入、組織能力，還有積極前進的態度，是本書可以按計畫出版的主要原因。大家都說書本誕生在文稿脫離作者之手的那一刻，塔斯克則確保了那一刻離開我的作品值得一讀。

本書有著大量金額、日期、資料，和數字，若沒有一支超級研究小隊絕對辦不到。我很幸運能和三位最佳研究員合作：神奇的阿許頓—岡薩雷斯（Eugene Ashton-Gonzalez）和米勒（William Miller），還有我的研究實習生卡茲（Erica Katz）和她的獨特見解。卡茲將於二〇一〇年五月拿到她的管理碩士學位，就看哪間幸運公司能搶到她。另外，也要感謝馬內克（Marion Maneker）對本書方向提出建議，還有他對全球出版業的精闢看法。

麥格羅希爾的葛拉瑟（Jeanne Glasser）對於我隨情勢發展而即時寫作的方式，展現無比耐心。當出版商抗議我對標準普爾的批評（標準普爾是麥格羅希爾的旗下公司之一），葛拉瑟大力捍衛本書。最後本書原文版由 John Wiley & Sons 出版，而葛拉瑟也轉戰金融時報出版（FT Press）和華頓商學院出版（Wharton School Publishing），由此可見她的人格風骨。另外不能不提我的出版經紀人賈欣（Loyld Jassin），他對本書的投入遠勝一般。你應該可以想像，這不是普通的書籍合約。

說到這，Wiley 能出版本書令我欣喜若狂。出版社的人都對這本書興奮不已。和康敏司（Kevin Commins）和富立博（Keg Freeborn）及其他 Wiley 團隊人員的合作經驗，更是如沐春風。

雖然這是一篇謝詞，但我必須稱讚一下 Google 文件，沒有它就沒有協力編輯。每一章節在正式定稿以前，都有過好多不同的版本。Google 文件真的讓追蹤變更和編輯變得毫不費力。雲端運算果然有一套。

家庭方面，我太太在過去一年寫作期間付出了無限耐心。沒有她，這本書不可能完成。（出去走走！你又在喃喃自語了！別拖拖拉拉！而且老天爺，你可以去洗個澡嘛！）

我也一定要對 Fushion IQ 的工作夥伴表達感謝，連恩（Kevin Lane）和康特（Mike Conte）兩人很大氣地允許我請長假完成本書，而且在我上班的日子也體貼地盡量不打擾我，讓我多寫幾頁。

許多作者豐富了我的世界觀，許多你在書中讀到的內容都來自洛溫斯坦、布克史塔伯（Richard Bookstaber）、梅茲、戴斯蒙（Paul Desmond）、米姆、達斯（Satyajit Das）、席勒、布魯納、卡爾、史都華（Reginald Stuart）和葛雷林奇等人先前的心血研究。他們的著作深深影響了你手中拿起的這一本書。如果本書有任何成就，也是因為我只向最傑出的大師取經。

注釋

第1章　大撒錢之路

1. Daniel Gross, *Pop! Why Bubbles Are Great for the Economy* (New York: HarperCollins, 2007).

第2章　全球最具權勢央行的誕生

1. Casimir Frank Gierut, *Taxpayers' Message to Congress: Repeal the Federal Reserve Banks; Pandora's Box of Criminal Acts* (Bunker Hill, IL: National Committee to Repeal the Federal Reserve Act, 1983), 31.（《聯邦準備法案》是在一九一三年聖誕節兩天前的週日通過，當時多數國會議員都在放假。威爾遜則是在數年以後，才對法案做此評價。）
2. Steve Matthews, "The Improviser," *Bloomberg Markets*, June 2008, www.bloomberg.com/news/marketsmag/mm 0608 story2.html.

3. The Economic Club of New York, 395th Meeting, New York City, April 8, 2008, http://econclubny.org/files/Transcript Volcker April 2008.pdf.

4. "Jefferson's Opinion on the Constitutionality of a National Bank," 1791, The Avalon Project at Yale Law School, www.yale.edu/lawweb/avalon/amerdoc/bank-tj.htm.

5. Virtual Tour of Historic Philadelphia, "Second Bank of the United States/Portrait Gallery: Biddle vs. Jackson," www.ushistory.org/tour/tour 2bank.htm.

6. Roger T. Johnson, "Historical Beginnings... the Federal Reserve," Federal Reserve Bank of Boston, December 1999, www.bos.frb.org/about/pubs/begin.pdf.

7. Stephen Mihm, *A Nation of Counterfeiters: Capitalists, Con Men, and the Making of the United States* (Cambridge, MA: Harvard University Press, 2007).

8. 同上，第六頁。

9. Johnson, "Historical Beginnings."

10. Robert F. Bruner and Sean D. Carr, *The Panic of 1907: Lessons Learned from the Market's Perfect Storm* (Hoboken, NJ: John Wiley & Sons, 2007), 7.

11. G. Edward Griffin, *The Creature from Jekyll Island*, 4th ed. (Westlake Village, CA: American Media, 2002).

第3章　是救援，不是撒錢

1. Robert J. Shiller, "A Government Hand in the Economy Is as Old as the Republic," *Washington Post*, September 28, 2008, B01, www.washingtonpost.com/wpdyn/content/article/2008/09/26/

AR2008092602838.html.

2. Daniel Gross, *Pop! Why Bubbles Are Great for the Economy* (New York: HarperCollins, 2007), 29.（摩斯其實不想成為企業家，他認為電報技術事關重大，不應該交給私人企業。他「不斷懇請國會主導電報發展，讓電報成為國營事業。」）

3. Jonathan Alter, *The Defining Moment: FDR's Hundred Days and the Triumph of Hope* (New York: Simon & Schuster, 2006), 341.

4. Harriss, C. L., *History and Policies of the Home Owner's Loan Corporation* (Detroit: National Bureau of Economic Research, 1951), www.nber.org/books/harr51-1.

5. "Profitable HOLC," *Time*, April 22, 1946, www.time.com/time/magazine/article/0,9171,792832,00.html.

6. Alex J. Pollock, "A 1930s Loan Rescue Lesson," *Washington Post*, March 14, 2008, A17, www.washingtonpost.com/wp-dyn/content/article/2008/03/13/AR2008031303174.html.

7. Harriss, *History and Policies*.

8. 同上。

9. Alan S. Blinder, "From the New Deal, a Way Out of a Mess," *New York Times*, February 24, 2008, www.nytimes.com/2008/02/24/business/24view.html.

10. Harriss, *History and Policies*.

11. James Butkiewicz, "Reconstruction Finance Corporation," in *EH.Net Encyclopedia*, ed. Robert Whaples, July 20, 2002, http://eh.net/encyclopedia/article/butkiewicz.finance.corp.reconstruction.

12. Wigmore, Barrie A., "The Crash and Its Aftermath: A History of Securities Markets in the United

States, 1929–1933," Contributions in Economics and Economic History, no. 58 (Westport, CT: Greenwood Publishing Group, 1985), 540.

第4章　巨變的工業紓困年代

1. 公司將這些虧損和之後的困境，都怪罪到在總包採購制度（Total Package Procurement）下，所安排的軍方合約。總包採購制度由前國防部長麥納瑪拉（Robert McNamara）制定。這套程序「以遏止過度請款為目的，設定了嚴格的專案總成本上限。」
2. 總包採購制度是由國防部制定的固定金額採購計畫，國防部合約廠商根據自己預估的開發及產品成本，來報價競標國防部的標案，而政府最多只會支付合約的上限金額。所以案子最後任何的虧損都是由廠商自行吸收，國防部只需要支付上限額。
3. Nick Barisheff, "August 15, 1971: Inflation Unleashed," Financial Sense University, May 11, 2006, www.financialsense.com/fsu/editorials/bms/2006/0511.html.
4. "The Biggest Bankruptcy Ever," *Time*, July 6, 1970, www.time.com/time/magazine/article/0,9171,878372,00.html.
5. "The Penn Central Reorganization Revisited—Again," News and Insights, DLA Piper, January 14, 2008, www.dlapiper.com/penncentralreorganization/.
6. "Chrysler's Crisis Bailout," *Time*, August 20, 1979, www.time.com/time/magazine/article/0,9171,947356,00.html.
7. Jimmy Carter, "Chrysler Corporation Loan Guarantee Act of 1979: Remarks on Signing H.R. 5860 into Law," January 7, 1980, www.presidency.ucsb.edu/ws/index.php?pid=32978.

第5章 砸錢大師

1. Nell Henderson, “Backstopping the Economy Too Well?” *Washington Post*, June 30, 2005, D01, www.washingtonpost.com/wp-dyn/content/article/2005/06/29/AR2005062902841.html.
2. Robert T. Parry, “The October ’87 Crash Ten Years Later,” *Federal Reserve Bank San Francisco Economic Letter* 97-32, October 31, 1997, www.frbsf.org/econrsrch/wklyltr/e19-32.html.
3. Brett D. Fromson, “Plunge Protection Team,” *Washington Post*, February 23, 1997, H01, www.washingtonpost.com/wp-srv/business/longterm/blackm/plunge.htm.
4. Zachary Roth, “Report Shows White House Engineered U.S. Attorney Firings,” October 1, 2008, http://tpmmuckraker.talkingpointsmemo.com/2008/10/report shows white house engineered.php.
5. Lynn Thomasson and Eric Martin Bloomberg, “S&P 500 Index Drop Leaves 64 Industries with Losses,” November 21, 2008, www.bloomberg.com/apps/news?pid=20601213&sid=am1FNznC.tNE&.
6. Carl E. Walsh, “What Caused the 1990–1991 Recession?” *Economic Review*, no. 2, Federal Reserve Bank of San Francisco, 1993, www.frbsf.org/publications/economics/review/1993/93-2 34-48.pdf.
7. Louis Uchitelle, “Greenspan’s Authority Curtailed on Interest Rates, Officials Say,” *New York Times*, April 8, 1991, http://query.nytimes.com/gst/fullpage.html?res=9D0CE0D8113DF93BA35757C0A967958260.
8. Paul R. Krugman, “Did the Federal Reserve Cause the Recession?” *U.S. News & World Report* 110, no. 12, April 1, 1991, 54, www.pkarchive.org/economy/FedRecession1991.html.

9. Federal Reserve Bank of New York, "Historical Changes of the Target Federal Funds and Discount Rates, 1971 to Present," www.newyorkfed.org/markets/statistics/dlyrates/fedrate.html

第6章　非理性繁榮年代

1. 一九九六年十二月五日，葛林斯潘於華盛頓特區的美國企業研究所年度晚宴和鮑伊爾講座（Francis Boyer lecture）發表談話，即「非理性繁榮演講」，請見：www.federalreserve.gov/boarddocs/speeches/1996/19961205.html。
2. 同上。
3. Daniel Gross, "Wall Street Throws a Tantrum," *Newsweek*, February 11, 2008, www.newsweek.com/id/107571; Gillian Tett, "Markets Throw One Tantrum after Another," *Financial Times*, October 10, 2008, http://us.ft.com/ftgateway/superpage.ft?news id=fto101020081422295531; "Carry On Screaming," *Economist*, October 9, 2008, www.economist.com/finance/displaystory.cfm?story id=12381895.
4. Alan Greenspan, "Risk and Uncertainty in Monetary Policy," Remarks at the Meetings of the American Economic Association, San Diego, California, January 3, 2004, www.federalreserve.gov/boarddocs/speeches/2004/20040103/default.htm.
5. Charles Mackay, *Extraordinary Popular Delusions and the Madness of Crowds*, published in 1841; Edwin Lefèvre , *Reminiscences of a Stock Operator*, published in 1922–1923; and John Kenneth Galbraith, *The Great Crash, 1929*, published in 1955, are examples.
6. Federal Reserve Press Release, November 17, 1998, www.federalreserve.gov/boarddocs/press/

general/1998/19981117/.

7. "The Committee to Save the World: The Inside Story on How the Three Marketeers Have Prevented a Global Economic Meltdown—So Far," *Time*, February 15, 1999, www.time.com/time/covers/0,16641,19990215,00.html.

第7章　科技崩盤

1. 聯邦公開市場委員會於一九九六年八月二十日的會議紀錄（逐字稿）。

2. Alan Greenspan, "Question: Is There a New Economy?" remarks at the Haas Annual Business Faculty Research Dialogue, University of California, Berkeley, California, September 4, 1998.

第8章　倒退走的利率經濟

1. Floyd Norris, "Dow Conquers 5,000 Mark, Riding Surge of Confidence," *New York Times*, November 22, 1995, http://query.nytimes.com/gst/fullpage.html?res=9F07E1DB1339F931A15752C1A963958260.

2. Ben S. Bernanke, "Deflation: Making Sure 'It' Doesn't Happen Here," remarks before the National Economists Club, Washington, D.C., November 21, 2002, www.federalreserve.gov/BOARDDOCS/SPEECHES/2002/20021121/default.htm.

3. Asha Bangalore, "Housing Market—Another Information Tidbit," Northern Trust Company, May 23, 2005, www.northerntrust.com/library/econ research/daily/us/dd052305.pdf.

4. Christopher D. Carroll, Misuzu Otsuka, and Jiri Slacalek, "How Large Is the Housing Wealth Effect?

A New Approach," NBER Working Paper W12746, December 2006, http://papers.ssrn.com/sol3/papers.cfm?abstract id=949756.

5. Alan Abelson, "Hold the Bubbly," *Barron's*, January 2, 2006, http://online.barrons.com/article/SB113598787824035213.html.

插　曲　金融錯亂史

1. 完整的破產房貸放款機構名單，可以在 The Mortgage Lender Implode-O-Meter 網站上找到，http://ml-implode.com/index.html#lists。

第 9 章　殖利率的瘋狂爭奪

1. Jesse Eisinger, *Portfolio*, September 2007, www.portfolio.com/news-markets/national-news/portfolio/2007/08/13/Moody-Ratings-Fiasco.
2. Aaron Lucchetti and Serena Ng, "How Rating Firms' Calls Fueled Subprime Mess," *Wall Street Journal*, August 15, 2007, http://online.wsj.com/article/SB118714461352698015.html.
3. Aaron Lucchetti, "As Housing Boomed, Moody's Opened Up," *Wall Street Journal*, April 11, 2008, http://online.wsj.com/article/SB120787287341306591.html.
4. Elliot Blair Smith, "Bringing Down Wall Street as Ratings Let Loose Subprime Scourge, Part I," *Bloomberg*, September 24, 2008, www.bloomberg.com/apps/news?pid=20601109&sid=ah839IWTLP9s&#.
5. Niall Ferguson, "Wall Street Lays Another Egg," *Vanity Fair*, December 2008, www.vanityfair.com/

politics/features/2008/12/banks200812.
6. 同上。
7. 同上。
8. 同上。
9. 同上。

第10章　次級房貸製造機

1. Anthony Ha, "Minorities Hit Hard by Foreclosure Crunch," *Hollister (CA) Free Lance*, May 3, 2007, http://hollisterfreelance.com/news/contentview.asp?c=213141.
2. Mara Der Hovanesian, "Nightmare Mortgages," *BusinessWeek*, September 11, 2006, www.businessweek.com/magazine/content/06 37/b4000001.htm.
3. Sarah Max, "Appraisal Fraud: Your Home at Risk; Appraisers Say They're Being Pressured by Lenders to Inflate Their Estimates of Home Values," *CNNMoney*, June 2, 2005, http://money.cnn.com/2005/05/23/real estate/financing/appraisalfraud/index.htm.
4. Jeff Manning, "Chase Mortgage Memo Pushes 'Cheats & Tricks,' " *Oregonian*, March 27, 2008, www.oregonlive.com/business/oregonian/index.ssf?/base/business/120658650589950.xml&coll=7.

第11章　搭建危機的鬆綁舞台

1. Peter S. Goodman, "Taking Hard New Look at a Greenspan Legacy," *New York Times*, October 9, 2008, www.nytimes.com/2008/10/09/business/economy/09greenspan.html.

2. 同上。
3. 同上。
4. 同上。
5. Eric Lipton, "Gramm and the 'Enron Loophole,'" *New York Times*, November 17, 2008, www.nytimes.com/2008/11/17/business/17grammside.html.
6. "Blind Faith: How Deregulation and Enron's Influence over Government Looted Billions from Americans," Public Citizen, December 2001, www.tradewatch.org/cmep/energy enviro nuclear/electricity/Enron/articles.cfm?ID=7104.
7. Lipton, "Gramm and the 'Enron Loophole.'"
8. "Levin Lauds Congressional Approval of Close 'Enron Loophole' Law," press release, Office of Senator Carl Levin, May 15, 2008, http://levin.senate.gov/newsroom/release.cfm?id=297870.
9. Frank Partnoy, "Stock Gambling on the Cheap," *New York Times*, December 21, 2000, http://query.nytimes.com/gst/fullpage.html?res=9C06E6D81E39F932A15751C1A9669C8B63&sec=&spon=&pagewanted=2.
10. Lee A. Pickard, "SEC's Old Capital Approach Was Tried—and True," *American Banker* 173, no. 153 (August 8, 2008), 10, www.americanbanker.com/article.html?id=20080807ZAXGNH3Y&queryid=2110207978&.
11. Alan Greenspan, "Consumer Finance," remarks at the Federal Reserve System's Fourth Annual Community Affairs Research Conference, Washington, D.C., April 8, 2005.
12. Alan Greenspan, "Understanding Household Debt Obligations," remarks at the Credit Union National

Association 2004 Governmental Affairs Conference, Washington, D.C., February 23, 2004.
13. Binyamin Appelbaum and Ellen Nakashima, "Banking Regulator Played Advocate over Enforcer," *Washington Post*, November 23, 2008, www.washingtonpost.com/wpdyn/content/article/2008/11/22/AR2008112202213.html?nav=rss print&sid=ST2008112300238&s pos=.
14. "FBI Issues Mortgage Fraud Notice in Conjunction with Mortgage Bankers Association," press release, March 8, 2007, www.fbi.gov/pressrel/pressrel07/mortgagefraud030807.htm.
15. Terry Frieden, "FBI Warns of Mortgage Fraud 'Epidemic'; Seeks to Head Off 'Next S&L Crisis,' " CNN, September 17, 2004, www.cnn.com/2004/LAW/09/17/mortgage.fraud/.
16. Greg Ip, "Did Greenspan Add to Subprime Woes? Gramlich Says ExColleague Blocked Crackdown on Predatory Lenders Despite Growing Concerns," *Wall Street Journal*, June 9, 2007, http://online.wsj.com/article/SB118134111823129555.html.
17. 同上。
18. Edmund L. Andrews, "In Reversal, Fed Approves Plan to Curb Risky Lending," *New York Times*, December 19, 2007, www.nytimes.com/2007/12/19/business/19subprime.html.

第12章　埋下風暴的種子

1. Frédéric Bastiat , "What Is Seen and What Is Not Seen," in *Selected Essays on Political Economy*, trans. Seymour Cain (Irvington-on-Hudson, NY: Foundation for Economic Education, 1995), www.econlib.org/library/Bastiat/basEss1.html.
2. Boskin Commission, "Toward a More Accurate Measure of the Cost of Living: Final Report to the

Senate Finance Committee from the Advisory Commission to Study the Consumer Price Index," December 4, 1996, www.ssa.gov/history/reports/boskinrpt.html.

3. Kim Yeon-hee, "South Korea's KDB confirms talks with Lehman Ended," Reuters, September 10, 2008, www.reuters.com/article/businessNews/idUSSEO18673220080910?feedType=RSS&feedName=businessNews.

4. Lee A. Pickard, "SEC's Old Capital Approach Was Tried—and True," *American Banker* 173, no. 153 (August 8, 2008), www.americanbanker.com/article.html?id=20080807ZAXGNH3Y&queryid=2110207978&.

5. "Free Market Society," transcript of a discussion between David Gergen and Thomas Friedman, *NewsHour*, PBS, February 13, 1996, www.pbs.org/ newshour/gergen/friedman.html.

6. Paul S. Atkins, "Improving Financial Markets," remarks to the Vanderbilt University Financial Markets Research Center Conference on Securitization, Nashville, Tennessee, April 17, 2008, www.sec.gov/news/speech/2008/spch041708psa.htm.

7. Gretchen Morgenson, "Debt Watchdogs: Tamed or Caught Napping?" *New York Times*, December 6, 2008, www.nytimes.com/2008/12/07/business/07rating.html?pagewanted=1&hp.

第13章　問題叢生的道德風險

1. Alan Greenspan, letter to Senator Alphonse D'Amato, October 20, 1998, cited in *When Genius Failed: The Rise and Fall of Long-Term Capital Management*, by Roger Lowenstein (New York: Random House, 2000).

2. Allard E. Dembe and Leslie I. Boden, "Moral Hazard: A Question of Morality?" *New Solutions* 10, no. 3 (2000), 257–279.

3. E. S. Browning, "Fed Treads Moral Hazard," *Wall Street Journal*, August 13, 2007, http://online.wsj.com/article/SB118696170827295489.html.

4. Roger Lowenstein, *When Genius Failed: The Rise and Fall of Long-Term Capital Management* (New York: Random House, 2000).

5. "Questions about the $700 Billion Emergency Economic Stabilization Funds: The First Report of the Congressional Oversight Panel for Economic Stabilization," December 10, 2008, www.house.gov/apps/list/hearing/financialsvcsdem/cop121008.pdf.

第14章　民主自殺

1. Dawn Kopecki, "Fannie, Freddie 'Insolvent' after Losses, Poole Says," *Bloomberg*, July 10, 2008, www.bloomberg.com/apps/news?pid=20601087&sid=as4DEc5UFopA.

2. "Barney Frank on Bailouts, Welfare," *60 Minutes*, CBS, December 14, 2008, www.cbsnews.com/stories/2008/12/11/60minutes/main4663945.shtml.

第15章　貝爾斯登殞落

1. Kate Kelly, "Lost Opportunities Haunt Final Days of Bear Stearns," *Wall Street Journal*, May 27, 2008, http://online.wsj.com/article/SB121184521826521301.html.

2. Kate Kelly, "Bear CEO's Handling of Crisis Raises Issues," *Wall Street Journal*, November 1, 2007,

http://online.wsj.com/article/SB119387369474078336.html.
3. Gregory Zuckerman, "Hedge Funds, Once a Windfall, Contribute to Bear's Downfall," *Wall Street Journal*, March 17, 2008, http://online.wsj.com/article/SB120571237393540313.html.
4. 二〇〇八年五月二十一日，安宏在艾拉松投資研究大會上如是說。請見：www.tilsonfunds.com/EinhornIraSohn08.pdf。
5. Yalman Onaran and John Helyar, "Fuld Sought Buffett Offer He Refused as Lehman Sank," *Bloomberg*, November 10, 2008, www.bloomberg.com/apps/news?pid=newsarchive&sid=aMQJV3iJ5M8c.
6. Andrew Ackerman, "Court to Decide Fate of Lehman Contracts," *Bond Buyer*, December 15, 2008, www.bondbuyer.com/article.html?id=200812124023AG07.
7. Yalman Onaran, "Fed Aided Bear Stearns as Firm Faced Chapter 11, Bernanke Says," *Bloomberg*, April 2, 2008, www.bloomberg.com/apps/news?pid=20601087&refer=worldwide&sid=a7coicThgaEE.

第16章　令人眼紅的達康財

1. Mike Sunnucks and Chris Casacchia, "CEO Pay: What Those Involved in the Financial Meltdown Made," *San Francisco Business Times*, September 23, 2008, (*The Puget Sound Business Journal* contributed to this story) http://www.bizjournals.com/eastbay/stories/2008/09/22/daily37.html.
2. "Bailout Should Cut the Cords of Golden Parachutes," *The Patriot Ledger*, Sep 23, 2008, http://www.patriotledger.com/business/x804155672/OUROPINION-Bailout-should-cut-the-chords-of-golden-

parachutes.

第17章　惡名昭彰的AIG

1. "AIG Ranks No. 1 in Financial Sector Capitalization," *Insurance Journal*, December 4, 2000, www.insurancejournal.com/news/national/2000/12/04/11570.htm.
2. Robert O'Harrow Jr. and Brady Dennis, "The Beautiful Machine," *Washington Post*, December 29, 2008, www.washingtonpost.com/wpdyn/content/article/2008/12/28/AR2008122801916.html?sid=ST2009013000235.
3. Robert O'Harrow Jr. and Brady Dennis, "Downgrades and Downfall," *Washington Post*, December 31, 2008, www.washingtonpost.com/wp-dyn/content/article/2008/12/30/AR2008123003431.html.
4. Gretchen Morgenson, "Behind Insurer's Crisis, Blind Eye to a Web of Risk," *New York Times*, September 27, 2008, www.nytimes.com/2008/09/28/business/28melt.html?pagewanted=all.
5. Michael de la Merced and Gretchen Morgenson, "A.I.G. Allowed to Borrow Money from Subsidiaries," *New York Times*, September 14, 2008, www.nytimes.com/2008/09/15/business/15aig.html.
6. Brady Dennis and Robert O'Harrow Jr., "A Crack in the System," *Washington Post*, December 30, 2008, www.washingtonpost.com/wp-dyn/content/article/2008/12/29/AR2008122902670.html.
7. 同上。
8. Mary Williams Walsh, "Tracking Firm Says Bets Placed on Lehman Have Been Quietly Settled," *New York Times*, October 22, 2008, www.nytimes.com/2008/10/23/business/23lehman.html.
9. "Fusion IQ's Ritholtz Expects More Writedowns at AIG: Video," *Bloomberg*, August 6, 2008, www.

bloomberg.com/apps/news?pid=newsarchive&sid=avZEKuMTaGME.

10. Shannon D. Harrington, "AIG, Lehman, Merrill Lead Rise in FinancialCompany Bond Risk," *Bloomberg*, September 12, 2008, www.bloomberg.com/apps/news?pid=20601087&sid=avRzVWkrgoyE&.
11. 同上。
12. De la Merced and Morgenson, "A.I.G. Allowed."
13. Aaron Task, "Bernanke: Mad as Hell about AIG, But Bailouts Averting 'Disaster,' " Yahoo!, March 3, 2009, http://bit.ly/QEK9O.
14. 同上。
15. 同上。

第18章　大到注定失敗?

1. William Safire, "Essay: Don't Bank on It," *New York Times*, April 16, 1998, www.nytimes.com/1998/04/16/opinion/essay-don-t-bank-on-it.html.
2. 花旗銀行的歷史年表，請見：Citibank North America web site, www.citigroup.com/citi/corporate/history/citibank.htm。
3. 同上。
4. 自一九八八年，花旗集團與旅行家集團合併以來的重大事件時間表，請見：Citibank North America web site, www.citigroup.com/citi/corporate/history/citigroup.htm。
5. "History of the Eighties—Lessons for the Future: Continental Illinois and 'Too Big to Fail,'" Division of Research and Statistics, Federal Deposit Insurance Corporation, December 1997, www.fdic.gov/

bank/historical/history/235 258.pdf.

6. Jonathan Fuerbringer, "Talking Deals: Citicorp Strategy on GlassSteagall," *New York Times*, March 23, 1989, http://query.nytimes.com/gst/fullpage.html?res=950DE2D81F39F930A15750C0A96F948260.

7. Robert Kuttner, "Friendly Takeover," *American Prospect*, March 18, 2007, www.prospect.org/cs/articles?articleId=12573.

8. 同上。另外請見：“Rubin Calls for Modernization through Reform of Glass-Steagall Act," *Journal of Accountancy*, May 1, 1995, www.allbusiness.com/government/business-regulations/500983-1.html; Ken Brown and David Enrich, "Rubin, under Fire, Defends His Role at Citi," *Wall Street Journal*, November 29, 2008, http://online.wsj.com/article/SB122791795940965645.html.

9. Stephen Labaton, "Congress Passes Wide-Ranging Bill Easing Bank Laws," *New York Times*, November 5, 1999, www.nytimes.com/1999/11/05/business/congress-passes-wide-ranging-bill-easing-bank-laws.html.

10. "The S&L Crisis: A Chrono-Bibliography," FDIC web site, www.fdic.gov/bank/historical/s&l/.

11. Eric Dash and Julie Creswell, "Citigroup Saw No Red Flags Even as It Made Bolder Bets," *New York Times*, November 22, 2008, www.nytimes.com/2008/11/23/business/23citi.html; see also Eric Dash, "Citigroup Acknowledges Poor Risk Management," *New York Times*, October 16, 2007, www.nytimes.com/2007/10/16/business/16citi.html.

12. Dash and Creswell, "Citigroup Saw No Red Flags."

13. Shannon D. Harrington and Elizabeth Hester, "Citigroup Rescues SIVs with $58 Billion Debt

Bailout," *Bloomberg*, December 14, 2007, www.bloomberg.com/apps/news?pid=20601087&refer=home&sid=aS0Dm.iV5BCI; see also "Citigroup Cuts SIV Size by $15 Billion," Reuters, December 11, 2007, www.reuters.com/article/ouSIV/idUSL1111435920071211; George White, "Citigroup Finishes Winding Down SIVs," *The Deal*, November 19, 2008, www.thedeal.com/dealscape/2008/11/citigroup finishes winding dow.php; "Citi Finalizes SIV Wind-Down by Agreeing to Purchase All Remaining Assets," Citigroup press release, November 19, 2008, www.citigroup.com/citi/press/2008/081119a.htm.

14. Hugo Dixon and Robert Cyran, "Vikram Pandit Scores a Great Deal for Citigroup," *New York Times*, December 2, 2008, www.nytimes.com/2008/12/03/business/economy/03views.html.

15. Barry Ritholtz, "Actual Merrill CDO Sale: 5.47 Percent on the Dollar," *The Big Picture*, July 29, 2008, http://bigpicture.typepad.com/comments/2008/07/merrill-writedo.html.

16. "Visa History," Visa web site, http://corporate.visa.com/av/about visa/corp history.jsp.

17. "The Making of the Bank of America," *Fortune*, September 5, 2005, http://money.cnn.com/magazines/fortune/fortune archive/2005/09/05/8271409/index.htm.

18. Barry Ritholtz, "Citi & BofA Ain't No Continental Illinois Bank," *The Big Picture*, February 24, 2009, www.ritholtz.com/blog/2009/02/citi-bofa-aintcontinental-illinois-bank/.

19. "Bylaws, Board of Directors," Federal Reserve Bank of New York, December 20, 2007, www.newyorkfed.org/aboutthefed/ny bylaws.html.

20. "Fact Sheet: Proposed Treasury Authority to Purchase Troubled Assets," U.S. Treasury press release, September 20, 2008, www.treas.gov/press/releases/ hp1150.htm; see also "Statement by Secretary Henry M. Paulson, Jr. on Treasury and Federal Housing Finance Agency Action to Protect Financial

Markets and Taxpayers," September 7, 2008, http://treasury.gov/press/releases/hp1129.htm.

21. "Paulson TARP proposal," U.S. Treasury press release, September 20, 2008.
22. Alex Johnson, "Bush Signs $700 Billion Financial Bailout Bill," MSNBC.com, October 3, 2008, www.msnbc.msn.com/id/26987291/.
23. 同上。
24. Mark Landler and Eric Dash, "Drama Behind a $250 Billion Banking Deal," *New York Times*, October 14, 2008, www.nytimes.com/2008/10/15/business/economy/15bailout.html.
25. 同上。
26. Peter S. Goodman and Gretchen Morgenson, "Saying Yes, WaMu Built Empire on Shaky Loans," *New York Times*, December 27, 2008, www.nytimes.com/2008/12/28/business/28wamu.html; see also Greg Morcroft, "J.P. Morgan Pondering Buyout of Washington Mutual," January 11, 2008, www.marketwatch.com/news/story/jp-morgan-pondering-buyoutWashington/story.aspx?guid=percent7B89CA2071-2631-42C6-8936-22E745A3B6DA percent7D.
27. Binyamin Appelbaum, "After Change in Tax Law, Wells Fargo Swoops In," *Washington Post*, October 4, 2008, A01, http://www.washingtonpost.com/wpdyn/content/article/2008/10/03/AR2008100301042.html?sub=AR.
28. Landler and Dash, "Drama."
29. Mark Pittman, Bob Ivry, and Alison Fitzgerald, "Fed Defies Transparency Aim in Refusal to Disclose," *Bloomberg*, November 10, 2009, www.bloomberg.com/apps/news?pid=20601087&sid=ahdVHk Ccoeg&.

30. Mark Pittman, "Bloomberg Sues Fed to Force Disclosure of Collateral (Update 1)," *Bloomberg*, November 7, 2009, http://www.bloomberg.com/apps/news?pid=newsarchive&sid=aKr.oY2YKc2g.
31. John Carney, "TARP Trouble: GAO Report Rips Internal Controls, Bank Monitoring," Yahoo! Tech Ticker, December 3, 2008, http://finance.yahoo.com/tech-ticker/article/138232/TARP-Trouble:-GAO-Report-Rips-Internal-Controls,-Bank-Monitoring.
32. Amit R. Paley, "A Quiet Windfall for U.S. Banks: With Attention on Bailout Debate, Treasury Made Change to Tax Policy," *Washington Post*, November 10, 2008, A01, www.washingtonpost.com/wp-dyn/content/article/2008/11/09/AR2008110902155 pf.html.
33. Albert Bozzo, "Obama's Toxic-Asset Plan: End-Run around Congress?" CNBC.com, March 25, 2009, www.cnbc.com/id/29863145.
34. Felix Salmon, "How to Conjure Up $500 Billion," *New York Times*, March 26, 2009, www.nytimes.com/2009/03/27/opinion/27salmon.html.

插　曲　失心瘋的跳梁小丑

1. Alan Greenspan, "The Fed Didn't Cause the Housing Bubble: Any New Regulations Should Help Direct Savings toward Productive Investments," *Wall Street Journal*, March 11, 2009, http://online.wsj.com/article/SB123672965066989281.html.

第19章　麻煩製造者

1. Joseph Stiglitz, "The Economic Crisis: Capitalist Fools," *Vanity Fair*, January 2009, www.vanityfair.

com/magazine/2009/01/stiglitz200901.

2. Edmund L. Andrews, "Greenspan Concedes Error on Regulation," *New York Times*, October 23, 2008, www.nytimes.com/2008/10/24/business/economy/24panel.html.

3. Benjamin Disraeli, *Sybil*, Book IV, Chapter V.

4. Eric Lipton and Stephen Lebaton, "A Deregulator Looks Back, Unswayed," *New York Times*, November 16, 2008, www.nytimes.com/2008/11/17/business/economy/17gramm.html.

5. Ken Brown and David Enrich, "Rubin, Under Fire, Defends His Role at Citi," *Wall Street Journal*, November 29, 2008, http://online.wsj.com/article/SB122791795940965645.html.

6. Jonathan Fuerbringer, "Talking Deals: Citicorp Strategy on GlassSteagall," *New York Times*, March 23, 1989, http://query.nytimes.com/gst/fullpage.html?res=950DE2D81F39F930A15750C0A96F948260.

7. Alan Katz and Ian Katz, "Greenspan Slept as Off-Books Debt Escaped Scrutiny," *Bloomberg*, October 20, 2008, www.bloomberg.com/apps/news?pid=20601170&refer=home&sid=aYJZOB gZi0I.

8. Matt Apuzzo, "US Diluted Loan Rules before Crash," Associated Press, December 1, 2008, www.google.com/hostednews/ap/article/ALeqM5hTDPY8hFtJLxsv8i1Q7OvoRrlYrQD94PQ0JO0.

9. 同上。

10. Eric Stein, "Turmoil in the U.S. Credit Markets: The Genesis of the Current Economic Crisis," testimony before the Senate Committee on Banking, Housing, and Urban Affairs, October 16, 2008, www.responsiblelending.org/policy/testimony/turmoil-in-the-u-s-credit-marketsthe-genesis-of-the-current-economic-crisis.htm.

11. 同上。
12. "Confronting Economic Meltdown," New America Foundation, www.newamerica.net/events/2008/confronting economic meltdown.
13. Jason Niss, "Harvey Pitt: Accounts Angel Who Supped with the Devil," *UK Independent*, August 11, 2002, www.independent.co.uk/news/business/analysisand-features/harvey-pitt-accounts-angel-who-supped-with-the-devil-639450.html.
14. Simon English, "U.S. Watchdog Under Fire," *The Telegraph*, May 20, 2002, http://www.telegraph.co.uk/finance/2763231/US-watchdog-underfire.html.
15. Arianna Huffington, "The SEC Goes AWOL," *Salon*, May 14, 2002, http://archive.salon.com/news/col/huff/2002/05/14/sec/print.html.
16. John McCain, "The Free Market Needs New Rules," *New York Times*, July 8, 2002, http://query.nytimes.com/gst/fullpage.html?res=9B00E3D61031F93BA35754C0A9649C8B63.
17. Dana Parson, "An Ironic Twist in the Tale of SEC's Christopher Cox," *Los Angeles Times*, January 30, 2009, www.latimes.com/news/local/la-me-parsons30-2009jan30,0,3244574.column.
18. Doug Kass, "Madoff Was Made Up," TheStreet.com, December 12, 2008, www.thestreet.com/story/10452909/1/kass-madoff-was-made-up.html.
19. Kara Scannell, "Madoff Chasers Dug for Years, to No Avail," *Wall Street Journal*, January 5, 2009, http://online.wsj.com/article/SB123111743915052731.html.
20. 二〇〇九年二月四日，馬可波羅在美國眾議院金融服務委員會前作證，請見：http://online.wsj.com/public/resources/documents/MarkopolosTestimony20090203.pdf。

21. Alex Spillius, "Sir Allen Stanford Refuses to Testify in Fraud Probe," *Telegraph*, March 12, 2009, www.telegraph.co.uk/finance/4976280/Sir-Allen-Stanfordrefuses-to-testify-in-fraud-probe.html.
22. Mara Der Hovanesian, "Nightmare Mortgages," *BusinessWeek*, September 11, 2006, www.businessweek.com/magazine/content/06 37/b4000001.htm.
23. Floyd Norris, "Trump Sees Act of God in Recession," *New York Times*, December 4, 2008, www.nytimes.com/2008/12/05/business/05norris.html.
24. Tyler Cowen, "So We Thought. But Then Again ... ," *New York Times*, January 13, 2008, www.nytimes.com/2008/01/13/business/13view.html.
25. Aaron Lucchetti and Serena Ng, "How Rating Firms' Calls Fueled Subprime Mess," *Wall Street Journal*, August 15, 2007, http://online.wsj.com/article/SB118714461352698015.html.
26. 同上。
27. Stiglitz, "Economic Crisis."
28. Testimony of Deven Sharma, president, Standard & Poor's, remarks before the United States House of Representatives Committee on Oversight and Government Reform, October 22, 2008, http://oversight.house.gov/documents/20081022125052.pdf.
29. Jeffrey McCracken, "Moody's Aims to Be Ahead on Defaults," *Wall Street Journal*, March 10, 2009, http://online.wsj.com/article/SB123664643956778537.html; www.bloomberg.com/apps/news?pid=20601109&sid=ah839IWTLP9s&#.
30. Matthew Haggman, Rob Barry, and Jack Dolan, "Thousands with Criminal Records Work Unlicensed as Loan Originators," *Miami Herald*, July 20, 2008, www.miamiherald.com/static/multimedia/news/

mortgage/originators.html; also, Jack Dolan, Rob Barry, and Matthew Haggman, "Ex-Convicts Active in Mortgage Fraud," *Miami Herald*, July 20, 2008, www.miamiherald.com/static/multimedia/news/mortgage/brokers.html.

31. Brad Linder, "Arizona Bans Zillow from Offering Real Estate Estimates," April 17, 2007, www.downloadsquad.com/2007/04/17/arizona-bans-zillow-fromoffering-real-estate-estimates/.

第20章　錯誤指控

1. Roger Lowenstein, "Who Needs the Mortgage-Interest Deduction?" *New York Times*, March 5, 2006, www.nytimes.com/2006/03/05/magazine/305deduction.1.html.
2. Edward L. Glaeser and Jesse M. Shapiro, "The Benefits of the Home Mortgage Interest Deduction," Harvard University Discussion Paper 1979, October 2002, http://post.economics.harvard.edu/hier/2002papers/2002list.html.
3. Edward L. Glaeser, "Killing (or Maiming) a Sacred Cow: Home Mortgage Deductions," *Economix*, February 24, 2009, http://economix.blogs.nytimes.com/2009/02/24/killing-or-maiming-a-sacred-cow-home-mortgage-deductions/.
4. Kelly Curran, "FDIC's Bair Sets to Shatter CRA 'Myth,' " December 5, 2008, www.housingwire.com/2008/12/05/fdics-bair-sets-to-shatter-cra-myth/.
5. Daniel Gross, "Subprime Suspects," *Newsweek*, October 7, 2008, www.newsweek.com/id/162789.
6. 同上。
7. Barry Ritholtz, "Misunderstanding Credit and Housing Crises: Blaming the CRA, GSEs," *The Big*

Picture, October 2, 2008, www.ritholtz. com/blog/2008/10/misunderstanding-credit-and-housing-crises-blaming-the-cra-gses/.

8. 同上。

9. Randall S. Kroszner, "The Enduring Challenge of Concentrated Poverty in America," remarks at the Confronting Concentrated Poverty Policy Forum, Board of Governors of the Federal Reserve System, December 3, 2008, www.federalreserve.gov/newsevents/speech/kroszner20081203a.htm and www.frbsf.org/cpreport/.

10. Curran, "FDIC's Bair"; also, Ronald D. Orol, "FDIC: Community Reinvestment Act Is Not Cause of Financial Crisis, FDIC's Bair Said," MarketWatch, December 4, 2008, http://tinyurl.com/fdic-cra.

11. Robert Gordon, "Did Liberals Cause the Sub-Prime Crisis?" *American Prospect*, April 7, 2008, www.prospect.org/cs/articles?article=did liberals cause the subprime crisis; also see Aaron Pressman, "Community Reinvestment Act Had Nothing to Do with Subprime Crisis," *BusinessWeek*, September 29, 2008, www.businessweek.com/investing/insights/blog/archives/2008/09/communityreinv.html.

12. Jonathan R. Laing, "The Endgame Nears for Fannie and Freddie," *Barron's*, August 18, 2008, http://online.barrons.com/article/SB121884860106946277.html.

13. David S. Hilzenrath, "Fannie's Perilous Pursuit of Subprime Loans," *Washington Post*, August 19, 2008, www.washingtonpost.com/wp-dyn/content/article/2008/08/18/AR2008081802111.html.

14. James Tyson, "Former Fannie Mae Executives to Pay $31.4 Million," *Bloomberg*, April 18, 2008, www.bloomberg.com/apps/news?pid=20601103&sid=aMxLZLZWyFok&refer=us.

15. Charles Duhigg, "Pressured to Take More Risk, Fannie Reached Tipping Point," *New York Times*,

October 4, 2008, www.nytimes.com/2008/10/05/business/05fannie.html? r=1&pagewanted=all.

16. Charles Duhigg, "At Freddie Mac, Chief Discarded Warning Signs," *New York Times*, August 5, 2008, www.nytimes.com/2008/08/05/business/05freddie.html.

17. 同上。

18. "Shocking Video Unearthed Democrats in Their Own Words Covering Up the Fannie Mae, Freddie Mac Scam That Caused Our Economic Crisis," video posted to NakedEmporerNews and YouTube.com, www.youtube.com/watch?v= MGT cSi7Rs.

19. Pete Yost, "AP IMPACT: How Freddie Mac Halted Regulatory Drive," December 7, 2008, http://seattletimes.nwsource.com/html/politics/2008479535 aptheinfluencegamefreddiemac.html.

第21章　舉足輕重的房地產

1. "Historically Strong Home Sales Expected in 2006," NAR Publication, Business Wire, December 12, 2005, www.allbusiness.com/economy-economicindicators/economic-indicators-existing/5174031-1.html; also, "Historically Strong Home Sales Expected in 2006," December 15, 2005, http://rodomino.realtor.org/research.nsf/htmlarchives/ResearchUpdate121505.

2. "Greenspan: Housing Market Worst May Be Over," Reuters, October 9, 2006, www.msnbc.msn.com/id/15198805/; also, "Greenspanity," *Economist.com*, August 14, 2008, www.economist.com/blogs/freeexchange/2008/08/greenspanity.cfm.

3. Historical Census of Housing Tables, www.census.gov/hhes/www/housing/census/historic/owner.html.

4. 同上。

5. S&P/Case-Shiller Home Price Indexes, http://www2.standardandpoors.com/portal/site/sp/en/us/page.topic/indicescsmahp/0,0,0,0,0,0,0,0,0,1,1,0,0,0,0,0.html.
6. Amy Hoak, "Report: 20% of Home Mortgages Were Underwater," MarketWatch, March 4, 2009, http://online.wsj.com/article/SB123616863098628705.html.
7. Bureau of Labor Statistics, www.bls.gov/ces/.
8. Barry Ritholtz, "Fixing Housing & Finance: 30/20/10 Proposal," *The Big Picture*, September 22, 2008, www.ritholtz.com/blog/2008/09/fixing-housingfinance-302010-proposal/; also, http://makinghomeaffordable.gov/.

第22章　賭場資本主義

1. David Sanger, "Nationalization Gets a New, Serious Look," *New York Times*, January 25, 2009, www.nytimes.com/2009/01/26/business/economy/26banks.html.
2. Liam Pleven, "AIG to Pay $450 Million in Bonuses," *Wall Street Journal*, March 15, 2009, http://online.wsj.com/article/SB123707854113331281.html.
3. Lars Jonung, "Lessons from Swedish Bank Resolution Policy," Eurointelligence, March 6, 2009, www.eurointelligence.com/article.581+M50462bfd105.0.html.
4. Barry Ritholtz, "Debate over Nationalization Is 'Semantics,'" *The Big Picture*, February 23, 2009, www.ritholtz.com/blog/2009/02/debate-overnationalization-is-semantics/.
5. Alison Vekshin, "AIG's Liddy Acknowledges 'Distasteful' Retention Pay," *Bloomberg*, March 18, 2009, www.bloomberg.com/apps/news?pid=newsarchive&sid=aECcRPKYAOx0.

6. Serena Ng, "Hedge Funds May Get AIG Cash," *Wall Street Journal*, March 18, 2009, http://online.wsj.com/article/SB123734123180365061.html.

大撒錢

作　者　巴瑞・里索茲（Barry Ritholtz）、亞隆・塔斯克（Aaron Task）
譯　者　陳松筠
主　編　呂佳昀

總編輯　李映慧
執行長　陳旭華（steve@bookrep.com.tw）

社　長　郭重興
發行人兼出版總監　曾大福
出　版　大牌出版 / 遠足文化事業股份有限公司
發　行　遠足文化事業股份有限公司
地　址　23141 新北市新店區民權路 108-2 號 9 樓
電　話　+886- 2- 2218-1417
傳　真　+886- 2- 8667-1851

印務協理　江域平
封面設計　陳文德
排　版　新鑫電腦排版工作室
印　製　成陽印刷股份有限公司
法律顧問　華洋法律事務所　蘇文生律師

定　價　580 元
初　版　2022 年 3 月

國家圖書館出版品預行編目資料

大撒錢 / 巴瑞・里索茲（Barry Ritholtz）、亞隆・塔斯克（Aaron Task）著；陳松筠 譯 . -- 初版 . -- 新北市 : 大牌出版 ; 遠足文化事業股份有限公司 , 2022.03

面；　公分

譯自：Bailout nation : how greed and easy money corrupted Wall Street and shook the world economy

ISBN 978-626-7102-16-9 (平裝)

1.CST: 金融危機　2.CST: 財政政策　3.CST: 美國

561.952　　111000699